国家自然科学基金资助项目（71902012）
"中庸领导行为对团队创新的影响：基于激励信息处理理论的多方法研究"

郎 艺 著

中国企业高层管理者调节焦点的前因及结果探究

基于矛盾的视角

学苑出版社

图书在版编目（CIP）数据

中国企业高层管理者调节焦点的前因及结果探究：基于矛盾的视角 / 郎艺著 . -- 北京：学苑出版社，2021.12

ISBN 978-7-5077-6338-6

Ⅰ.①中… Ⅱ.①郎… Ⅲ.①企业领导学—研究—中国 Ⅳ.① F272.91

中国版本图书馆 CIP 数据核字（2021）第 268732 号

责任编辑：	潘占伟　李　媛
出版发行：	学苑出版社
社　　址：	北京市丰台区南方庄 2 号院 1 号楼
邮政编码：	100079
网　　址：	www.book001.com
电子信箱：	xueyuanpress@163.com
联系电话：	010-67601101（销售部）、010-67603091（总编室）
印　刷　厂：	北京建宏印刷有限公司
开本尺寸：	787×1092　1/16
印　　张：	16.75
字　　数：	209 千字
版　　次：	2021 年 12 月第 1 版
印　　次：	2021 年 12 月第 1 次印刷
定　　价：	98.00 元

前言

面对日益多变和复杂的内外部环境,企业需要不断应对各种挑战,把握发展机遇。管理学领域的学者和实践者提出,企业高层管理者在这一过程中发挥着重要的,甚至是决定性的作用。作为企业战略的制定者,高层管理者影响着企业的资源分配、战略部署、竞争性行为,进而影响企业绩效和增长率等结果。外部环境存在大量复杂、模糊的信息,而高层管理者受有限理性的制约,通常会根据自己的喜好、基于自己的动机和目标,对信息进行筛选和处理,进而做出决策,选择战略行动。近年来,关于高层管理者如何影响企业产出的研究从浅层次地探讨高层管理者人口统计学变量与企业绩效的相关性,发展到了深层次的研究。例如聚焦对高层管理者人格特质、注意力、思维方式、行为方式等的研究,并探讨其中的影响机制和边界条件。但到目前为止,关于高层管理者的动机和相应的行为倾向的研究还十分少见。

本书聚焦高层管理者的动机特征之一,调节焦点,探讨了其形成因素和对企业绩效与增长率的影响。个体常常会根据自己的价值观和信念来形成对事物的态度和选择行为,即自我导向。根据调节焦点理论,人们会有两种类型的自我导向：促进型调节焦点和防御型调节焦点。这二者被统称为调节焦点。这两种调节焦点影响了个体的目标选择（高促进型调节焦点的个体往往以利益最大化为目标；高防御型调节焦点的个体以损失最小化为目标），以及追求目标的方式和行为倾向（促进型调节焦点让个体倾向以接近式的、积极主动的方式达成目标，以确保抓住机会和取得新的成就；防御型调节焦点让个体倾向以避免式的、谨慎保守的方式达成目标，以规避风险和减少失误）。高层管理者的调节焦点很大程度上决定了高层管理者对企业目标的选择，以及会采取怎样的战略倾向去达成这些目标，进而会影响企业绩效和增长率。基于调节焦点理论、矛盾理论，本书主要探讨以下两个方面的问题。

第一，高层管理者如何形成不同水平的促进型调节焦点和防御型调节焦点，即调节焦点的形成因素。根据调节焦点理论，个体的调节焦点的形成一方面受个人人格特质和早期经历的影响，另一方面也可被特定情境或外部信息引发。因而，高层管理者的个人经历、特征，及其所处的高层管理团队、企业环境等都会影响其调节焦点。第二，高层管理者的调节焦点如何影响企业的绩效和增长率，包括潜在的影响机制和边界条件等。基于调节焦点理论、矛盾理论和上层梯队理论，本书进一步探讨了企业高层管理者的促进型调节焦点和防御型调节焦点如何对企业产出产生交互作用，并研究了战略多变性的中介作用和高层管理者管理自由度这一边界条件。基于以上探讨，本书还提出了基于中庸哲学的中庸领导行为的概念，并探讨了其对高层管理者两种调节焦点交互作用的启示意义。

本书选取在香港上市的房地产行业和金融行业的中国企业作为研究样本，剔除不符合条件的企业，样本总量为122家企业。本书采用内容分析法，对这122家上市企业2011年—2014年公布的年报中致股东的一封信进行了编码分析，

前言

测量出高层管理者（本书聚焦首席执行官，即CEO）的促进型调节焦点和防御型调节焦点，结合从年报或WIND数据库中获得的其他客观数据，如高层管理者背景资料、高层管理团队资料、企业财务指标和绩效等，进行了实证分析。结果表明：高层管理者的任期、年龄、管理自由度、企业规模、企业所有制和企业过往绩效都会对高层管理者的调节焦点产生影响，并且这些影响受到企业高层管理团队平均年龄、高层管理团队年龄多样性、以及企业闲置资源的调节。高层管理者的两种调节焦点对企业经营绩效和增长率产生交互作用。此外，高层管理者的两种调节焦点的交互作用通过影响企业的战略多变性对企业增长率产生影响，并且这一影响受高层管理者管理自由度的调节。

本书通过分析高层管理者调节焦点的前因及对企业产出的影响，进一步丰富了调节焦点领域的研究，将调节焦点的研究拓展到了更高的战略管理层面，将这一重要的个体心理学变量与上层梯队理论和战略领导联系起来。同时，本书首次深入探讨了促进型调节焦点和防御型调节焦点两者的关系，并采用矛盾的视角研究了两者对企业产出的交互作用，对企业战略管理和如何应对矛盾也具有一定的实践意义。在讨论部分还指出了本书中研究的缺陷和未来的研究方向。在最后，作者提出了新的研究方向，即借鉴中庸思想及其衍生出的中庸领导行为的构念，并采用矛盾的视角研究两种调节焦点之间的关系及两者的共同作用。

郎 艺

2021年9月

目录

第一章 引 言

第一节 研究问题 ································· 2
第二节 研究意义和创新点 ······················· 9
第三节 本书结构 ······························· 16

第二章 战略领导者及调节焦点理论相关的文献综述

第一节 战略领导研究 ··························· 20
第二节 调节焦点理论 ··························· 30
第三节 调节焦点与其他人格特质 ················· 35
第四节 关于高层管理者调节焦点的研究现状 ······· 36

第三章 高层管理者调节焦点的前因变量

第一节 概　述 ……………………………………………… 40
第二节 高层管理者调节焦点的前因变量 …………………… 42
第三节 高层管理者调节焦点前因变量影响的边界条件 …… 51

第四章 高层管理者调节焦点与企业绩效

第一节 概　述 ……………………………………………… 58
第二节 矛盾理论 …………………………………………… 59
第三节 矛盾视角下调节焦点在领导力领域的应用 ………… 64
第四节 促进型调节焦点和防御型调节焦点对企业绩效和增长率
　　　 的交互作用 ………………………………………… 88

第五章 研究方法

第一节 样　本 ……………………………………………… 100
第二节 测　量 ……………………………………………… 103

第六章 研究结果

第一节 描述性统计分析 …………………………………… 116

第二节　假设检验方法的选择 …………………… 118
第三节　假设检验结果 …………………………… 118

第七章　实证研究结论及讨论

第一节　研究结论 ………………………………… 138
第二节　理论贡献 ………………………………… 145
第三节　实践意义 ………………………………… 148
第四节　研究局限及未来研究方向 ……………… 149

第八章　调节焦点及矛盾视角：中庸哲学的启示

第一节　中庸哲学及相关研究 …………………… 156
第二节　中庸领导行为理论构建 ………………… 158
第三节　中庸领导行为对团队创新影响的理论模型构建 …… 173
第四节　讨　论 …………………………………… 184
第五节　中庸对两种调节焦点交互的启示 ……… 188

参考文献

中文文献 …………………………………………… 194
外文文献 …………………………………………… 198

附 录

一、中文版LIWC词典使用同意书 …………………………… 250

二、调节焦点测量量表 ………………………………………… 252

三、"大五"人格测量量表 …………………………………… 253

四、核心自我评价测量量表 …………………………………… 253

五、正面情绪和负面情绪测量量表 …………………………… 254

六、中庸思维测量量表 ………………………………………… 255

第一章

引 言

第一节　研究问题

在当下快速的全球化、日益多变和竞争激烈的商业背景中，企业需要应对不确定性和复杂性的挑战。管理学领域的学者和实践者都发现并提出企业的高层管理者在其中发挥着重要的作用（Finkelstein & Hambrick, 1996; Hambrick & Mason, 1984; Smith, 2014; Smith & Lewis, 2011）。例如，研究者们发现企业首席执行官（CEO）的更替会带来企业战略、创新、竞争行为等的重大变动（Hutzschenreuter, Kleindienst, & Greger, 2012）；一个企业往往会烙上其高层管理者的烙印，高层管理者的个人偏好很大程度上影响了企业以何种方式应对外部环境的挑战（Lewis, Walls, & Dowell, 2014）。2017年中国"两会"指出，企业是创新的主体，中国企业的高层管理者是推动中国变革的重要力量，也是勇闯改革深水区的先行者和主力军。2021年的"两会"再次提出了强化企业创新主体地位，推动企业数字化转型等变革，其中最重要的角色是企业家，其需要率领企业更好地配置资源，促进价值的创造。由此可见企业的高层管理者对企业发展甚至国民经济都有着重要的影响作用。通过获取和处理企业的内外部信息，做出战略决策，分配资源（Eggers & Kaplan, 2009; Nadkarni & Chen, 2014），处理与员工、客户等的关系（Luo, Kanuri, & Andrews, 2014），企业的高层管理者引领着企业应对各种挑战，最终影响企业的绩效和发展潜力。解释企业高层管理者对企业发展过程和结果影响的最著名理论即上层梯队理论

（Upper Echelon Theory, Hambrick & Mason, 1984）。根据这一理论，高层管理者对企业产出有着非常重要甚至是决定性的影响，组织的有效性、战略变化和绩效等结果往往是高层管理者特征的反映（Hambrick, 2007）。在这一理论框架下的研究也找到了很多实证证据。例如，高层管理者的任期、职业背景、教育背景等人口统计学特征会对企业的战略决策和绩效产生影响（例如，Crossland, Zyung, Hiller, & Hambrick, 2014; Luo, Kanuri, & Andrews, 2014; Miller, Xu, & Mehrotra, 2015）；高层管理者自恋等人格特质会影响企业的创新、并购、绩效波动等（例如，Chatterjee & Hambrick, 2007; Li & Tang, 2010）；在中国企业中，研究者发现CEO谦卑的人格特质通过对高管团队的影响，带来中层经理更高的工作投入、情感承诺和工作绩效（Ou, Tsui, Kinicki, Waldman, Xiao, & Song, 2014），另一方面，高层管理者自恋和谦卑的人格特质对企业创新产生交互影响（Zhang, Ou, Tsui, & Wang, 2017）；高层管理者的注意力焦点会影响企业对创新和开发新资源等的战略选择和行动（例如，Eggers & Kaplan, 2009; Nadkarni & Chen, 2014; Yadav, Prabhu, & Chandy, 2007）；高层管理者的思维方式会影响组织对资源的开发和利用，以及组织绩效（例如，Nadkarni & Barr, 2008; Visser, Faems, & Top, 2011）；高层管理者的领导行为或领导风格通过影响员工的态度和行为对企业绩效产生影响（例如，Carmeli, Schaubroeck, & Tishler, 2011; Wang, Tsui, & Xin, 2011）。因而，高层管理者对企业产出有着不可忽视的重要影响。

高层管理者往往需要面对大量纷繁复杂的信息，有限理性限制了其只能选择性地处理一部分信息并作出决策（Kahneman, 2003）。高层管理者会基于自己的认知和价值观等对信息进行筛选，产生一种滤镜效应（Hambrick & Mason, 1986）。高层管理者或高层管理团队的视场（field of vision），即关注的焦点领域，会局限在某一个或几个方面，因而影响了其对环境的认知。进一步地，高层管理者会选择性的对这些领域进行信息处理和加工，作出分析和解释，形成管理认知（managerial perception），最终形成战略决策的基础。此外，高层管理者的个人价值观和认知等也会直接影响战略决策，例如管理者会根据自己的好恶和经验选择或摈弃一些潜在的战略可能性（Hambrick & Mason, 1986），做出资源分配、战略部署等决策，最终影响企业的绩效。而目前关于高层管理者的特征对企业产出的影响都是基于这一过程的假设上，即高层管理者的人口统计学特征、人格特质、价值观、注意力、思维方式等都产生了滤镜效应，进而影响其对信息的处理和决策，最终影响了企业的战略和产出。

近年来，关于高层管理者如何影响企业产出的研究从浅层次地探讨人口统计学变量与企业绩效的相关性发展到了更为深入和细致的研究，例如，聚焦高层管理者人格特质、注意力、思维方式、行为方式的研究，并探讨其中的影响机制和边界条件。但到目前为止，关于高层管理者的动机和相应的行为倾向的研究还十分缺乏（Gamache, McNamara, Mannor, & Johnson, 2015）。个体常常会根据自己的价值观和信念来形成对事物的态度和选择行动，即自我导向（Higgins, 2000）。根据调节焦点理论，个体会有两种类型的自我导向：促进型调节焦点（promotion focus）和防御型调节焦点（prevention focus），统称为调节焦点（regulatory focus）（Cesario, Grant & Higgins, 2004）。促进型调节焦点体现了个体成长和自我实现的需求，侧重"如果目标达成，我将得到什么"，期望的目标状态（desired end-states）为成长、进步和有所突破（Higgins, 1997）。促进型调节焦点下个体会产生理想自我导向（ideal self-guides）（Freitas, Liberman, Salovey, & Higgins, 2002），对目标达成后带来的机会，即"获取"和"没有获取"更敏感（Higgins, Roney, Crowe, &

Hymes, 1994）。因此，促进型调节焦点较强的人争取最大化"获取"而最小化"没有获取"。在这个过程中，个体担心的侧重点在于"错过"某些潜在的机会（Crowe & Higgins, 1997），情绪上的体验是从高兴（elation）到沮丧（dejection）（姚琦 & 乐国安，2009）。防御型调节焦点体现了个体对安全和稳定的需求，侧重"如果目标没有达成，我将失去什么"，期望的目标状态为安全、稳定和责任（Higgins, 1997）。防御型调节焦点下个体会产生应该自我导向（ought self-guides），对阻碍目标达成的障碍或目标没有达成的后果，即"失去"和"没有失去"更敏感（Higgins, Roney, Crowe, & Hymes 1994）。因此，防御型焦点较强的个体争取最大化"没有失去"而最小化"失去"。在这个过程中，个体担心的侧重点是犯更多的"错误"（Crowe & Higgins, 1997），情绪上的体验是从不安（agitation）到平静（calmness）（姚琦 & 乐国安，2009）。调节焦点是个人特征和外在环境刺激共同作用的结果（Brockner & Higgins, 2001; Johnson, Shull, & Wallace, 2011; Kark & Van Dijk, 2007）。个体促进型调节焦点源自三方面的因素：强烈的理想、"获得-无获得"的情境构成和成长需要的激活；而个体防御型调节焦点受另外三方面的影响：强烈的义务、"无损失-损失"的情境构成、安全需要的激活（李磊 & 尚玉钒，2011）。本书将调节焦点看作是一种基于动机（motivation-based）的个人特征，比人格更可变，比情绪（emotion）等更稳定（Gamache, McNamara, Mannor, & Johnson, 2015）。对于行为的预测作用，人格是一个相对远端（distal）的影响因素，而调节焦点是一个相对近端（proximal）的影响因素（Lanaj, Chang, & Johnson, 2012），常常作为人格和行为之间的中介变量，描述人格产生影响的动机过程（Barrick, Stewart, & Piotrowski, 2002），因而调节焦点对个体的决策和行为倾向有更直接和显著的影响。

本书提出，企业高层管理者的调节焦点对企业战略决策等有着重要的影响，进而会影响企业绩效和增长率。高层管理者的调节焦点很大程度上决定了高层管理者对企业目标的选择，例如是更为激进、冒险、收益最大化的目标，亦或是保守、稳健和预防风险的目标（Gamache, Mcnamara, Mannor, & Johnson, 2015; Johnson, Chang, & Yang, 2010），以及会采取怎样的战略倾向去达成这些目标，例如是积极主动、接近理想状态式的方式，亦或是保守谨慎、规避风险和预防失误的方式。具体而言，拥有不同水平的促进型或防御型调节焦点的高层管理者会根据自己的动机和目标去获取和处理信息。希金斯（Higgins, 2000）提出当个体获取的信息与自我导向相符时，会产生调节匹配效应（regulatory fit），即个体会更加关注和接纳这类信息并投入更多的精力去处理和分析这类信息并据此作出判断和决策。反之，当外部信息与个体的自我导向不符时，个体会产生一种错误和不适的感觉，产生负面情绪，进而忽略此类信息或将其视为威胁。因而，高促进型调节焦点的高层管理者更加关注成就、突破性、创造性或多元化的信息，而高防御型调节焦点的高层管理者更加关注责任、稳定、规避风险类的信息。他们进而会基于这些信息作出分析和决策，选择侧重点和战略行动，例如如何分配资源、是否遵循行业惯例、探索新资源或开发利用现有资源的速度和广度、多元化战略、并购等（Gamache et al., 2015）。

本书将探讨两方面的问题：（1）高层管理者（在本研究中聚焦企业的首席执行官即CEO）如何形成不同水平的促进型调节焦点和防御型调节焦点，即调节焦点的前因变量。本书将探讨高层管理者的人口统计学特征和管理自由度，高层管理团队成员的特征，企业的特征等怎样会带来高层管理者不同水平的调节焦点；（2）高层管理者的调节焦点如何影响企业的绩效和增长率，包括促进型调节焦点和防御型调节焦点的交互作用和潜在的作用机制与边界条件等。

目前极少的研究关注了个体调节焦点的前因变量。根据调节焦点理论，调节焦点既是一种较为稳定的个人倾向，受人格特质（Wallace & Chen, 2006）和个人早期生活经历（Higgins, 1997, 1998）等的影响；但同时它也是一种心理状态（psychological state），可以为一些情境线索所激发（Friedman & Forster, 2001; Liberman, Idson, Camacho, & Higgins, 1999）。例如，在最新的一项元分析中，戈尔曼等人（Gorman, Meriac, Overstreet, Apodaca, McLntyre, Park, & Godbey, 2012）指出个体的"大五人格"、正负面情绪、自尊和目标导向等都会影响调节焦点；希金斯（Higgins, 1997; 1998）指出侧重培养、达成理想状态和强调潜在收益的情境线索会激发个体的促进型调节焦点，而侧重安全需要、履行职责和强调潜在损失的情境线索会激发个体的防御型调节焦点。根据社会化理论（socialization theory），企业高层管理者的价值观、动机、态度和行为等受到个人的早期经历、嵌入的关系网络等的影响（Fondas & Wiersema, 1997），因而本书提出高层管理者的人口统计学特征（例如，年龄、任期）会影响他们对目标的选择和自我导向，以及倾向于采取怎样的行动达成目标，即调节焦点。而根据调节焦点理论，外在的环境也会激发个体不同的调节焦点。对于高层管理者来说，高层管理团队是他们日常互动的对象，企业是他们所处的重要情境，因而高层管理团队和企业的不同特征也会对高层管理者的调节焦点产生影响。不同特征的高层管理团队会获取和重视不同的信息、从不同的立场和视角出发分析问题，进而给CEO传递不同的信息、影响CEO的注意力和目标选择；而不同规模、所有制和绩效表现的企业会需要高层管理者树立不同的目标和采取相应的策略来促进企业的发展。此外，高层管理者所拥有的管理自由度（managerial discretion, Li & Tang, 2010）体现了其在企业中的权力，周围的股东、利益相关者对其的态度和信任程度等，也会影响高层管理者的动机和目标选择，进而使高层管理者做出不同的战略决策。在第四章，基于矛盾理论（paradox theory），本书进一步探讨了企业高层管理者的调节焦点与企业绩效以及增长率的关系。在动态的环境中，企业需要不断应对来自利益相关者的各种需求和外部环境的挑战，其中很多因素是互斥或相反的，例如开发新资源（exploration）与利用现有资源（exploitation）（March, 1991），整合全球资源与适应本土环境（Marquis & Battilana, 2009），最大化利润与提高社会福利（Margolis & Walsh, 2003）。尤其在当今复杂多变的环境中，矛盾或悖论是企业面临的"新常态"（"new normal"，Ashcraft & Trethewey, 2004）。而高层管理者在引导企业处理各种矛盾中扮演着重要的角色，其动机、目标设定和战略选择都影响着企业的资源获取、分配和竞争优势的形成，其如何处理不同利益相关者的需求和相互矛盾的因素很大程度上决定了企业的生存和竞争优势。从矛盾理论出发，本书提出企业高层管理者的促进型调节焦点和防御型调节焦点交互影响企业的绩效；同时，具有不同水平促进型调节焦点和防御型调节焦点水平的高层管理者通过影响企业战略的选择，对企业增长率产生影响。此外，本书还提出高层管理者拥有的管理自由度影响了其调节焦点与企业产出的关系。

最后，作为对本书最重要的一个亮点，即高层管理者两种调节焦点的交互作用的思考，本书进一步提出了中国传统哲学的智慧之一——中庸哲学所能带来的理论和实践启示意义。不同于西方人一分为二的思考方式，中国人往往以多面、整合和和谐的视角获取和分析信息并思考解决方案，即中庸思维。而中庸思维在领导行为上的体现即中庸领导行为。本书简要探讨了中庸领导行为的内涵、对高层管理团队的启示及其在两种调节焦点的交互作用中的应用，希望为未来的研究提供新的研究方向。

第二节 研究意义和创新点

通过回答以上研究问题，本书试图做出以下贡献：

第一，试图通过揭示企业高层管理者人口统计学特征、高层管理团队特征、企业特征与高层管理者调节焦点的联系，丰富调节焦点领域的研究。以往极少有研究探讨个体调节焦点的前因变量，到2020年为止，只有非常少的研究发现了一部分调节焦点的形成影响因素。例如，希金斯和他的同事（Higgins, Friedman, Harlow, Idson, Ayduk, & Taylor, 2001）提出并发现个体过往的成功经验会导致个体选择不同的目标倾向，进而采取相应的行动。具体而言，如果个体认为自己以往的成功更多地是通过树立积极、成就导向的目标，并采取主动的、探索性的行动而取得的，其往往形成较高的促进型调节焦点；而如果个体认为自己以往的成功更多地是通过树立防御型、避免错误的目标，并采取保守、稳健的行动而取得的，其往往形成较高的防御型调节焦点。李及其同事（Lee, Aaker, & Gardner, 2000）发现独立型自我构念（independent self）主导的个体会更多地关注积极、冒险的信息，而互依型自我构念（interdependent self）主导的个体会更多地关注稳健、保守的信息。另一方面，调节焦点也可被特定情境引发。在塞萨里奥（Cesario, Grant, & Higgins, 2004）的研究中，个体调节焦点可以被不同的信息操纵。例如，关于健康的广告中，强调获取更多的活力和更高的生活质量（取得更大的成就）的信息可以激发被试的促进型调节焦点，强调减少环境污染的侵害和预防疾病（即关注安全）的信息可以激发被试的防御型调节焦点。但目前关于调节焦点前因变量的研究，尤其是领导者调节焦点形成因素的研究仍较为缺乏（Gorman, Meriac, Oversetreet, Apodaca,

McIntyre, Park, & Godbey, 2012）。基于调节焦点理论，考虑到高层管理者所处职位的特殊性，本书结合了高层管理者的个人特征、高层管理团队特征和企业特征，探讨它们各自以及交互地对高层管理者调节焦点形成的影响，提供了全新的将个体和环境结合的视角来研究调节焦点的前因变量。因此本书丰富了调节焦点理论，探讨了高层管理者这一基于动机的重要的人格特质的形成因素，对未来研究也有一定的借鉴意义。

第二，本书将调节焦点的研究拓展到了更高的战略管理层面，通过研究高层管理者调节焦点的前因和结果，本书将这一重要的个体心理学变量与上层梯队理论、战略领导力（strategic leadership, Ireland & Hitt, 1999; Vera & Crossan, 2004）和战略管理联系起来。之前关于调节焦点的管理学研究局限于个体层面，探讨调节焦点如何影响员工或主管的目标选择及行动。例如，拉姆和基乌（Lam & Chiu, 2002）发现在促进型调节焦点下，个体更擅长提出新的想法和创意，在防御型调节焦点下，个体更倾向于避免错误，即使他们有可能通过创新获取更大的收益，进而揭示了促进型调节焦点和防御型调节焦点在创新的不同阶段会发挥的作用；纽博特等人（Neubert, Kacmar, Carlson, Chonko, & Roberts, 2008）发现员工的调节焦点中介了领导行为对员工行为的影响，其中防御型调节焦点中介了定规型领导行为（initiating structure）对员工任务绩效和偏差行为（deviant behavior）的影响，而促进型调节焦点中介了公仆型领导行为（servant leadership）对员工帮助行为和创造性行为的影响；吴及其同事（Wu, Mcmullen, Neubert, & Yi, 2008）发现主管的促进型调节焦点和员工的促进型调节焦点、创造力正相关，因而，通过引导员工的促进型调节焦点，主管或更高层企业领导可以提升员工的企业家精神和创新行为。戈尔曼等人（Gorman et al., 2012）发现促进型调节焦点和防御型调节焦点都有可能促使员工产生组织承诺，但前者主要和情感性组织承诺（affective commitment）相关，而后者主要和持续性组织承诺（continuous commitment）相关。因而目前管理学领域对调节焦点的研究集中于个体或团队层面，关于高层管理者调节焦点的研究非常缺乏。调节焦点描述了个体微观层次的动机和行为倾向，但由于高层管理者处于企业战略决策者的位置，根据上层梯队理论，企业战略和结果往往反映了高层管理者的个人特质和偏好，高层管理者的个人动机会影响到对企业所处环境中的信息获取和处理、制定不同的企业战略目标和行动，进而影响到诸如战略联盟的建立（Das & Kumar, 2011）、资源分配、企业收购行为（Gamache et al., 2015）等。本书将微观的个人特质和宏观的企业战略领导结合起来，一方面探讨了高层管理者调节焦点形成的个人和企业因素，另一方面研究了其对企业绩效和增长率的影响，并提出高层管理者的两种调节焦点相互作用，共同影响企业的战略选择和产出。根据矛盾理论，企业常常面临相互矛盾的需求、需要处理看似矛盾的种种问题，导致企业的战略矛盾（strategic paradoxes）。企业需要平衡各种需求、兼顾矛盾的双方（Smith, 2014），通过接受矛盾、区分和整合矛盾、发展创造性的方案等寻求动态的最优组合（Lewis, 2014）。高层管理者在其中扮演着重要的角色，管理者需要建立矛盾的认知框架、兼顾企业的各种目标，引导企业采取相应的战略，帮助企业通过调整资源、不断提高自身获取和运用资源的能力，整合矛盾的双方，以应对各种需求。本书通过研究CEO促进型调节焦点和防御型调节焦点在组织层面的前因变量，以及两者对企业产出的交互作用，将调节焦点的研究拓展到了更宽的领域，将其与企业战略管理理论和矛盾理论联系起来。

第三，作为对越来越多学者"应该直接针对战略领导者的心理特征进行测量和研究"（Zhang, Wang, & Waldman, 2012）呼吁的回应，本书直接对企业高层管理者的调节焦点这一重要的心理特征进行深入研究。赫尔法特和彼特拉夫（Helfat & Peteraf, 2015）指出，企业高层管理者的包括认知、注意力、问题解决、推断能力、交流和社会认知等认知能力和心理特征等是企业在复杂多变的环境中发展"动态能力"的微观基础，因此十分有必要对高层管理者的心理特征进行直接测量和研究。由于数据收集的困难，战略领导力领域很长一段时间都以可观测经验（observed experience）（比如人口统计学变量）作为某些心理因素的代理变量（Finkelstein, Hambrick, & Cannella, 2009），但是，这样的研究无法清晰准确地了解心理因素发挥作用的过程和机制（Zhang, Wang, & Waldman, 2012）。本书通过基于计算机的内容分析，直接对高层管理者的调节焦点这一特征进行测量，并研究了其形成的影响因素，以及其如何对企业战略决策和企业产出产生影响。回应了对战略领导者心理特征进行测量和研究的呼吁，为打开企业高层管理者与企业产出之间的黑匣子做出了一定贡献。

第四，本书选取调节焦点，一种基于动机的个体心理特征，作为研究核心，拓展了现有关于高层管理者心理特征的研究。目前关于高层管理者心理特征的研究主要集中在针对人格（personality）、价值观（value）和认知模式（cognitive style）（Finkelstein, Hambrick, & Cannella, 2009）上，对动机的研究较为稀少。只有少量实证研究探讨了高层管理者动机对企业结果等的影响，例如，柏曼和迈纳（Berman & Miner, 1985）提出以往关于高层管理者动机的研究大致分为两类：被动地害怕负面的结果（例如失败），这一类高层管理者追求成功、避免负面的结果，或努力不让自己害怕的事情发生；另一类动机即为了获取权力、控制权和别人的赞许，进而倾向于坚持自己的权力和意见，具有较高的成就动机和权力欲；尹俊等人（尹俊，裴学成，& 李冬昕，2013）探讨了企业领导者的内隐成就动机、冒险倾向与国际化的关系，发现三者之间有显著的正向关系。企业高层管理者的动机对于企业有着十分重要的影响。不同的调节焦点会导致高层管理者选择不同的战略目标,进而影响企业资源分配、人员招聘和使用、战略行动等。此外,领导的调节焦点会通过其态度、行为、语言等影响下属的调节焦点,甚至整个团队的氛围,进而对团队绩效、员工创造力等产生作用(李磊 & 尚玉钒,2011)。而对于企业的高层管理者,这甚至会影响整个企业的战略和绩效。因而探索高层管理者调节焦点这一动机特征的前因和结果变量对战略管理研究和实践都有重要意义。

第五,本书首次深入探讨了促进型调节焦点和防御型调节焦点两者的关系,并采用矛盾的视角研究了两者对企业产出的交互作用。虽然以往研究指出促进型调节焦点和防御型调节焦点是两个正交、相互独立的因素(Higgins, 1997, 1998),极少有实证研究深入探讨两者的关系及交互作用。在最近的对两种调节焦点的元分析中,戈尔曼等人(Gorman et al., 2012)通过总结目前关于调节焦点的研究发现,虽然两种调节焦点有一定的相关性,但二者是相互独立的,与其他概念有不同的联系,对组织管理中的重要结果也有不同的预测作用。因而将促进型调节焦点和防御型调节焦点整合为一个单独的调节焦点得分是不可行的,未来的研究应该尝试找出两种调节焦点的共存模式或调节焦点的"配置"(profile),而不是将其合并为一个人格特质。因此,促进型调节焦点和防御型调节焦点并不是同一个变量的两端,而是两个相互独立的变量,存在两者都高、都低、一高一低的情况(Forster, Higgins, & Bianco, 2003)。受情境线索的激发,个体可以根据不同需要表现出不同的促进型调节焦点和防御型调节焦点的组合(Wallace & Chen, 2006)。对于企业高层管理者而言,其面临的最大压力之一即处理企业相互矛盾的各种需求,如何整合企业诸如利益最大化和损失最小化的目标、探索创新和保守稳健的战略行动关乎企业的生存和发展,所以他们更有可能既有高水平的促进型调节焦点，也有高水平的防御型调节焦点，并根据不同的情境和需求灵活转换。尤其在中国"阴阳合一"的传统思想影响下，高层管理者的两种调节焦点更有可能相互作用、共同影响其目标和战略选择。因而，不同于西方传统的一分为二、强调选择和战略一致性的思想，本书首次将高层管理者的促进型调节焦点和防御型调节焦点相结合，采用矛盾的视角，探讨两种调节焦点对企业战略选择和企业产出的交互作用，以及中介机制和边界条件，进一步丰富了对两种调节焦点概念、关系的研究。

第六，第八章部分，与两种调节焦点的交互作用相联系，本书提出了并试图厘清中庸领导行为的内涵和表现形式，阐述了其对研究领导及组织如何处理复杂矛盾的启示，丰富了中国领导力本土研究，并讨论了这一领导行为对领导者两种调节焦点的影响。目前中国的领导力研究主要还是借用西方情境下提出的构念和理论，验证西方的领导理论在国内组织的适用性等，真正带有中国文化和企业情境特色的研究还很少。本书所提出的中庸领导行为根植于中国传统文化，是中国古代哲学智慧的代表（李平，2013；巩见刚等，2018），对当代的企业领导者有着深远的影响（陈建勋，凌媛媛，刘松博，2010；何轩，李新春，2014；蒋文凯，贾良定，刘德鹏，2016）。同时，中庸所倡导的权变、整合以及和而不同等理念又契合中国企业所面临的实际。但到目前为止，学者们对中庸在领导力研究领域的探讨十分稀少，仅有的少数研究对中庸的内涵界定模糊或存在较大不一致，且基本停留在领导者的思维层面，缺乏对具体领导行为的分析。本书较为系统地探讨了中庸领导行为的内涵，并强调了其通过提升管理者应对复杂矛盾的能力（例如使得管理者同时具备高水平的促进型调节焦点和防御型调节焦点），从而对企业绩效和长期发展的积极意义。

第七，本书在研究方法上也具有一定的创新性。由于企业高层管理者的难以接近性，对企业高层管理者个人特质等的数据收集是一个较大的挑战，并且现有阶段关于中国企业高层管理者的数据库较为缺乏。本研究聚焦中国企业，采用内容分析（content analysis）的方法来测量高层管理者的调节焦点。这种方法可以较为客观地获取高层管理者的个人特质，并且避免了回忆偏差和社会期许（social desirability）等负面效应的影响（Holsti, 1969），可以在不同的环境和行业背景中获取数据，也可扩展到其他样本或时间段。此外，本书开发了一套中文的调节焦点词典，将其植入当今文本分析最流行的软件LIWC（Linguistic Inquiry and Word Count），首次在中国管理学领域应用了这一软件进行研究。此外，本书将一些中国情境下特有的因素纳入研究，例如企业所有制类型，因而本书的研究结果对中国企业的战略管理研究提供了参考。

本书对实践也有指导意义。

第一，对高层管理者调节焦点前因变量的研究，将有助于企业根据发展需要、选拔出具有某类调节焦点的高层管理者。比如，某些企业在某些发展阶段需要改革或探索新市场、新资源，在选拔高层管理者的时候，应该主要选择那些从个人特征方面更有可能表现出促进型调节焦点的高层管理者，像处于职业初期或中期的高层管理者，而不是处于职业生涯尾声的高层管理者。同时，由于高层管理团队特征和企业特征也会影响高层管理者的调节焦点，企业可以通过配置不同的高层管理团队或调整企业条件等，引发高层管理者不同的调节焦点。

第二，对调节焦点和企业绩效以及增长率关系的研究，对企业如何应对矛盾具有一定的启示。高层管理者应该兼顾收益最大化和损失最小化的发展目标，平衡不同的战略选择，通过矛盾的思想、寻求动态的最优化组合，灵活应对不同的企业发展需求，在不同的情境中调整自己的调节焦点，进而为企业产出带来积极效益。另一方面，如果在一定的发展阶段，企业注重增长和扩张，高层管理者应该侧重积极大胆的目标和策略，即具有较高的促进型调节焦点和较低的防御型调节焦点。同时，通过探讨企业战略多变性这一变量的中介作用，及其对企业增长率的积极影响，本书为动态坏境下，企业如何调整战略和分配资源以快速增长提供了一定的指导意义。

第三，本书研究了管理自由度的调节作用，即当高层管理者的动机和行为倾向与企业发展需要相符合时，企业也应该赋予其更大的管理自由度，以使其战略决策对企业产生更显著的积极影响。

第四，本书将梳理出中国情境下中庸领导行为的内涵和表现形式，有利于我们深入理解和应用本土的领导经验。对中庸领导行为这一既源于中国传统哲学智慧，又反映当今中国企业管理的领导力理论进行科学分析，将有利于中国特色的管理经验的提炼和传播，对指导管理实践具有十分重要的意义。

第五，本书对中庸领导行为的作用机制和边界条件的研究，将有助于企业选拔和培训领导者，帮助领导者适时调整。中庸领导行为植根于中国社会，同时也适应当下企业发展的需要，企业可以结合自身特点或目标，有意识地培养领导者的中庸领导行为，开发出适宜的领导力发展内容和项目。并且，基于本书揭示的中庸领导行为影响的边界条件和作用机制，领导者和员工可以更加全面地认识中庸领导行为的优缺点，进行灵活的调整。

第三节 本书结构

本书围绕企业高层管理者调节焦点展开，探讨高层管理者调节焦点的形成因素及其对企业绩效和增长率的影响，并检验其中的中介机制和边界条件，最后讨论了中庸哲学及中庸领导行为带来的启示。全文由8章构成。

第一章为引言。此章提出了本书的研究问题、阐述研究意义以及介绍本书的结构。

第二章为文献综述。此章节主要是对战略领导，以及调节焦点方面的文献及相关研究进行回顾和总结。

第三章为本书主体研究的第一部分。此章节是基于调节焦点理论、关于CEO调节焦点的前因变量的研究，包括理论阐述与假设提出。

第四章为本书主体研究的第二部分，此章节是基于矛盾理论、关于CEO调节焦点对企业绩效和增长率影响的研究，包括理论阐述与假设提出。

第五章为本书的实证研究方法。

第六章为本书的实证研究结果。

第七章为讨论。此章节主要是总结本书的研究结论并阐述理论意义、实践意义、研究局限性以及未来研究方向。

第八章为启示。此章节主要讨论了矛盾视角，尤其是中庸哲学及中庸领导行为在探讨高层管理者如何处理复杂矛盾以及研究两种调节焦点的交互作用中的重要意义。

第二章

战略领导者及调节焦点理论相关的文献综述

第一节　战略领导研究

上层梯队理论（Hambrick & Mason, 1984）的提出，引发了大量有关战略领导方面的研究。这些研究主要聚焦高层管理者特征，例如高管的人口统计学特征、心理特征、思维方式、领导行为等对组织结果的影响。根据上层梯队理论，高层管理者的价值观、认知和信念等影响了高层管理者对外部信息的获取和筛选，进而影响了他们进行信息处理的过程和做出的战略决策，最终导致企业资源分配、战略行动和绩效等不同结果。换句话说，企业产出是其高层管理者特征的反映。高层管理者的人口统计学背景等是其心理和思维的间接反映，因而对其进行研究可以间接地预测企业的结果。近年来，越来越多的学者呼吁直接对高层管理者的心理、认知和行为特征进行测量和研究。在这一理论框架下的研究大体可以分为以下几类。

人口统计学背景。最早的关于战略领导的研究大部分集中于高层管理者的易被观测和测量的人口统计学特征，研究者们将之作为潜在心理特征的代理变量。基于社会化理论（socialization theory），高层管理者嵌入于早期的个人经历和各类关系网中，他们的工作经历、职能背景、教育背景和任期等都会影响其认知、动机和行为，进而不同程度地体现在战略决策和企业表现中（Fondas & Wiersema, 1997）。最近几年仍有不少研究在这方面进行了更深入的探讨。这包括了CEO年龄、教育程度及任期等因素，这些因素可能直接或间接地与公司绩效相关。基于上层梯队理论，学者们认为，年龄会影响公司绩效：年轻的CEO更有可能表现出更高水平的体力、精力和耐力，对现状的心理承诺较低，不太关心财务和职业安全。因此，在做出战略决策时更倾向于冒险（Serfling, 2014; Yim, 2013）。年长的CEO更有可能采用过时的商业做法，从而可能拖累业绩（Wang et al., 2016）。实证研究表明，CEO年龄与公司更大胆、潜在风险更高的战略行动（包括收购）（Hitt & Tyler, 1991; Yim, 2013）、更高的研发支出（Barker & Mueller, 2002）以及国际多元化的视野（Herrmann & Datta, 2002）呈负相关。还有一些证据表明，CEO年龄与公司盈利能力之间存在显著的正相关关系（Wang et al., 2016）。随着退休的临近，CEO的年龄可能代表经验、耐力、地位或观念的变化。这提供了一个与汉布瑞克和梅森（Hambrick & Mason, 1984）首次提出的观点相悖的视角，即独立于其他因素，CEO随年龄增长而产生的洞察力以及复杂推理能力可能为公司提供优势，从而使得由年龄较大的CEO领导的公司得到更有效的管理，从而产生更好的整体结果。

CEO任期（在特定公司担任该职位的时间）是另一个被广泛研究的CEO人口统计学的概念（Finkelstein, Hambrick & Canella, 2009）。大多数研究发现，任期较长的CEO更有可能致力于维持现状，因为他们引领公司取得了目前的成就（Hambrick & Mason, 1984），希望保护他们的利益（Matta & Beamish, 2008），并且比新上任的CEO积累了更多的权力（Meyer, 1975）和内部支持者（Miller, 1991）。因此，他们更能抵抗来自不同利益相关者的压力。新任CEO被认为更有动力展示能力、产生影响，从而带来变革（Shen & Cannella, 2002年）。由此产生的一个悖论是，任期较长的CEO积累了创造变革的权力和内部支持者，但由于他们对现状的承诺，其进行变革的动力较低，而任期较早、更有动力进行变革的CEO在这方面的权力、影响力或支持率都较低。换句话说，尽管任期较短的CEO更有可能发起变革和创新，但这并不一定会转化为更好的公司绩效（Wang et al., 2016）。罗等人（Luo, Kanuri, & Andrews, 2014）指出之前关于CEO任期的研究忽视了潜在的影响机制。基于职业生涯范式（career seasons paradigm）、学习的视角和营销方面的文献，他们提出并通过实证研究发现，企业与员工的关系（firm-employee relationship）以及企业与顾客的关系（firm-customer relationship）是传递CEO任期对企业绩效影响的机制。他们发现，CEO任期的增长对企业与员工的关系有正向的影响作用，而对企业与顾客的关系存在负向的影响作用，因为CEO外部环境扫描、市场关注程度会随着任期的增长而降低。文和林（Weng & Lin, 2014）进一步研究了CEO任期对企业战略变化的影响。他们提出CEO新颖程度（CEO newness）这一概念，整合了CEO任职前的董事会经历、继承人经历（heir apparent experience）和在目前职位的任职时间，并指出这一概念更全面地预测了CEO对变化的倾向。

学者们认为，CEO的教育程度与公司层面的战略行动和绩效呈正相关。教育有助于增加CEO的知识、技能基础及认知能力（Hambrick & Mason, 1984），也有助于他们获得处理复杂信息（Wally & Baum, 1994）的能力。许多研究发现了CEO的正规教育与他们接受创新和变革的能力之间的正向联系（Kimberly & Evanisko, 1981; Ng & Feldman, 2009）。米勒及其同事（Miller, Xu, & Mehrotra, 2015）研究了一个独特的CEO的人力资本——常春藤教育背景。他们发现这一教育背景确实有益于高层管理者管理企业和获取资源，并且对于取得常春藤本科学位的CEO、近几年的毕业生或年轻的CEO来说效应更强。因此，CEO的正规教育水平可能是其发展和施行重要而复杂的公司战略的基础。

另一个人口统计学变量是CEO的性别（Dezzo & Ross, 2012; Oakley, 2000）。学者们讨论了女性领导者在决策过程中与男性领导者的不同之处

（Chen et al., 2016; Dejoy, 1992; Eckel & Grossman, 2008），包括女性高管的存在如何影响高管团队中的群体多样性和群体讨论过程（Chen et al., 2016; Kilduff et al., 2000）。信号传递理论解释了为什么股东们对女性CEO任命的反应比男性CEO任命的反应更为消极（Lee & James, 2007）。一项研究研究表明，CEO继任所产生的绩效影响不是"性别效应"（女性和男性CEO之间的系统性绩效差异），而是"性别变化效应"（男性CEO由女性CEO继任会放大CEO继任带来的负面效应），而企业对待女性领导的积极态度能够弱化这一负向效应（Zhang & Qu, 2016）。

社会背景也是一个重要变量。这是指CEO在社会评估体系中的地位，也是研究CEO特点与公司绩效之间关系的研究者们最近关注的焦点。具体的研究主题包括CEO的社会地位、声誉及名气（Chen, Hambrick & Pollock, 2008; Hayward, Rindova & Pollock, 2004; Wade, Porac, Pollock, & Graffin, 2006; Westphal & Zajac, 1995）与公司战略和绩效之间的关系。

社会地位是一个社会学概念，它反映了CEO在社会秩序中的地位（Graffin et al., 2008; Podolny, 2005; Washington & Zajac, 2005）。研究发现，CEO的社会地位在短期内与公司绩效呈正相关，但在长期内具有负面影响。长期来看，地位高的CEO似乎变得过于自信，导致决策不力（Wade et al., 2006）。

CEO声誉是一个经济学概念，它揭示了人们感觉到的或实际上的CEO素质的差异（Podolny, 2005），在会计和财务文献中引起了许多学者的关注。研究发现，CEO声誉与公司盈利质量正相关，声誉高的CEO所管理的公司注重管理盈利以满足业绩预期（Francis, Huang, Rajgopal, & Zang, 2008）。

CEO的名气代表了一种独特的社会地位（Cho, Arthurs, Townsend, Miller, & Barden, 2016; Malmendier & Tate, 2009）。根据海沃德等人（Hayward, Rindova

& Pollock, 2004）的研究，当记者将公司的行为和结果过度归因于其CEO个人而非其他因素时，CEO名人的地位就会确立。研究表明，短期内，成为名人CEO与公司最初的表现不佳（Malmendier & Tate, 2009）以及短期内为目标公司支付更高的溢价有关，当从长期来看，享有名人地位的CEO则不会产生这些负面效应（Cho et al., 2016）。综上所述，对CEO社会背景的研究还相对较少，越来越多的研究正试图厘清其与公司绩效的关系。

CEO人格特征

心理学文献（微观方面）和上层梯队理论相关研究（宏观方面）都在探讨CEO人格维度与组织绩效之间的关系。研究发现性格会影响CEO关注和处理有关环境、公司及自身能力的信息的方式（Finkelstein et al., 2009: 70）。性格特征会影响CEO对自我的认知和定位，例如，大五人格（Nadkarni & Herrmann, 2010; Peterson, Smith, Martorana, & Owens, 2003）、核心自我评价（Core Self Evaluation, CSE; Hiller & Hambrick, 2005; Simsek et al., 2010）、傲慢（Hayward & Hambrick, 1997）、谦逊（Ou et al., 2014）、自恋（Chatterjee & Hambrick, 2007; 2011）及过度自信（Chen et al., 2015）这些性格特征都会影响其认知和情绪状态，进而影响公司绩效。

更具体地说，具有积极自我概念的CEO的乐观情绪促使他们处理更多信息并关注更多积极的环境线索（与具有较低水平的积极自我概念的CEO相反），这又使他们能够识别更多机会，并对其持更积极的态度（Baron, 2008; Hiller & Hambrick, 2005）。因此，积极的自我概念可能与追求机会的战略行动有关：这可能产生有价值的回报，但也可能有风险，使公司处于不稳定的境地（Hiller & Hambrick, 2005）。具有积极自我概念（如核心自我评价）的CEO具有良好的自我认知，更可能将自己视为卓越、有力、令人钦佩及重要的人（Barrick, Mount, & Gupta, 2003; Finkelstein et al., 2009; Hiller & Hambrick, 2005; Locke & Durham, 1997）。因此，他们倾向于设定更雄心勃勃的目标，并追求更大的计划，但这样同时伴随着更高的风险（Hiller & Hambrick, 2005; Judge & Ilies, 2002）。

有趣的是，研究人员已经开始探索CEO自我概念的积极（光明面）和消极（黑暗面）影响（Resick, Whitman, Weingarden, & Hiller, 2009）。核心自我评价和谦逊往往被视为自我概念的"光明面"，而自恋、傲慢及过度自信则被视为"黑暗面"。最近的研究也开始认识到自恋、傲慢及过度自信的潜在"光明面"，具有这些特征的CEO更有可能引进突破性技术和创新（Gerstner, Konig, Enders, & Hambrick, 2013; Tang, Li, & Yang, 2015a）。

实证研究发现CEO的自我概念对公司绩效都有或正面或负面的直接和间接的影响。例如，一些研究将CEO的核心自我评价（Core Self Evaluation, CSE）——"定义我们如何评价自己以及我们与环境的关系的深层次性格特征"，以"自信、自我价值、自我效能及免于焦虑"为特征（Hiller & Hambrick, 2005: 299）——与企业层次的创业导向（entrepreneurial orientation, EO）（Simsek et al., 2010）及企业内动态能力的发展（von den Driesch, da Costa, Flatten, & Brettel, 2015）联系起来。CSE还与变革型领导相关，变革型领导又与特定条件下更高水平的组织绩效相关（Resick et al., 2009）。这些研究表明，CEO的CSE通过各种企业层面的因素对企业绩效的间接影响是相对稳健的。

CEO自恋是一种潜在的"黑暗面"人格，被概念化为谦逊的反面（Zhang, Ou, Tsui, & Wang, 2017）。自恋被定义为"一个人自我意识膨胀的程度，并全神贯注于不断强化这种自我观念"（Chatterjee & Hambrick, 2007: 353）。对CEO自恋的实证研究表明，自恋与公司收购的数量和规模（Chatterjee & Hambrick,

2007）、研发支出、资本支出和并购（Chatterjee & Hambrick, 2011）呈正相关。自恋型CEO也更容易受到他们在其他公司观察到的战略的影响，并在制定公司战略时抵制董事先前经验的影响，这表明CEO的自恋限制了董事对公司战略的影响，并对CEO的学习能力和信息处理能力产生了消极影响（Zhu & Chen, 2015）。CEO自恋与CEO或公司内部的创新性、主动性以及冒险水平之间存在联系（Miller, 1983）。自恋型的CEO更有可能在他们领导的公司内部培养CEO（Wales, Patel, & Lumpkin, 2013）。然而，CEO的自恋已被证明削弱了公司创业倾向与公司绩效之间总体的积极关系（Engelen, Neumann, & Schmidt, 2016）。自恋型CEO领导的公司表现出更大的变化性（Wales et al., 2013）。

CEO的傲慢（hubris）有时被称为过度自信（over-confidence）："夸大的骄傲或自信"（Hayward & Hambrick, 1997: 106）。在实证研究中，CEO自大与收购溢价（Hayward & Hambrick, 1997）、财务业绩不佳（Park, Kim, Chang, Lee, & Sung, 2018）以及更高的风险承担水平有关，尤其是当CEO拥有更高的管理自由度时（Li & Tang, 2010）。CEO的傲慢也与更高水平的企业创新有关，而后者对公司有积极影响（Tang et al., 2015a）。但CEO的傲慢可能会破坏公司的社会责任活动（Liu, Fisher, & Chen, 2018: 795），并增加不负责任的企业活动的数量（Tang, Qian, Chen, & Shen, 2015b）。综上所述，CEO的自恋和自大可能会为公司带来一些绩效收益，表现为增加创新、对技术不连续性的处理能力，以及更多地追求机会和冒险。相反，如果自恋导致CEO为收购支付过高的费用，从事不负责任的活动，并模仿其他公司的战略，公司业绩可能会受到负面影响。

其他受到研究关注的CEO人格特征包括内外控倾向（Locus of Control; Boone, Brabander, & Witteloostuijn, 1996; Boone, De Brabander, & Hellemans, 2000;

Miller, De Vries, & Toulouse, 1982)。例如,布恩等人(Booneet al., 1996)在对39家小公司的研究中发现:CEO的内外控倾向与盈利能力和组织机构的长期生存率显著相关。米勒等人(Miller et al., 1982)发现,拥有内控倾向的CEO的公司倾向于追求更多的产品市场创新,愿意承担更大的风险,并领导公司走向成功,而不是一味地追随其竞争对手。

CEO的注意力和认知

近年来不少学者提出高层管理者的认知能力是管理能力的重要影响因素(Eggers & Kaplan, 2009)。认知即个体理解周边环境、搜寻信息、做出决策的方式(Levinthal & March, 1993; Walsh, 1995),它影响了个体对环境的注意力和对信息的解释。尤其对于高层管理者,认知方式是一个重要的个人特征,是"为什么一些高层管理者能够更加有效地预见、解释和应对各种需求"的重要原因(Helfat & Peteraf, 2015)。高层管理者的认知方式决定了其对信息的处理和解释,进一步作出战略决策、资源分配以及企业文化的塑造等。纳德卡尔尼和陈(Nadkarni & Chen, 2014)发现CEO对时间的认知和关注会影响企业新产品的产出。在稳定的环境中,CEO高度的对过去和当下的关注会带来企业更高的新产品产出;在变化迅速的环境中,CEO高度的对当下和未来的关注、低程度的对过去的关注会带来更高的新产品产出。马赛尔等人(Marcel, Barr, & Duhaime, 2011)发现当CEO对竞争对手的行动和绩效影响进行因果联系时,其企业更有可能迅速地发起反击,而这一关系受到外部线索、组织闲置资源、高管团队多样性和任期的调节。在最近的一项理论性的文章中,赫尔法特和彼得拉夫(Helfat & Peteraf, 2015)提出"管理认知能力"(managerial cognitive capability)这一新概念,指出特定的管理者的认知能力影响了其应对外部多变环境的能力，例如感知变化、把握机遇和重新配置资源等，并强调了这些认知能力对战略变革的影响。

CEO领导行为

学者们研究了各种CEO领导行为与公司绩效之间关系。例如，魅力型领导（Waldman et al., 2001）、变革型领导（Jansen, George, Van den Bosch, & Volberda, 2008）、交易型领导（Waldman et al., 2001）及服务型领导（Peterson, Galvin, & Lange, 2012）。

魅力型领导关注领导者与追随者之间的关系，其基础是追随者对领导者的积极归因（Klein & House, 1995; Waldman et al., 2001）。魅力型领导包含的关键行为有"明确愿景和使命感、显示决心以及传达高绩效的期望。这使得追随者产生对领导者的积极归因，包括对领导者产生信心，在他/她的面前感觉良好，以及产生强烈的钦佩或尊重感"（Waldman et al., 2001: 135）。关于CEO的魅力型领导力与公司绩效之间关系的发现结果并不一致。一些研究发现，CEO的魅力与公司绩效之间没有直接关系，但发现CEO的魅力预测了不确定性条件下的公司绩效（Tosi, Miangyi, Fanelli, Waldman, & Yammarino, 2004; Waldman, Javidan, & Varella, 2004）。另一项研究发现，CEO的魅力与公司绩效相关，但没有发现感知环境不确定性的调节作用（Waldman et al., 2004）。阿格尔及其同事（Agle, Nagarajan, Sonnenfeld, & Srinivasan, 2006）试图解决这些复杂的发现，并发现CEO魅力的感知与组织绩效无关，即使在考虑了环境不确定性的潜在调节效应后也是如此。总的来说，CEO的魅力和公司业绩之间的联系还不明确。

变革型领导主要包含以下几方面的内涵："（1）魅力：创造并呈现一个

有吸引力的未来愿景；（2）鼓舞性激励：激励追随者超越自我利益；（3）智力激发：激励追随者挑战假设，从新的角度看待问题；（4）个体化考虑：通过提供支持、鼓励和指导，关注追随者的发展"（Ling et al., 2008: 557）。

研究人员对变革型CEO对中小企业绩效的影响进行了研究，发现CEO变革型领导对企业绩效有着显著的直接影响，但企业规模、目标和创始人身份在这一关系中起着调节作用，在任期较长的小型公司、CEO具有创始人身份的公司中，变革型CEO对公司绩效的影响更为显著（Ling et al., 2008）。

交易型领导行为主要是为了维护现有的企业运营系统和文化。交易型领导者在现有系统或文化中运作，而不是试图改变它（Waldman et al., 2001）。他们试图通过利益交换、权变奖惩来满足追随者的需求；密切关注偏差、错误或不合规的行为；并在必要时进行纠正（Bass, 1985; Waldman et al., 2001）。实证研究没有支持CEO交易型领导行为与公司绩效之间的显著关系（Waldman et al., 2001）。

除了对领导者谦逊感兴趣外，学者们还提出了一种更关心他人的领导风格，即服务型领导。服务型领导"将被领导者的利益置于领导者的私利之上，强调关注追随者发展的领导者行为，弱化对领导者的关注和赞美"（Hale & Fields, 2007: 397）。立登等人（Liden, Wayne, Zhao, & Henderson, 2008）确定了构成服务型领导的七个维度：概念技能、授权、帮助下属成长和成功、把下属放在第一位、行为道德、情绪抚慰、为社区创造价值。比德森（Peterson et al., 2012）发现，CEO的服务型领导行为是公司绩效的重要预测因素。

尽管实证研究发现CEO的领导行为与公司绩效相关，但研究结果存在较大的不一致性。冯·尼朋博格和希特金（Van Knippenberg & Sitkin, 2013）在研究魅力型和变革型领导风格时，指出了四个问题。首先，他们指出，缺乏对魅力型和变革型领导的明确概念定义，很大程度上是因为当前的理论仅推进了魅力型和变革型领导的多维度概念化，而没有具体说明不同维度如何组合，以及如何确定两种领导行为包含的具体维度。其次，未能充分说明因果关系。再次，魅力型领导和变革型领导二者的效应常常是混杂的。最后，最常用的测量工具缺乏效度，因为它们无法再现原始理论提出的维度结构。因此，冯·尼朋博格和希特金（Van Knippenberg & Sitkin, 2013: 2）认为有必要"放弃魅力型—变革型领导的标签，转而研究具有明确定义和实证证据支撑的领导行为。"

基于以上研究回顾，本书发现尽管近年来关于战略领导的研究十分丰富，极少有研究探讨CEO基于动机的个人特征。个体做决策时往往会关注和接受与自己需求和理想状态相符的信息，进而进行分析和决策。个体根据自己的需求和动机选择目标，并管理情绪、认知和行为以达成目标，这一过程即调节焦点理论所描述的个人目标和战略选择。其具有一定的方向性，即可分为促进型调节焦点和防御型调节焦点。调节焦点是描述基于动机的个体的重要特征，对于高层管理者，其调节焦点会极大地影响企业战略目标和战略行动的选择，进而对企业产出产生重大影响，因而十分有必要对高层管理者的调节焦点进行研究。

第二节　调节焦点理论

调节焦点理论聚焦自我调节（self-regulation），解释了个人在追求目标过程中对自我情绪、认知和行为等的调节和管理的过程与动机（Carver & Scheier, 1998; Johnson, Chang, & Lord, 2006）。为了实现特定目标，个体会试图将自我概念（self-conceptions）和行为与这一特定目标连接在一起，该过程被称为自我调节（Brockner & Higgins, 2001）。个体在自我调节的过程中会表现出一定的方向性。源于"追求快乐、规避痛苦"的享主义原则（hedonic principle），希金斯（Higgins, 1997, 1998）提出了个体自我调节过程的两种调节焦点（regulatory focus），即促进型调节焦点（promotion focus）和防御型调节焦点（prevention focus）。

促进型调节焦点使个体对"获取"和"没有获取"非常敏感，并将注意力放在自我成长和取得成就的机会。这一类型的调节焦点使得个体更倾向于采取积极、主动的行动策略，以"保证不要错过机会和一无所成"（Crowe & Higgins, 1997: 120）。因而高促进型调节焦点的个体会追求最大化收益最小化没有收益。在潜在机会面前他们会采取更快的行动，更加看重取得成就的数量和速度，为了接近理想状态而尝试或冒险（Higgins & Spiegel, 2004）。防御性调节焦点使个体对负面的刺激更加敏感，例如"损失"和"没有损失"，更看重安全、职责和稳定。相应的，高防御型调节焦点的个人会采取保守的方式以降低不确定性和减少隐患，以"确保避免错误和回避风险"（Crowe & Higgins, 1997: 120）。高防御型调节焦点的个体会花费更多的时间做出谨慎、周密的决定，看重准确性和质量而非数量，通过遵守规则或遵循惯例而获得安全感（Higgins & Spiegel, 2004）。

调节焦点对个体的目标追求和行为偏好都会产生影响。首先，调节焦点会影响个体的目标选择。高促进型调节焦点的个体会以利益最大化为目标，拥有更高的思维开放程度（Liberman et al., 1999），会尝试不同的可能性；而高防御型调节焦点的个体会以损失最小为目标，倾向于制定较少的备选方案，不轻易尝试其他选择，并在决定后立即采取行动（Freitas, Liberman, Salovey, &

Higgins, 2002）。如果只有一种可能的方案时，高促进型调节焦点的个体更倾向于"选择"，防御型调节焦点的个体更倾向于"不选择"（Crowe & Higgins, 1997）。在追求目标和行为倾向方面，促进型调节焦点高的个体倾向于采用接近（approach）的方法达成目标，对变化的态度更加积极，更加喜欢冒险和创新；而高防御型调节焦点的个体倾向于通过避免（avoidance）的方法达成目标（Elliot & Thrash, 2010; Johnson, Chang, Meyer, Lanaj, & Way, 2013），偏好稳定和低不确定性（Liberman et al., 1999），因而行动更加保守和遵循惯例（Wu, McMullen, Neubert, & Yi, 2008；李磊 & 尚玉钒，2011）。例如，在谈判中，相比于高防御型调节焦点的个体，高促进型调节焦点的个体会将更多的注意力放到理想价格上，并会做出告知对方自已拥有更多的资源等大胆和冒险的行为（Galinsky, Leonardelli, Okhuysen, & Mussweiler, 2005）。类似的，高防御型调节焦点的个体常常会强调未雨绸缪，避免损失和风险，而高促进型调节焦点的个体较少有这一倾向（Freitas et al., 2002）。

以往关于调节焦点的研究既把它作为一种长期的个人倾向，也作为在特定情境中可以被激发的状态。一方面，调节焦点受个体人格特质和早期经历的影响。根据成就动机理论（achievement motivation theory）（McClelland, 1951），以往成功的经验和感受会在个体进行新的任务时产生影响。个体以往通过积极主动的目标导向或行为方式取得成功的经验，会使其在遇到新任务时采取类似的倾向，而个体以往通过保守稳健的目标导向或行为方式取得成功的经验，会使其在遇到新任务时采取类似的倾向。个人在这一过程中形成的价值观和认知会影响其未来的动机和行为倾向。卡克和冯迪（Kark & Van Dijk, 2007）研究了领导者的长期调节焦点，以揭示领导的领导动机及行为。他们的研究发现：（1）领导的开放性和关于变化的认知与领导的促进型调节焦点正相关；（2）领导保守的价值观（看重安全、合规和传统）与防御型调节焦点正相关。此外他们发现领导的促进型调节焦点与感性的领导动机（affective motivation to lead）、变革型领导行为和魅力型领导行为正相关；领导的防御型调节焦点与社会规范性领导动机（normative social motivation to lead）、交易型领导行为和监控型领导行为正相关。另一方面，调节焦点也可被特定情境引发。在Cesario等人（2004）的研究中，个体调节焦点可以被不同的信息操纵。在卡克和冯迪（Kark & Van Dijk, 2007）的研究中，他们提出组织环境会影响员工的调节焦点。动荡的、多变的、有机式的、家族式的治理方式会带来员工高水平的促进型调节焦点；稳定的、缺乏创造力的、官僚的组织环境会带来员工高水平的防御型调节焦点。领导的行为等也会影响其下属的调节焦点。李磊和尚玉钒（2011）通过构建一个理论框架指出，领导的行为示范、语言框架和反馈可以对两个层面的调节焦点产生影响：下属个体的调节焦点和群体的共享调节焦点，进而产生不同水平的下属创造力。本书结合以往研究，既探讨高层管理者经历和背景对调节焦点的影响，也研究了特定的企业环境（包括企业特征和CEO所在的高管团队）对调节焦点的影响，并将二者结合起来，研究其交互作用的影响。

希金斯（Higgins, 2000）指出当人们用与自我导向相符的方式追求目标时，会产生调节匹配效应（regulatory fit），给个体带来一种良好的感觉。调节匹配效应会让个体更关注和接纳外部信息，而忽视或过滤掉与自我导向相悖的信息。当个体的目标导向和获得的信息或采取的行动倾向相符时，他们会从这一匹配中感到愉悦和有价值，进而影响到其接下来的决策和行动（Cesario, Grant, & Higgins, 2004）。不同的行动策略和不同的调节导向相匹配，积极主动的行动倾向与促进型调节焦点匹配，保守谨慎的行动倾向与防御型调节焦点相匹配（Crowe & Higgins, 1997）。此外，调节匹配效应所带来的良好感受并不等同于愉悦或积极的情感，其实质是由个体自我导向和追求目标的方式相匹配所带来的主观感受，进而影响个体的行为倾向。

此外，目前关于调节焦点理论的重要研究问题之一即促进型调节焦点和防御型调节焦点两者的关系（Gorman et al., 2012）。个体在追求目标和自我调节过程中会有一定的方向性，即最大化收益或最小化损失，但两种倾向之间并不是非此即彼的，个体实质上可以在追求更高目标、更大成就的同时，也注重规避风险或避免错误，即"谨慎地开拓"。例如，以往类似的研究发现，在谈判中谈判者可以采取不同动机的共存，可能采用混合"自我导向动机"和"利他导向动机"的双赢策略（Nauta, De Dreu, & Van Der Vaart, 2002）。在实际企业管理中，我们也看到腾讯公司的总裁马化腾提出"稳中求进"，一方面强调企业开拓创新、心有宏伟，但另一方面先从"容易做、有把握、见效快的开始，以战养战，稳中求进"；IMB的CEO Sam Palmisano将IMB的价值观定义为：寻求解决每一个顾客的需求，追求对企业、对世界意义重大的创新，实质上即一方面强调现有产品的发展，注重稳健、职责和安全，另一方面积极实验探索，具有开拓和冒险精神。在最初提出调节焦点理论时，希金斯（Higgins, 1997, 1998）指出两种调节焦点是相互独立的，是两个不同的概念而不是同一概念的两端。在最近的一项元分析中戈尔曼等人（Gorman et al., 2012）也发现两种调节焦点存在较弱的相关关系，是两个相互区别和独立的因素。不同的个人特质或情境因素可以激发个体不同水平的促进型调节焦点和防御型调节焦点，同时这两种调节焦点对诸如工作满意度、任务绩效、组织承诺、组织公民行为等也有不同的预测作用（Gorman et al., 2012）。因而将促进型调节焦点和防御型调节焦点整合为一个单独的调节焦点得分是不可行的，未来的研究应该尝试找出两种调节焦点的共存模式、探讨两者之间的关系或相互影响。因而本书在后文中将进一步探讨高层管理者两种调节焦点的关系和对企业产出的交互作用。

第三节 调节焦点与其他人格特质

因为本书的研究聚焦调节焦点这一高层管理者重要的个人特征，故有必要指出这一概念与其他在战略管理领域常被研究的个人特质的区别。例如人格特质（"大五"人格等）、自我评价（例如核心自我评价、自恋等）。调节焦点和其他人格特质的区别主要体现在以下三点。首先，调节焦点是基于动机的个人特点，其反应了个体目标选择和行为倾向（积极主动或保守稳健），并解释了个人导向的机制（侧重于取得成绩、最大化收益，或集中于安全、最小化损失）。调节焦点因而和其他人格特质不同，它强调目标和相应的行动，而非信念和自我评价等。其次，调节焦点主要解释了目标的取得和追求方式，而其他个人特质主要解释了个体为什么设定不同难度和内容的目标（Lanaj, Chang, Johnson, 2012）。最后，因为调节焦点更多地是影响个体对目标的追求，比起其他个人特质，其更加接近行为，是行为的近端变量。促进型调节焦点和防御型调节焦点所包含的行动策略影响了个体在追求目标中的行为（Scholer & Higgins, 2008）。相比之下，人格等个人特质对行为没有直接的影响，而是通过动机过程等中介作用产生间接的影响（Barrick, Stewart, Piotrowski, 2002; Lanaj et al., 2012）。总而言之，比起其他个人特质，调节焦点更强调个体的行动策略、影响个体如何取得目标，并且对行为的影响更为直接。

第四节　关于高层管理者调节焦点的研究现状

由于调节焦点影响了个体的动机和行动倾向，其在企业高层管理者的战略决策中有重要影响作用。目前有少量战略管理领域的研究对高层管理者的调节焦点进行了理论性地探讨，但关于其与战略结果等关系的实证证据十分缺乏。例如，布罗克那（Brockner et al., 2004）探讨了领导者的调节焦点如何影响企业家精神。他们提出创业过程中的不同因素会受益于不同的调节焦点：促进型调节焦点帮助领导者开发更多的创意、获取更多的资源，而防御型调节焦点帮助领导者避免沉没成本等，并通过严格的评估有效地选取信息（Brockner, Higgins, Low, 2004），因而在创业的不同阶段需要不同的调节焦点。沃维克和汉布瑞克（Wowak & Hambrick, 2010）指出高层管理者的调节焦点很大程度上影响了他们对不同薪酬安排的反应。由于促进型调节焦点和防御型调节焦点蕴含着对风险的不同容忍度，基于期权的薪酬有效性取决于高层管理者的调节焦点。而领导者的调节焦点也会影响企业联盟的发展（Das & Kumar, 2011），企业高层管理者的促进型调节焦点会减弱其对合作企业的机会主义行为的敏感度，加快谈判进程，企业高层管理者也会更快地与对方建立起长期合作关系；而企业高层管理者的防御型调节焦点会使其更谨慎地评估与对方的战略匹配度，与联盟伙伴分享信息的意愿较低，关注处理合作伙伴间的冲突（Das & Kumar, 2011）。赫米列斯基和巴伦（Hmieleski & Baron, 2008）发现，在动荡的环境中，创业的高层管理者的促进型调节焦点与新企业的收入增长和员工增长正相关，防御型调节焦点与两者的增长负相关。其中，企业对初始战略的偏移中介了调节焦点与企业增长之间的关系。而在稳定的环境中，高层管理者的促进型调节焦点和防御型调节焦点对新企业增长都没有显著影响。加马什和其同事（Gamache et al., 2015）提供了为数不多的高层管理者调节焦点与企业产出的实证证据。通过对512家企业10年的数据分析，他们发现高促进型调节焦点的CEO会使得企业进行更多和更大规模的收购行动，而高防御型调节焦点的CEO对企业并购的影响则相反。此外，CEO调节焦点对企业并购行为的作用受到其薪酬的调节，其所拥有的期权加强了促进型调节焦点的作用。让迪等提出了一个理论模型（Roundy, Dai, Bayer, & Byun, 2016），指出高层管理团队的调节焦点受到高管团队自主性、权力分布、共事时间和环境资源充足度（environment minificence）的影响，并且高管团队的调节焦点会影响企业的战略变革，这一影响还受到绩效期望、企业成熟度和环境不稳定性的调节。姜等人（Jiang, Wang, Chu, & Zheng, 2020）基于上层梯队理论探讨了CEO的两种调节焦点如何对企业的战略变化产生不同的影响，其实证研究发现CEO促进型调节焦点与战略变革的幅度正相关，而其防御型调节焦点与战略变革的幅度负相关，企业过去的绩效和环境动荡性调节了以上关系。

通过目前关于高层管理者调节焦点的研究回顾，我们可以看到促进型调节焦点和防御型调节焦点确实是高层管理者重要的个人特征，其影响了高层管理者如何评估战略选择、行动策略和战略决策，进而影响诸如资源分配、是否遵循行业惯例、企业联盟策略、开发新资源和利用现有资源的广度和深度、企业边界和规模等决策（Gamache et al., 2015），进而影响企业绩效等。此外，目前这一领域的研究实证证据较少，缺乏系统、清晰地对CEO调节焦点形成因素及其怎样影响企业战略决策和产出的分析，同时高层管理者的调节焦点在中国的企业中会产生怎样的效应，以及两种调节焦点之间到底存在怎样的关系，高层管理者的两种调节焦点是否会对企业产出产生交互作用，其中的机制和边界条件是什么等，也都是几乎没有研究过的问题。但对这些问题的回答有利于战略管理的学者和实践者进一步理解高层管理者动机对企业战略和产出的影响，对未来关于战略领导力、上层梯队理论的研究都具有重要的参考。

第三章

高层管理者调节焦点的前因变量

第一节　概　述

在战略管理领域，对企业高层管理者与企业产出之间关系而言，最重要的理论即上层梯队理论（upper-echelon theory）。高层管理者通过战略决策连接起组织与组织所处的环境，企业的运营过程和产出很大程度上是高层管理者特征的反映。高层管理者影响着企业的商业模式和战略导向（Govindarajan, 1989; Michel & Hambrick, 1992）、战略变革（Wiersema & Bantel, 1992）、创新创业（Bantel & Jackson, 1989）、并购行为（Chatterjee & Hambrick, 2007）和绩效（Murray, 1989; Norbum & Birley, 1988）等。上层梯队理论的学者指出高层管理者的特征影响了他们在管理企业过程中看待问题的角度、处理信息的方式、决策和行动风格等（Kiesler & Sproull, 1982），拥有不同个人特质的高层管理者或不同特征的高层管理团队会对企业战略决策和产出产生不同的影响（March & Simon, 1958; Hambrick & Mason, 1984）。因而探讨高层管理者个人特征形成的因素是深入理解战略管理、高层管理者与企业之间关系的重要研究方向。

近年来战略管理领域的学者指出，以往大量战略管理的研究通过可观测经验（observed experience）（比如人口统计学变量）作为某些心理因素的代理变量（Finkelstein, Hambrick, & Cannella, 2009），但是，这样的研究无法清晰准确地了解心理因素发挥作用的过程和机制（Wang, Waldman, & Zhang, 2012），未来的研究需要深入地探讨内在的心理机制。本书通过研究基于动机的高层管理者的个人心理特征——调节焦点，响应了这一号召，帮助打开高层管理者影响企业的黑匣子，试图为CEO的人口统计学特征以及企业特征如何影响高层管理者的偏好和战略选择，进而影响企业发展做出解释。正如之前提到，调节焦点既是一种长期个人倾向，也可以在特定情境中被激发（Cesario, Grant & Higgins, 2004），从而产生特定背景下的调节焦点（context-specific regulatory foci, Lanaj et al., 2012）。因此，调节焦点比个人的倾向性特质等个体差异（例如"大五"人格、核心自我评价等）更加多变，但比瞬时状态（例如积极和消极情绪等）更加稳定。本书从两个方面考察CEO调节焦点的前因变量：CEO的背景和人口统计学特征，CEO所处的环境特征（包括高管团队特征和企业特征），及二者的交互作用。一方面，个体调节焦点的形成受早期经验和个人特质的影响，对于企业的高层管理者来说，其职业时空在很大程度上反映了其经验和个人偏好，进而会对其动机、目标选择和行动倾向产生显著的影响；同时，由于职位的特殊性，高层管理者处在企业决策、政策施行的关键位置，其拥有的权力或管理自由度也极大地决定了其动机和目标设定。另一方面，不同的情境也会激发个体的促进型调节焦点或防御型调节焦点，而对于企业高层管理者来说，其所在的高层管理团队和企业的特征是其面临的最重要的情境线索，高管团队和企业是其信息的重要来源。以往研究也提出高层管理团队会影响高层管理者的注意力、态度（例如，Cruz, Gomez-Mejia, & Becerra, 2010; Papadakis & Barwise, 2002），企业特征也会带来高层管理者不同的偏好、侧重点（例如，Marcel, Barr, & Duhaime, 2011; Nadkarni & Barr, 2008），因而本书也探讨了高层管理团队的特征和企业特征对高层管理者调节焦点的影响，以及高层管理者个人特征与情境特征的交互作用如何影响其调节焦点。

第二节　高层管理者调节焦点的前因变量[①]

一、CEO任期及年龄

根据调节焦点理论，本书提出，高层管理者重要的个人特征——任期和年龄对其调节焦点有重要的影响。虽然高层管理者的年龄和任期常常是高度相关的，以往有学者指出两者会对企业产出产生不同的影响（例如，Barker & Mueller, 2002; Musteen, Barker, & Baeten, 2006）。近年来，CEO的年龄和任期也逐渐分离开来，例如，近20年来，CEO的任期有较大幅度的下降（Weisman, 2008），大量的CEO虽然是在较为年长的时候被聘用，其任期却较短。而在高科技行业，一些年轻的CEO拥有较长时间的任期（McClelland, Barker, & Oh, 2012）。在这一背景下，本书分别分析CEO的任期和年龄对其调节焦点的影响。

任期是高层管理者职业时空的重要反映，其对高层管理者的动机、高层管理者对待创新和冒险的态度有十分重要的影响（Bantel & Jackson, 1989）。新上任或上任时间较短的CEO往往渴望获取企业、行业等方面的新知识，积极学习和探索新的信息和资源。同时，由于刚上任的CEO拥有较长的职业时空，有更多的时间和空间获取潜在收益，因而更渴望企业有所突破，会积极地探索和尝试，为未来的职业生涯创造好成绩。除此之外，在职业生涯的起步阶段，CEO的权力、对企业和行业的熟悉度较低，CEO也会担心出现影响后期发展的错误，因而其冒险的倾向不高，会保持一定谨慎、保守的目标，即其促进型调节焦点较低，防

[①] 部分内容摘自：郎艺，王辉.（2022）最大化收益还是最小化损失？CEO调节焦点的影响因素——基于中国上市公司面板数据的实证分析.管理评论，录用待刊

御型调节焦点较高。经过一段时间的积累，CEO的促进型调节焦点不断增强，而防御型调节焦点不断减弱，即在职业生涯的中期，CEO的促进型调节焦点达到最高水平，而防御型调节焦点降低到最低水平。随着任期的进一步增长，CEO学习的兴趣会逐渐减弱，形成一定的固定思维模式和认知图式，更容易墨守成规、谨慎和保守，发起变革或创新的意愿会降低（Mcclelland, Barker, & Oh, 2011）。换句话说，刚上任的CEO，一方面希望有新的成绩，另一方面会较为谨慎、有所保留；上任一段时间后，较长的职业时空使CEO逐渐倾向以利益最大化为目标，不断寻求新的可能性和增长点，为自己未来的职业发展奠定基础。他们会迅速地学习和探索，倾向最大化收益，花费更多的精力为企业创造新价值、通过战略变革等提高企业增长率，在后续的职业生涯中获益。而在任期的后期，大多数CEO会渐渐变得守旧、遵循已有的范例和准则，厌恶风险并按照现有的方法行事（"stale in the saddle", Miller, 1991），从而对外部环境的适应性也会显著下降（Miller, 1991; Levinthal & March, 1993），表现出较高水平的防御型调节焦点和较低水平的促进型调节焦点。一方面，他们会陷入惯例和自己长期形成的认知图式中（Hambrick & Fucutomi, 1991）；另一方面，他们学习和寻求改变的动机大大下降，因为其获取创新等潜在收益的时间不多了，希望在任期的后期保证职业安全，稳定地为职业生涯画上句号。因而，本书提出：

假设1a：CEO任期与CEO促进型调节焦点成倒U型关系。
假设1b：CEO任期与CEO防御型调节焦点成正U型关系。

CEO年龄对其调节焦点也有显著的影响作用。高层管理者的年龄是其自身职业生涯、风险偏好、声誉和形象的重要反映（吴斌，刘灿辉，& 史建梁，

2011）。近年来，社会老龄化程度提高，劳动力退休时间延迟，联合国经济和社会事务部（2015：1）也指出，世界人口的老龄化是21世纪最重要的社会转变。随着年龄的增长，个体的积极主动性和创造精神常常会下降，研究也发现，年长的员工常常表现出低的工作投入、高度的保守和求稳的态度与行为（Gringart, Helmes, & Speelman, 2013; Shacklock, Fulop, & Hort, 2007）。一方面，这是个体精力和体力下降造成的，一些诸如学习能力、推理和记忆力等的认知能力会随着年龄的增长而下降（Burke & Light, 1981），同时，年轻的员工往往接受到更新的教育、对科技等的知识和敏感程度较高。而探索创新往往需要较高的认知能力和对新事物的敏感度。另一方面，更重要的原因是职业生涯的变化，对于CEO来说，职业生涯的长短对其动机和行为选择有着十分显著的影响作用（Hambrick & Mason, 1984）。年轻的CEO往往拥有更长的职业时空，意味着他们有更多的时间和机会提升自己，因而他们更愿意以收益最大化为目标，采取积极、冒险的战略以提高企业的未来绩效，获取潜在的收益和更大的职业成功。而对于剩余职业时空较短的年长的CEO来说，他们侧重于确保职业安全、厌恶风险（Vroom & Pahl, 1971）。战略变革或创新所带来的收益往往需要一定的时间才会实现，对于年长或即将退休的CEO来说，这对他们的吸引力很低，并可能带来不必要的风险甚至是损失。许多实证研究也发现了相关的证据。例如，随着年龄的增长，CEO会较少选择一些带有冒险倾向的战略行动，诸如研发的资源投入（Barker & Mueller, 2002）、固定资产的购置（Dechow & Sloan, 1991）或跨国并购（Matta & Beamish, 2008）等。随着年龄的增长，CEO会更加厌恶风险和不确定性，更重视稳定和安全，更少地发起创新性战略或变革（Yim, 2013），即以损失最小化为目标。因而，本书提出：随着CEO年龄的增长，其促进型调节焦点会降低，而防御型调节焦点会提高。

假设2a：CEO年龄与CEO促进型调节焦点负相关。

假设2b：CEO年龄与CEO防御型调节焦点正相关。

二、CEO管理自由度

CEO拥有的权力和自由度很大程度上会影响其动机和行为倾向。对于拥有高管理自由度的CEO来说，其拥有更多的自由度和权力根据自己的偏好来管理企业，并受到较少的监督和管控（Finkelstein & D'Aveni, 1994; Kesner, Victor, & Lamont, 1986）；对于拥有较低的管理自由度的CEO来说，其常常面临较为严格的监督、在高层管理团队中的地位较低，因而其在做出战略决策时对负面的刺激更加敏感，例如潜在的风险和可能的损失。管理自由度较低的CEO在决策或行动时往往将减低不确定性和风险作为首要目标，相应的采取保守谨慎的方式引领企业的发展。如果管理自由度较低的CEO试图制定大胆的企业战略行动、发起创新或改革，其将面临较大的压力，若结果一般或失败则会让其面临更严密的审查甚至严重的处罚。因而，本书提出：拥有较低管理自由度的CEO往往具有较高的防御型调节焦点，而具有较高管理自由度的CEO有更多的空间和权力以发起改革和探索新的可能性。高的管理自由度意味着董事会和股东对CEO有较高的信任和期望，例如给予CEO相比起其他高管团队成员更高的薪酬、让CEO在决策中有更大的决定权。相应的，CEO会努力为企业和自己获取更大的收益，并不断为企业的发展寻找新的增长点。

本书将从以下几个方面考察CEO的管理自由度：

CEO是否是企业的创始人。作为企业创始人的CEO往往很大程度上决定了或参与决定了企业基本的组织架构、文化、员工的行为准则等内容（Ling,

Zhao, & Baron, 2007; Nelson, 2003）。这一类CEO因而有更大的管理自由度和决定权，也有很高的内在动力愿意为了企业的发展进行尝试或战略变革（Combs, Ketchen, Perryman, & Donahue, 2007）。以往的研究也指出，作为创始人的CEO常常会为企业的长期发展考虑，具有高水平的企业家精神，并期望在企业的未来发展中留下自己的经验和价值，注重企业利益最大化（Zahra, 2005）。他们倾向围绕着创造更多财富来分配资源（Steier, 2003）。创始人CEO往往会支持变革性创新（radical innovation）以提高企业增速，同时会利用企业的资源发展同盟关系，从而获取新的知识、资源和能力（Zahra, 2005）。

CEO是否具有双重性，即董事长和CEO是否兼任，也很值得讨论。受到董事会严格监督的CEO的权力会受到限制，较为谨慎和保守。以往研究发现，当出现CEO具有双重性时，董事们或董事会的监管通常较弱（Hayward & Hambrick, 1997; Mizruchi, 1983）。因而，同时担任董事会主席的CEO拥有更多的自由度将个人想法或偏好纳入企业决策中（Finkelstein & D'Aveni, 1994; Kesner, 1986），更易施行大胆、冒险的实验等战略行动。

CEO任期与高管团队平均任期之比。在CEO上任的早期，其需要在一定程度上依赖于其他高管团队成员的知识和视野来积累管理能力、树立领导权威、获取职业安全（Fredrickson, Hambrick, & Baumrin, 1988）。同时，新上任的CEO拥有的权力和自由度较小，往往面临董事会严格的监督，需要高管团队的协助来开展管理和解决问题（Combs, Ketchen, Perryman, & Donahue, 2007）。随着CEO上任时间的增加，其拥有了一定的知识和经验积累，建立起了权威和与关键股东的关系等，强化了与企业内部员工的联系（Luo, Kanuri, & Andrews, 2014），如果同时其率领的是一支年轻的高管团队，其在决策中就有更大的话语权和决定权，进而拥有更大的管理自由度，因而CEO任期与高管团队平均任期之比越大，CEO管理自由度越大，越有可能有较高的促进型调节焦点。

CEO薪酬与高管团队平均薪酬之比，这一指标体现了相对于其他高管团队成员，董事会等给予CEO更大的薪酬激励和更高的期望，意味着CEO有更大的权力和自由度进行战略决策和引导企业的发展。同时，较高的薪酬也让CEO有较高的安全感，降低了其面临的不确定性，激励其产生更强烈的动机为企业争取利益，施行相对大胆、探索性的战略。

假设3a：CEO的管理自由度越高（即当CEO是企业创始人、或当CEO具有双重性、或CEO任期与高管团队平均任期之比较高、或CEO薪酬与高管团队平均薪酬之比较高），CEO的促进型调节焦点越强。

假设3b：CEO的管理自由度越高，CEO的防御型调节焦点越弱。

三、企业规模

调节焦点理论指出，个体的调节焦点不仅受个人特质和经验的影响，也会受周围环境的干扰和触发。作为组织结构的一个重要维度（Hall & Tittle, 1966; Richard, 1972），企业规模会影响CEO的促进型调节焦点和防御型调节焦点。一方面，企业规模是企业在外部相对权力大小的直接体现（Pfeffer & Salancik, 1974），大企业有更多的机会和可能性在产业甚至更大范围内获取利益。比如，大企业常常有更大的话语权来决定产品价格、控制产品产量，甚至可以影响行业政策的制定。因此，大企业的CEO有更多的机会和更高的动机通过探索新资源、积极主动的变革而扩大收益。而小企业常受到大企业的制约，拥有十分有限的发展空间，更多地只能根据情况适时调整，以防御者的姿态来应对外部的变化，避免遭受损失（Scott, 1992; Pfeffer & Salancik, 1974）。相应地，其CEO会以稳健安全为首要目标，采取谨慎保守的行动策略。另一方面，企业规模还和企业获取资源的能力和稳定性相关。大企业通常有比较强的资源基础来支持发展自己的核心竞争力（BarNir, Gallaugher, & Auger, 2003），并且大企业通常拥有较为多元化的资源来帮助其抵挡外界环境变化的冲击（Chen & Hambrick, 1995; George, 2005）。大企业在产业内较高的声望和主导地位也有利于他们赢得信任（Hooks, 2003; Slovin, Johnson, & Glascock, 1992），从外部稳定地获取资源（Aldrich & Pfeffer, 1976; Gooding & Wagner, 1985）。这些优势使得大企业有较雄厚且稳定的资源，使他们降低了遭受损失的可能性、提高了承受损失的能力，可以缓冲创新失败等带来的负面影响，因而其CEO有更多的资源和支持进行探索和尝试。与之相反，小企业拥有的资源不仅单一、薄弱，而且不稳定，更可能遭受冲击造成损失，因此小企业的CEO对损失的敏感程度相对也会较高，往往以避免失败和保证生存为首要目标（Park, Chen, & Gallangher, 2002）。综上所述：

假设4a：企业规模和CEO的促进型调节焦点正相关。

假设4b：企业规模和CEO的防御型调节焦点负相关。

四、企业所有制

不同所有制的企业有不同的战略目标和政治诉求（白重恩，路江涌，& 陶志刚，2006；刘瑞明 & 石磊，2010），这也会为CEO的调节焦点带来影响。国有企业是我国国民经济的支柱，其肩负着引导产业发展和国民经济增长的重任。国有企业往往需要达成较高的绩效表现和高速增长能力，以帮助政府解决诸如就业、创新与改革、在国际市场获取竞争优势等社会目标。最近几年，中国政府也一直提出"做大、做强、做优"国有企业的号召，并不断为国有企业的发展提供资源和支持。另一方面，政府对国有企业CEO的考核对其职业生涯发展有着重要作用，对CEO的评估往往决定了其晋升、政治生涯等多方面的前景，而以往研究发现对CEO胜任力的考核大多基于企业短期的财务绩效表现（杨瑞龙，王元，& 聂辉华，2013）。随着时间的增长，国企CEO在现有职位的任职时间越长，其获得提拔的可能性越小。例如，杨瑞龙及其同事（杨瑞龙，王元，& 聂辉华，2013）发现，央企营业收入增长率的增加会提高央企领导升迁的概率，并降低央企领导离职的概率；相对于营业收入增长率，央企的国有资本保值增值率没有对央企领导的升迁产生显著的影响，这表明目前央企的发展方式仍然是"规模导向型"，即追求短期内企业规模的增长和财务绩效的提高。因而，国有企业的使命和目标，以及国有企业CEO通过短期达到企业高绩效、扩张企业规模，以获取职业成功的动机，两者让国企的CEO积极寻求收益，关注发展和成就。而对于非国有企业而言，大多数情况下其需要依赖自己的力量抵御市场风险，受到种种内外部环境的限制，以追求稳健和规避风险为主要目标。其CEO也会相对保守和谨慎，避免致命的失误以保证企业的生存和发展。

假设5a：比起其他所有制企业的CEO，国有企业的CEO具有更高水平的促进型调节焦点。

假设5b：比起其他所有制企业的CEO，国有企业的CEO具有更低水平的防御型调节焦点。

五、企业过往绩效

首先，良好的过往绩效不仅会增强CEO经营企业的信心，而且会通过向市场传达企业具有良好营运水平的信号，增强外部利益相关者对企业继续拥有良好绩效表现的信心（Amit & Schoemaker, 1993），这将激发CEO用最高目标（maximum goal）的方式来构建企业战略，进一步追求利益最大化；而对于过往绩效较差的企业，其CEO将承受更大的提高绩效的压力（Krause & Semadeni, 2014），将绩效带回正常水平是他们首先需要解决的问题，因此，他们更愿意用最低目标（minimum goal）的方式来构建企业战略，预防风险或负面的结果。其次，企业过往绩效的好坏影响企业闲置资源（slack resource）的数量，从而导致企业承受失败的能力不同。企业需要有一定的闲置资源，即那些过量的、起到缓冲作用，使企业能够应对内外部压力的资源（Bourgeois, 1981; Galbraith, 1995）。尽管闲置的资源会在一定程度上降低企业效率，但是对企业平稳运营来说是必须的，因为其给予了企业犯错误和调整的空间（Scott, 1992）。过往良好的绩效表现可以为企业积累一定数量的闲置资源来抵抗外部环境的不确定性，这在很大程度上将降低CEO对"犯错"的担心，并且为CEO进行探索、实验打下较好的资源基础和提供支持。而过往绩效较差的企业，闲置资源较少，其CEO也因此对"失去"和"犯错"更加敏感，偏重于稳健保守的战略选择。基于以上两点，本书提出：

假设6a：企业过往绩效表现越好，其CEO促进型调节焦点越强。
假设6b：企业过往绩效表现越差，其CEO防御型调节焦点越强。

第三节　高层管理者调节焦点前因变量影响的边界条件

一、高层管理团队平均年龄的调节作用

高管团队成员是企业战略决策的参与者，其构成了CEO面临的重要情境线索，因而高层管理团队的特征也会影响到CEO的调节焦点。通过日常的互动、合作与会议等，高层管理团队成员向CEO传递着信息，影响CEO对不同目标的注意力和选择、对信息的分析解释、以及战略倾向（Cao, Simsek, & Zhang, 2010; Ling, Simsek, Lubatkin, & Veiga, 2008）。不同特征的高管团队会从不同的角度出发、向CEO提出不同的建议，因而本书提出高层管理团队的特征会影响CEO的调节焦点。

和年轻的CEO类似，年轻的高管团队成员也会偏好为企业设定利益最大化的、成就导向的目标，因为他们拥有较长的职业时空，即更多的可能性和空间取得收益和发展职业生涯。相应的，他们会更多地向CEO提供探索性、开创性的信息和建议，鼓励其进行战略改革。因而，年轻高管团队成员的动机和目标与年轻的CEO相契合，但与年老CEO相悖。对于年老的高管团队成员而言，其以安全稳健、损失最小化为目标，偏好谨慎保守的策略。相应的，他们会选择性的将自己偏好的信息传送给CEO，影响其动机和行动倾向，而这在一定程度上与年轻CEO的目标和计划相悖。此外，年轻的高管团队成员也有更多的时间和精力发起或施行战略变化或改革。年轻的高层管理团队成员能为战略决策带来更多的认知资源，以支持需要更多精力和时间的实验、探索性的战略决

策（Bantel & Jackson, 1989）。首先，个体的一些认知能力会随着年龄的增长而下降，例如学习能力、推理能力和记忆力（Botwinick, 1977; Burke & Light, 1981）；其次，比起年长的高管团队成员，年轻的高管团队成员接受了较新的教育，因此其关于科技、创新等的知识较多；最后，年轻的高管团队成员对冒险有更积极的态度（Vroom & Pahl, 1971）。综上，年轻的高层管理团队既有较强的动机也有充分的认知资源和精力支持年轻的CEO进行积极、开拓性的战略行动，因而会促进CEO产生更高水平的促进型调节焦点，但与年长CEO谨慎、保守的倾向不一致，减弱CEO的防御型调节焦点；年长的高管团队成员以损失最小化为目标，同时也缺乏充足的认知资源支持探索、改革，这通常与年轻CEO的动机和行为倾向相悖，而与年长CEO相符，因而对CEO年龄与CEO促进型调节焦点之间的关系有削弱作用，而对CEO年龄与CEO防御型调节焦点之间的关系有加强作用。

假设7a：高管团队的平均年龄会减弱CEO年龄与CEO促进型调节焦点的负向关系，具体而言，当高管团队的平均年龄较低时，CEO年龄与CEO促进型调节焦点的负向关系加强，反之减弱。

假设7b：高管团队的平均年龄会加强CEO年龄与CEO防御型调节焦点的正向关系，具体而言，当高管团队的平均年龄较低时，CEO年龄与CEO防御型调节焦点的正向关系减弱，反之加强。

二、高层管理团队年龄多样性的调节作用

刻画高管团队特征的另一个重要指标是高管团队的多样性，本书提出高

管团队年龄多样性会调节高管团队平均年龄与CEO年龄的交互作用。团队高水平的年龄多样性会带来不同的成员动机和意见。不同年龄群体的人经历过不同的社会、政治和经济环境，形成了不同的态度和价值观，同时，随着年龄的增长，个体的立场和看待问题的视角也会变化（Elder, 1975）。假设7提出高管团队的平均年龄会调节CEO年龄与CEO调节焦点的关系，但对于年龄多样性水平不同的高管团队来说情况会有所差异。试想两个高管团队，虽然高层管理人员的平均年龄相同，团队A高管成员的年龄差异较大，即具有较高水平的年龄多样性，而团队B高管成员的年龄差异小，例如都较为年长或年轻。在这两种情况下高管团队的平均年龄对CEO年龄与CEO调节焦点的调节作用会有所不同。例如，当高管成员都较为年长时，他们具有类似的保守、稳健、避免损失的偏好，因而会为CEO提供方向较为一致的信息和建议，为CEO带来较强的情境线索，此时他们的平均年龄对CEO年龄与CEO调节焦点之间关系的调节作用较强；而当高管成员年龄差异较大时，其会有不同的目标和行动偏好，从而传递给CEO不同的建议和信息，为CEO带来较弱的情境线索，此时他们的平均年龄对CEO年龄与CEO调节焦点之间关系的调节作用较弱。

假设8：高管团队的年龄多样性会调节高管团队平均年龄与CEO年龄对CEO调节焦点的交互作用。具体而言，当高管团队的年龄多样性较低时，高管团队平均年龄与CEO年龄的交互作用加强，反之减弱。

三、企业闲置资源的调节作用

闲置资源（slack resource）即除支持现有企业运转所需之外的，多余的可供企业战略施行等使用的资源（McClelland, Liang, & Barker, 2010）。企业实验和创新可能带来潜在的下行风险、对企业利润的威胁，而较多的闲置资源能够为其等提供减震和缓冲作用（George, 2005）。以往研究也发现，资源充裕的企业常常更加主动和积极，更多地采取结盟和产品多样化等战略行动，而资源缺乏的企业较为被动、无法利用新的机遇（Mowery, Oxley, & Silverman, 1996）。进而本书提出，闲置资源能够加强企业规模对CEO促进型调节焦点的积极作用。一方面，如果企业没有较多的闲置资源，即使企业规模大、具有自己的核心竞争力，CEO仍然没有足够的支持和空间进行探索和冒险。有限的闲置资源使得CEO更关注稳定和预防损失，以保持企业现有的优势。而当企业有较多的闲置资源时，加上大企业的核心竞争优势和显著的市场地位，CEO有更多的机会和动机以最大化收益，从而选择较为激进和冒险的行动策略。另一方面，闲置的资源可以保护CEO避免失去董事会或关键股东的支持（D'Aveni, 1989），支持CEO做出探索、开拓性的战略决策；当企业闲置资源较少时，如果CEO发起大胆、冒险的战略行动会受到更多的质疑和压力（Singh, 1986; Thompson, 1967）。此外，通过利用闲置的资源进行探索和实验、获取潜在收益实质上优化了企业资源的使用，提高了企业效率，更有利于巩固大企业在市场上的主导地位。而对于小规模企业来说，大量的闲置资源可以在一定程度上减弱CEO的担忧和谨慎，使其有一定的空间和自由度在保证企业生存之外进行新的尝试，使CEO在一定程度上从关注当下生存和避免失误的压力中解放出来，从而减弱企业规模对CEO防御型调节焦点的负向影响；反之，小的企业规模和低水平的闲置资源会使得CEO更加关注预防风险和降低不确定性，使CEO产生更高水平的防御型调节焦点。因此，本书提出：

假设9a：企业闲置资源加强了企业规模与CEO促进型调节焦点的正向关系。具体而言，当企业拥有高水平的闲置资源时，企业规模与CEO促进型调节焦点的正向关系加强，反之减弱。

假设9b：企业闲置资源减弱了企业规模与CEO防御型调节焦点的负向关系。具体而言，当企业拥有高水平的闲置资源时，企业规模与CEO防御型调节焦点的负向关系减弱，反之加强。

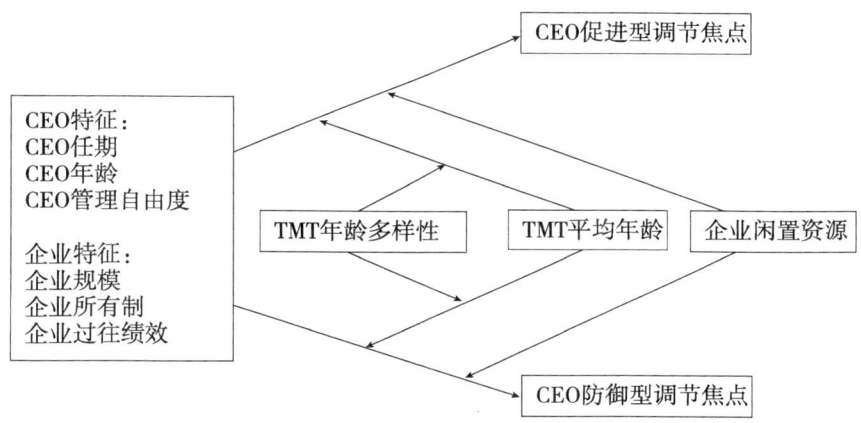

图1　CEO调节焦点前因变量研究模型

第四章

高层管理者调节焦点与企业绩效

第一节 概　　述

为企业设定发展目标和选择相应的行动策略是企业高层管理者需要完成的重要任务。面对外部纷繁复杂的环境和信息，企业高层管理者往往是选择性地获取、分析部分信息并作出判断（Hambrick & Mason，1984）。个体的调节焦点正是描述基于动机的、个体选择不同的目标以及采取相应的手段实现目标的自我导向，其进一步影响了个体对外部信息的搜集和处理过程（Higgins，1997，1998）。对于企业的高层管理者而言，其调节焦点会影响企业的目标选择、战略行动、资源分配倾向等方面，进而影响企业绩效等产出。例如，加马什等人的研究（Gamache et al.，2015）发现，CEO的调节焦点会影响企业的并购行为；赫米列斯基和巴伦（Hmieleski & Baron，2008）发现，在动荡的环境中，进行创业的高层管理者的促进型调节焦点与新企业的收入增长和员工增长正相关，而高层管理者的防御型调节焦点与两者的增长负相关；在稳定的环境中，高层管理者的促进型调节焦点和防御型调节焦点对新企业增长都没有显著影响。但目前关于高层管理者调节焦点对企业绩效等的实证研究仍然较为缺乏。

根据上层梯队理论和矛盾理论，本书探讨了高层管理者两种调节焦点对企业产出的影响。企业产出方面，本书不仅选择了常用的企业绩效（ROE），还加入了企业增长率这一表示企业增长速度的变量。企业增长率是对上市企业，尤其是金融类企业普遍采用的评价指标（党兴华，贺利平，& 王雷，2008）。

通过考察CEO调节焦点对企业绩效和企业增长率的影响，本书试图更加全面地揭示CEO调节焦点对企业产出的作用。

第二节 矛盾理论

企业需要应对各种相互对立的需求，例如开发新资源（exploration）与利用现有资源（exploitation）（March，1991），整合全球资源与适应本土环境（Marquis & Battilana，2009），最大化利润与提高社会福利（Margolis & Walsh，2003）。在当今动态复杂的环境中，矛盾或悖论是企业的"新常态"（"new normal"，Ashcraft & Trethewey，2004）。为了保持竞争优势，现代企业需要灵活地在不同工作流程中转换，例如发展新科技的同时保留企业传统与文化，外包的同时发展自己的核心竞争力等。这一过程产生新的矛盾的因素，模糊了传统工作任务的界限（Florida，2003）。企业的战略矛盾（strategic paradoxes）描述了组织层面的冲突，其"来源于各种利益相关者的需求，导致相互竞争的战略和组织目标"（Smith & Lewis，2011：384），是普遍存在的、决定组织命运的重要挑战。早先的管理学者指出企业的成功取决于高层管理者做出选择、保持一致的战略决策（Barnard，1938；Thompson，1967）。但如今面对更加复杂和多变的商业环境，企业及其管理者面临着同时处理多种、相互冲突的战略需求的情况（Smith，Binns，& Tushman，2010）。企业的长期发展需要平衡矛盾、同时处理各种因素，而不是单纯的做出选择（Smith，2014）。

如何应对企业面临的各种矛盾是高层管理者最重要的管理问题和压力之

一。作为企业战略的决策者，高层管理者需要作出清晰、方向明确的决策，以引导资源分配、战略行动、企业创新和扩张等，其如何处理不同利益相关者的需求和相互矛盾的因素很大程度上决定了企业的生存和竞争优势。一方面企业需要追求最大化收益，通过探索和实验等取得长期的可持续性发展；另一方面，企业需要利用现有资源、保持优势，提高已有生产和服务的效率，取得短期高水平的企业绩效，即达到组织的双元性（ambidexterity）（Raisch & Birkinshaw, 2008; Tushman & OReilly, 1996）。但这两种需求常常是相互矛盾的，例如以往研究发现其与不同的领导特征相关（Beckman, 2006），与不同的企业文化（Ghoshal & Bartlett, 1994）、流程（Benner & Tushman, 2003）和知识管理实践（Sheremata, 2000）相联系。同时，两者也是相辅相成、相互促进的，保持企业运转有效、平稳，建立优势和稳定性有利于企业进一步开拓新的可能性，进行创新和实验；积极进取、勇于开拓使得企业不断更新升级、适应变化，可以在一定程度上降低企业风险和避免遭受冲击，保持竞争优势和有效运营。这两种需要的互动和演化随着时间推移而不断进行，相互影响、不断循环升级（Andiopoulos & Lewis, 2009）。因而高层管理者需要结合不同的目标、引导企业采取相应的资源分配和战略行动，平衡各种需求、争取高水平的组织双元性。

在学术界，对矛盾及如何处理矛盾的研究成为近年来组织和战略研究的热点（Putnam, Fairhurst, & Banghart, 2016）。矛盾理论（paradox theory）为帮助企业应对以上的挑战提供了重要的视角（Smith & Lewis, 2011）。矛盾意味着随时间延续、共存的互相对立的因素，从而产生相反的需求，需要长时间而非一次性的解决方案（Lewis, 2000）。以往关于如何应对企业矛盾的研究指出有以下几种方式：接受矛盾，认识到其对企业的重要影响，并通过不断学习和探索寻求解决方案（Lucsher & Lewis, 2008）；包容、调和互斥的因素，发展新颖的解决方案、产生协同效应（Eisenhardt & Westcott, 1988）；区分与整合（differentiating and integrating），以发展各种备选方案（Andtiopoulos & Lewis, 2009; Smith & Tushman, 2005）。此外，史密斯和路易斯（Smith & Lewis, 2011）提出一个理论模型将以上各种方式联系起来，归纳出管理矛盾的方式：接受矛盾是固有的，将选择和整合两种方式结合起来，在不同情况下采取不同方式。在此基础上，史密斯（Smith, 2014）发展出了动态决策模型（dynamic decision-making model），以探索新资源和开发利用现有资源为例，指出高层管理者在面对战略矛盾时需要动态地做出决策：找出关键的因素与矛盾点，在单一的进退两难（dilemma）的情境中做出选择，但长期决策中需要平衡矛盾中的各种因素，区分矛盾的双方，对各种因素都要给予一定的重视，并寻求整合、产生新效应，做到"持续地不一致"（"consistently inconsistent"）。矛盾理论挑战了一分为二或强调选择的传统视角，强调融合多方矛盾的因素、层级和信息，接受、包容、整合矛盾，通过分析处理各种复杂的因素灵活地处理矛盾。

高层管理者在这一过程中发挥着重要的，甚至是决定性的作用。企业高层管理者首先要意识到和接受企业看似相互矛盾的目标，例如最大化收益和最小化损失，平衡各利益相关者的需求，接受不确定性和模糊性。如果高层管理者单一地只注重其中一种目标很有可能会陷入恶性循环（vicious cycle），因为其忽视了企业发展的其他需求，无法通过平衡、整合各种因素进行创新、产生协同效应（Lewis, 2000; Sundaramurthy & Lewis, 2003）。促进型调节焦点和防御型调节焦点使得高层管理者关注不同的企业目标和战略倾向，单一地只关注一个方面或许在解决个别问题或短时间内提高企业绩效方面有益，但长期来看不利于满足企业的各种需求和成长。因而本书提出，当高层管理者具有高水平的防御型调节焦点时，其促进型调节焦点更有利于提高企业产出。既寻求利益最大化又避免风险和损失，既实验、创新、开拓新资源又全面系统考虑、提高运营效率和保持现有优势，将使得企业全面发展，并且不同的目标和战略倾向的整合也会产生协同效应和创新（Eisenhardt & Westcott, 1988）。高层管理者可以通过矛盾的认知框架（cognitive frame）有效地管理矛盾。高层管理者的语言和行为可以反映出其认知（Kaplan, 2008），例如高层管理者可以表达企业愿景和目标，既强调探索创新、也注重稳健谨慎，从而引导企业采取相应的战略、激励员工实现目标。同时，高层管理者明确地展示出促进型调节焦点和防御型调节焦点两种不同的动机和行为倾向的并存，可以减少员工的威胁感和焦虑感，创造"积极正向的冲突"（"positive conflict"），促使企业的学习和成长。因而，高层管理者可以表达出对两种目标和动机的重视，引导两种目标和战略倾向相互促进、相辅相成，从而提高企业产出（Dutton & Jackson, 1987）。以往研究发现，能够兼顾矛盾双方的个体更容易获取职业成功（O'Mahony & Bechky, 2006）、往往拥有杰出的领导才能（Denison, Hooijberg, & Quinn, 1995），同时也与优异的团队绩效（Murnighan & Conlon, 1991）和组织绩效（Cameron & Lavine, 2006; Tushman, Smith, Wood, Westerman, & O'Reilly, 2010）相关。

　　采用矛盾的视角，高层管理者通过整合看似矛盾的企业目标、战略选择，可以为企业带来种种收益。同时处理矛盾的双方可以带来高水平的创新（Miron-Spektor, Erez, & Naveh, 2011），发展企业的"动态能力"（Harreld, O'Reily, & Tushman, 2007）和持续发展力（sustainability, Camperon, 1986; Smith et al., 2011）。史密斯和路易斯（Smith & Lewis, 2011）指出采用矛盾的视角对企业进行管理一方面可以帮助企业在短期内应对挑战，更重要的是提高企业长期的适应能力和增长能力。整合矛盾的双方、寻求动态均衡（dynamic equilibrium）通过三种途径提升了企业的持续发展力：促进学习和创新；发展企业灵活性和韧性；激发人的潜能。对于企业高层管理者来说，如果其可以将不同的企业发展目标相整合（兼顾开拓、侵略性的目标和谨慎、寻求稳健的目标），并相应地在不同时间或不同事务上灵活地选取相应的战略倾向（快速行动、抓住机遇、通过冒险和实验寻求突破，或全面收集信息、系统评估各类信息、谨慎决策），将对企业发展带来积极影响。第一，整合不同目标和战略倾向可以促进新主意、创造性解决方案的产生。艾森哈特和威斯特克特（Eisenhardt & Westcott, 1988）发现将矛盾的战略联系起来可以激发组织学习，将看似矛盾的目标或影响因素一并考虑会使得领导者以更富创造力的方式解决问题，带领组织不断学习。第二，有效的管理矛盾能够提高企业的灵活性和韧性，发展动态的决策能力。高层管理者如果只注重矛盾一方或只进行单一的选择，会陷入固定的思维模式和认知图式中。这或许在短期内可以帮助企业获取成功，但长期会导致战略刚性或组织惰性（Tushman & O'Reilly, 1996）。兼顾不同的需求和战略倾向能够使得高层管理者不断地转换认知和思维，更新升级企业资源、调整企业结构和战略目标，帮助企业不断调整获取资源和发展竞争优势的能力（Weick, Sutciffe, & Obstfeld, 1999）。第三，矛盾的视角能够激发个体的潜力。个体可以通过兼顾矛盾双方、寻求动态平衡进行创新并由此体会到自我效能和成就感（Smith & Lewis, 2011），这使得个体进一步地投入到高质量的联系、整合的思考和行动中（Dutton & Heaphy, 2003）。例如高层管理者如果同时具有较高水平的促进型调节焦点和防御型调节焦点会兼顾收益最大化和损失最小化的目标，并且寻求积极开拓型战略和保守稳健型战略的动态最优组合，这使得他们不断地转换视角，在不同时期、不同事件上采用不同的战略倾向，寻求整合方式，促使企业不断学习和创新，全面地应对利益相关者的各种需求。这对于高层管理者带领企业不断应对新的挑战、实现企业目标十分重要，有利于提高效率和企业绩效（Cameron & Lavine, 2006）。

第三节　矛盾视角下调节焦点在领导力领域的应用[①]

调节焦点被认为是一种基于动机的个人特质，与其他个人特质相比，更强调个体的行动策略及其对个体目标取得的影响，因此对行为的影响更为直接（Gamache, McNamara, Mannor, & Johnson, 2015），也因而成为近年来组织管理领域的研究热点。管理学家借用这一心理学概念，试图解释诸如个体信息感知、冒险倾向、创造力、互助行为（毛畅果，2017），以及员工追随行为（许晟，2018）等现象，尤其在领导力领域，调节焦点被认为对领导风格（Hamstra, Sassenberg, & Van Yperen, 2014; Kark & Van Dijk, 2007）、领导战略决策（Adomako, Opoku, & Frimpong, 2017; Gamache et al., 2015）、领导和下属间关系（Johnson, Lin et al., 2017）、团队氛围和团队绩效等均有影响（李磊，尚玉钒，2011）。

但是，这些研究大多单独探讨促进焦点或防御焦点的影响，较少涉及两者

[①] 部分内容摘自：张宏宇，李文，郎艺. (2019). 矛盾视角下调节焦点在领导力领域的应用，心理科学进展，27（4），711-725.

的共同作用。事实上，这两种倾向并不是非此即彼的，个体可以在追求更高目标、更大成就的同时，也注重规避风险或避免错误，即"谨慎地开拓"。在最初提出调节焦点理论时，希金斯（1997，1998）就指出两种调节焦点是相互独立的，是两个不同的概念，而不是同一概念的两端。在最近的一项元分析中，戈尔曼等人（2012）也发现两种调节焦点存在较弱的相关关系，是两个相互独立的概念。事实上，组织中的员工可以最优化促进焦点和防御焦点的组合，同时具有促进焦点和防御焦点可能会让员工更有效地应对不同环境或任务的要求（Wallace & Chen, 2006）。未来的研究应该尝试找出两种调节焦点的共存模式或调节焦点的"组合"（profile），而不是将其合并为一个人格特质（Wallace & Chen, 2006）。本书从矛盾理论（paradox theory）出发，以领导力研究为例，试图为研究两种调节焦点的共同影响奠定基础。促进焦点和防御焦点看似是方向相反的两种个体导向，却相互联系、相互影响（Gorman et al., 2012），因而将两者结合起来，在矛盾理论的框架下探讨二者的共同作用对发展调节焦点理论具有重要的理论和实践意义。

不同利益相关者的需求导致了相互竞争的战略和目标（Smith & Lewis, 2011），这些看似冲突的因素相互联系、相互作用（Smith, 2014），构成了矛盾（paradox）。企业的管理者和员工都面临着如何应对矛盾的挑战，这也成为了大多数组织的"新常态"（"new normal", Smith, 2014）。成功的组织往往具备双元性（ambidexterity），能够平衡矛盾的双方，兼顾看似冲突的需求（Lewis, 2000）。相应的，这些组织中的领导者和员工需要具备应对张力（tension）、处理矛盾需求（Gibson & Birkinshaw, 2004）和达到动态平衡（Smith, 2014）的能力。目前针对如何应对矛盾的研究有多个视角，例如从组织结构（Duncan, 1976; Gaim & Wåhlin, 2016）以及领导价值观、认知和行为复杂性的视角（Boal & Hooijberg, 2000; Johnson, 2016），但是几乎没有从领导或团队动机出发的视角。因此本书对矛盾理论也有所扩充。

这部分将从以下几方面探讨如何采用矛盾的视角在领导力领域开展调节焦点的相关研究：（1）两种调节焦点的对立性。从促进焦点和防御焦点的概念、作用机制和触发情境三个方面，指出二者构成矛盾的第一个重要特点，即"对立"；（2）两种调节焦点共存的可能性。指出二者构成矛盾的第二个重要特点，即"共存"，并指出二者共存的策略和形式；（3）两种调节焦点共存的前因研究展望。从个体层次的认知、组织层次的结构、环境和文化等方面，指出领导如何形成矛盾的调节焦点；（4）两种调节焦点共存的结果研究展望。本书在这部分指出矛盾调节焦点可以带来高水平的管理灵活性、应对危机的能力、创新性等。总而言之，本书指出了从矛盾视角研究调节焦点的重要性和可行性，并为未来的研究提出了新颖可行的研究方向。

一、调节焦点在领导力领域的研究现状

（1）调节焦点概念的提出

调节焦点概念的提出基于享乐主义原则。个体在趋近快乐和回避痛苦的过程中有两种不同的动机系统进行自我调节，分别为促进焦点（promotion focus）和防御焦点（prevention focus, Higgins, 1997）。促进焦点体现了个体追求成长和自我实现的需求，侧重"如果目标达成，我将得到什么"；而防御焦点体现了个体追求安全和稳定的需求，侧重"如果目标没有达成，我将失去什么"。调节焦点拥有两种存在状态，即长期调节焦点（chronic regulatory focus）和情境调节焦点（situational regulatory focus）。其中，长期调节焦点表现为一种相对稳定的个体差异，主要受个体早期成长经历影响（Keller & Bless, 2006），在

研究过程中一般采用自我报告式量表进行测量，既包括一般性的调节焦点量表（Higgins et al., 2001; Lockwood, Jordan, & Kunda, 2002），也包括适用于工作情境的调节焦点量表（Neubert, Kacmar, Carlson, Chonko, & Roberts, 2008）。而情境调节焦点表现为一种相对短暂的临时状态，主要受情境要素激活，会随着环境变化而发生变化（Higgins, 2001; Fransen & terHoeven, 2013），在研究过程中一般采用实验操纵的方式进行，常用的实验操纵包括自传式记忆任务、任务描述框架和自我指导类型三种形式（例如，Jin, Wang, & Dong, 2016; Wang, Wang, Liu, & Dong, 2017; 郑雯，汪玲，方平，李迪斯，2015）。

（2）调节焦点在领导力领域的应用：现有理论视角的回顾

调节焦点所具有的长期稳定性和情境可激活性特征，使其近年来成为组织管理研究的热点（曹元坤，徐红丹，2017，毛畅果，2017）。在领导力领域，国内外的研究均发现，不同调节焦点的领导会表现出不同的领导风格和行为，并且，调节焦点还会和情境共同作用，影响领导的有效性。

一方面，基于调节焦点理论，不同调节焦点的领导会表现出不同的领导风格和行为。高促进焦点的领导更倾向于鼓励下属寻求发展、晋升、改变等，从而表现为魅力型或变革型领导；而高防御焦点的领导更倾向于提醒下属关注标准和要求，寻求确定性和稳定性，从而表现为交易型领导（Hamstra, Sassenberg et al., 2014; Kark & Van Dijk, 2007）。在对领导行为的影响方面，由于高促进焦点的个体在信息处理过程中会进行较高水平抽象解释，且对未来的成功和所得更加敏感，所以高促进焦点的领导者更倾向于参与探索性活动（exploration activities; Ahmadi, Khanagha, Berchicci & Jansen, 2017; Tuncdogan, Van Den Bosch, & Volberda, 2015），更易开展收购行为，且收购的数量和规模也更大（Das & Kumar, 2011; Gamache et al., 2015）；而高防御焦点的个体对于未来的失败和损失更加敏感，因此更倾向于借助现有能力开展开发性活动（exploitation activities; Ahmadi et al., 2017; Tuncdogan et al., 2015），并且对潜在收购行为的评估更加谨慎，这有助于提高决策质量，且收购的数量和规模均较小（Gada, Goyal, & Popli, 2018; Gamache et al., 2015）。

另一方面，基于调节匹配理论，情境会和领导的调节焦点共同作用影响领导的有效性。调节匹配理论（regulatory fit theory）认为情境与个体调节焦点达成匹配时，会使个体对其行为形成一种正确感和重要性的体验，产生"匹配的价值"（value from fit），从而进一步提高和改善其动机水平、工作态度和行为表现等（Simmons, Carr, Hsu, & Shu, 2016）。比如艾哈迈迪等人（Ahmadi et al., 2017）发现在强调晋升和成长机会，鼓励追求和获得的组织情境中，高促进焦点的领导者会与之形成匹配，表现出更多的探索性活动；而在强调责任和潜在损失的组织情境中，高防御焦点的领导者会与之形成匹配，表现出更少的探索性活动。此外，领导的言语和行为本身也可能作为一种情境，和下属的调节焦点共同作用以影响领导的有效性。比如李磊和尚玉钒（2011）指出领导的语言框架风格可以与下属的不同调节焦点产生调节匹配效应，激发员工的不同态度。雷星晖及其同事（雷星晖，单志汶，苏涛永，杨元飞，2015）指出谦卑型领导欣赏他人的行为所引发的接近策略与员工的促进焦点相匹配；谦卑型领导能够勇于承认自己的错误和不足，使员工感受到领导对错误和失败的包容，这有利于员工使用规避策略，因而与员工的防御焦点相匹配。据此他们发现，员工的防御焦点倾向越突出，谦卑型领导行为对员工心理安全的影响越强；员工的促进焦点倾向越突出，谦卑型领导行为对员工自我效能的影响越强。斯塔姆等人（Stam, Van Knippenberg, & Wisse, 2010）发现愿景型领导在描述未来愿景时，若强调积极、理想等促进性吸引，高促进焦点的下属会表现出更高的绩效水平；相反，若强调避免消极和不理想结果等防御性吸引，高防御焦点的下属会表现出更高的绩效水平。

二、调节焦点在领导力领域的应用：矛盾视角的提出

通过上述对调节焦点在领导力领域研究现状的梳理，我们可以发现目前学者们已经广泛探索了领导调节焦点的作用机制和情境等内容。尽管有一部分研究从权变的角度分析了在不同情境下两种调节焦点作用的差异，强调调节焦点和情境匹配带来的积极效应，即在何种情境中促进焦点或防御焦点会产生更为积极的效果（例如，Ahmadi et al., 2017; Stam et al., 2010），但是，大多数的研究将两种调节焦点割裂开来，较少探究二者的共存。

然而在现实中，领导往往需要承担不同的管理角色且面临较为复杂的管理情境。比如在组织中，领导需要同时扮演变革推动者和行为监督者的角色（Bass, 1985）。其中，"变革推动者"角色要求领导者树立并有效传达组织愿景，激发、鼓舞员工的工作动机，以引导其追求更高层次的工作期望，鼓励其尝试不同的视角和方法（Kark, Dijk, & Vashdi, 2018; Saeidipour, Kazemi, & Mohamadabadi, 2016）；"行为监督者"角色则要求领导者为下属澄清工作角色、建立工作目标，通过奖惩手段监督下属行为，防止其违背既有工作要求和规范（Kark et al., 2018; Tung, 2016）。受促进焦点驱动的领导会鼓励下属不断尝试，追求成长和进步，从而有助于"变革推动者"角色的履行，但可能牺牲组织活动的一致性；而受防御焦点驱动的领导更强调对规范的遵守，鼓励下属追求稳定和安全，从而有助于"行为监督者"角色的履行，能够确保组织活动的一致性，但可能会抑制下属的创新活动，导致组织惰性。此外，企业经营环境复杂性和动态性的不断提高，也使得领导者经常需要面对不同甚至对立

的管理要求。比如，对于处于初创期的企业而言，领导者需具有树立并传达组织愿景的能力，富有激情，并能够容忍和克服组织中的混乱现象（Freeman & Siegfried, 2015）；而当企业进入成熟期后，受传统和规则的约束，领导者对现状的质疑和变革可能会被视作一种难以保持组织稳定性和持续性的表现（Freeman & Siegfried, 2015）。受促进焦点驱动的领导会参与更多探索性活动和收购行为（Ahmadi et al., 2017; Gamache et al., 2015），从而有助于初创企业实现突破和成长，却可能破坏企业的稳定性；而受防御焦点驱动的领导倾向于参与开发性活动（Ahmadi et al., 2017），对收购的风险评估也更加谨慎（Gamache et al., 2015），从而有助于维持组织稳定，却可能由于过于"谨慎"而抑制组织的开拓进取。

因此，单一聚焦任何一种调节焦点，都不可能实现管理的有效性。虽然促进焦点和防御焦点表面看来是两种相反的动机，但是如果能从矛盾的视角，探讨这两种调节焦点共存的可能性，将会更好地帮助领导者提高管理效率。一些新近的研究已经间接支持了矛盾视角的优势。比如基于优势互补理论，美墨尔特等人（Memmert et al., 2015）发现，在可分割的任务中，同时拥有高促进焦点成员和高防御焦点成员的团队具有更高的团队绩效水平。基于此，我们尝试从矛盾的视角来探讨调节焦点在领导力领域的应用。

三、矛盾视角下调节焦点在领导力领域应用的理解

（1）矛盾视角

"矛盾"（Paradox）指同时且持续存在的相互对立（contradictory）但又彼此依赖（interdependent）的成分（Smith & Lewis, 2011），其主要来源于张力（tension）（Lewis, 2000）。张力是组织中固有的、普遍存在的成分，尤其在

面对联系日益紧密且多变的外部环境时表现更为明显（Lewis & Smith, 2014）。根据张力的不同来源，组织管理领域研究中涉及的主要矛盾有四类，分别为学习矛盾（learning paradoxes）、组织矛盾（organizing paradoxes）、归属矛盾（belonging paradoxes）和绩效矛盾（performing paradoxes）（Smith & Lewis, 2011）。其中，学习矛盾是利用或者打破过去的知识和实践来构建新的系统、规范等所导致的矛盾，主要源于组织中的新-旧张力（Lewis, 2000）；组织矛盾是在鼓励承诺、信任和创造性的同时维持效率、纪律和规范所导致的矛盾，主要源于组织中的控制—灵活性张力（Lewis, 2000）；归属矛盾是组织中的个体与集体既追求一致性目标，又追求差异性目标所导致的矛盾，主要源于组织中的自我—他人张力（Lewis, 2000）；而绩效矛盾是组织的多元利益相关者追求竞争性战略和目标所导致的矛盾，主要源于内部和外部利益相关者不同、甚至冲突的需求（Smith & Lewis, 2011）。

人类天生对于保持自身认知、态度、行为等的一致性具有强烈偏好，且在面对不一致或对立情况时会产生焦虑情绪（Schneider, 1990）。因此，传统上有关组织张力的研究多从权变理论（contingency theory）的角度切入，强调管理变量与情境的互动过程（Qiu, Donaldson, & Luo, 2012）。采用权变的方式应对张力，主要是将其视为组织中待解决的问题，再基于"如何—则"式的思维，根据组织所处的不同环境，从对立成分中选择与当下情境最匹配的一个（Lewis & Smith, 2014）。虽然采用权变的应对方式在短期内有助于减少组织张力所带来的沮丧、焦虑等消极情绪，提高绩效水平，但这种为追求一致性而过于强调对立成分其中一方的方式，会带来组织惰性，给另一方造成压力，导致潜在张力的进一步扩大，最终形成向下的恶性循环（Smith & Lewis, 2011），不利于维持组织的长期绩效。因此，近年来有学者呼吁从"矛盾"的视角，基于"都/和

（both/and）"思维来考虑组织中的张力，主动寻求对持续性张力进行协调的方式，鼓励学习、寻找和发现新的可能性（Lewis, 2000; Smith, Lewis, & Tushman, 2016）。由此可见，矛盾视角的两个核心要素分别是"对立"和"共存"。因此，本书将围绕促进焦点和防御焦点如何在"对立"的同时实现"共存"来展开。

（2）促进焦点与防御焦点的对立

①概念内涵的对立

促进焦点和防御焦点是个体在趋近快乐、回避痛苦过程中两种不同的自我调节系统（Higgins, 1997），其中促进焦点使个体更关注积极结果的实现，而防御焦点使个体更关注消极结果的避免。具体而言，二者在需求层次、核心关注点、期望的目标状态、自我导向、结果敏感倾向、目标导向、担心侧重点和情绪等方面均表现出了一定程度的"对立"。（表1）

表1 促进型调节焦点和防御型调节焦点的比较表

区分维度	促进焦点	防御焦点
需求层次	成长和自我实现需要	安全需要
核心关注点	我将得到什么	我将失去什么
期望的目标状态	成长、进步和有所突破	稳定、安全和责任
自我导向	理想自我导向	应该自我导向
结果敏感倾向	"获取" "没有获取"	"失去" v.s. "没有失去"
目标导向	最大化"获取"	最大化"没有失去"
担心侧重点	错过	错误
情绪	从高兴到沮丧	从不安到平静

②作用机制的对立

促进焦点和防御焦点的不同特征决定了二者在作用机制和作用效果方面均呈现出对立状态。其中，促进焦点激励个体采用"接近"的方式达成目标，个体更看重成长和突破（Higgins, 1997），通过探索、实验和创新追求理想状态（Freitas, Liberman, Salovey, & Higgins, 2002）并提高成功的可能性（Tuan Pham & Chang, 2010）。反映在对领导力的影响上，促进焦点使得领导倾向于参与探索性活动（Ahmadi et al., 2017），注重决策的效率（Gemache et al., 2015），更易开展收购行为，且收购的数量和规模更大（Das & Kumar, 2011; Gamache et al., 2015）；同时，促进焦点也会使领导者激励下属不断改变、突破、追求新的愿景，进而带来变革型领导行为（Hamstra, Sassenberg et al., 2014; Kark & Van Dijk, 2007）；相应地激发下属的促进焦点，并进一步提高下属的情感承诺（Delegach, Kark, Katz-Navon, & Van Dijk, 2017）、增强创造力（尚玉钒，李磊，2015）、降低下属的越轨行为（许灏颖，杜晨朵，王震，2014）、增加下属的知识分享行为（Li, Liu, Shang, & Xi, 2014），而且更容易获得高促进焦点下属的积极领导力评价（Hamstra, Van Yperen, Wisse, & Sassenberg, 2014）。防御焦点使得个体通过"避免"的方式达成目标，个体注重规则和责任（Higgins, 1997），通过强调职责、规避风险达到"应该"状态（Kark & Van Dijk, 2007）。反映在对领导力的影响上，防御焦点使得领导倾向于参与开发性活动（Ahmadi et al., 2017），注重决策的质量（Gamache et al., 2015），且收购的数量和规模均较小（Gamache et al., 2015）；同时，防御焦点也使领导对下属严格要求、通过负向反馈和惩罚等方式约束下属服从规则，为下属设定明确的行为规范，并监督和修正下属的行为和绩效，表现出交易型领导中的例外管理和权变惩罚（Johnson, King et al., 2017）；相应地激发下属的防御焦点，进而提高下属的规范承诺（Delegach et al., 2017）、降低下属创造力（尚玉钒，李磊，2015）、减少下属的越轨行为（许灏颖等，2014）和知识分享行为（Li et al., 2014）。因而促进焦点和防御焦点虽然都是为满足个体的需求而产生的动机，却代表了个体不同的目标和行为倾向，最终给领导行为、领导决策及领导对下属的影响等带来相互对立的作用效果。

③激活情境的对立

促进焦点和防御焦点的对立还体现在激活二者的情境对立。对于领导来说，开放、动态的组织情境会激发领导的促进焦点（例如当组织情境表现出动态、有机等特征时会激活领导的情境促进焦点），而保守、稳定的组织情境会激发领导的防御焦点（例如当组织情境具有官僚结构，强调规则、责任和稳定性等时会激活领导的情境防御焦点）（Kark & Van Dijk, 2007）。对于下属来说，领导是下属调节焦点形成的重要情境。例如李等人（Li et al., 2014）发现当领导向下属提供积极反馈，或采用促进性语言框架反馈信息，强调愿望、成就和发展时，会激活下属的促进焦点；而当领导向下属提供消极反馈，强调责任、义务和职责时，会激活下属的防御焦点。总的来说，当领导表现出侧重培养、达成理想状态和强调潜在收益的情境线索时，会激发下属的促进焦点（Higgins, 1997, 1998），引发下属追求"理想"状态、关注获取–没有获取，进而表现出创新行为和帮助行为的增加等（Neubert et al., 2008）。当领导表现出侧重安全需要、职责履行和强调潜在损失的情境线索时，会激发下属的防御焦点（Higgins, 1997, 1998），引发下属追求"应该"状态、关注"失去—没有失去"，进而表现出增加安全行为、减少越轨行为（Neubert et al., 2008）等。

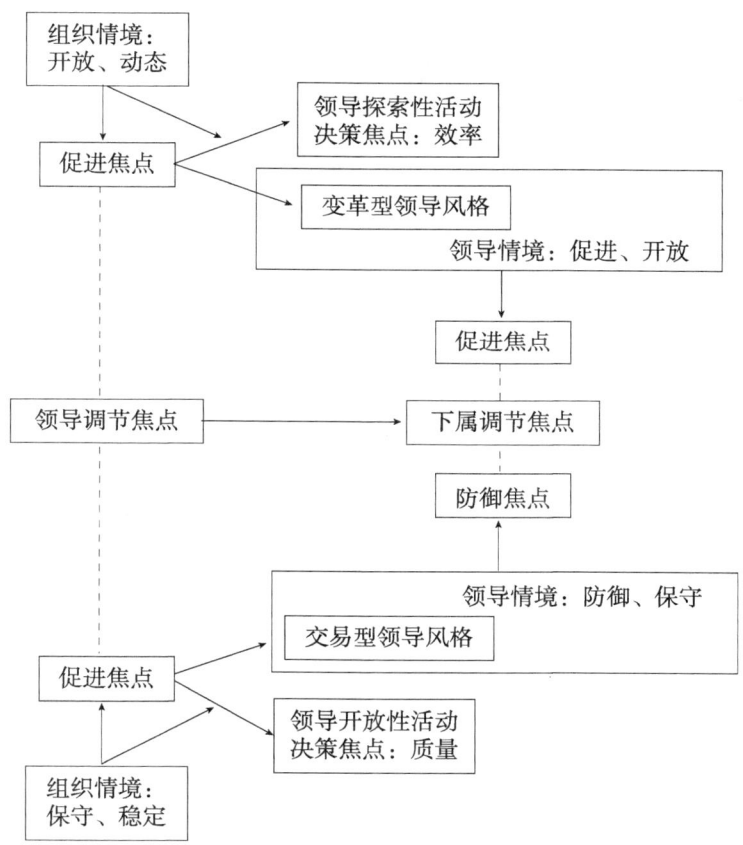

图2 领导调节焦点的作用机制和激活情境

（3）促进焦点与防御焦点的共存

①促进焦点和防御焦点共存的可能性

尽管目前关于调节焦点的实证研究大多单独研究促进焦点和防御焦点的影响，但在最初提出此概念时，学者们就已经认可这两种调节焦点共存的可能性（Higgins, 1997, 1998）。他们认为促进焦点和防御焦点是两种正交的自我调节系统，任何时候二者都是同时存在的，只是在不同的情境要素触发下，会有一种调节焦点占据主导地位，进而影响个体的行为偏好（Crowe & Higgins, 1997; Higgins et al., 1994）。

在个体层次应用矛盾视角面临的最大质疑是，传统的心理学观点认为个体有很强烈的保持一致性的倾向（Heine & Buchtel, 2009）。尤其在西方社会，张力的存在很有可能引起个体的认知失调（Festinger, 1957），而个体为了缓解失调的状态，最终会选择只保留张力的其中一方。因此很长一段时间以来，矛盾的观点并不被接受。但是，近年来人们开始发现一些支持矛盾视角的间接证据。比如在谈判领域的研究中，那些采用双赢策略的谈判者同时表现出了利己和利他两种动机（Nauta, De Dreu, & Van Der Vaart, 2002）。按照此逻辑，同为动机的促进焦点和防御焦点，尽管内容上相反，也应该存在共存的可能性。认知失调理论的最新研究为这样的推断提供了新的证据，学者们发现不一致并不总会引起失调乃至个体的不舒适感，个体有时并不会意识到不一致，或者意识到也不一定会感知到失调。比如当一个积极的自我形象不那么重要的时候或者不一致可能会带来潜在益处的时候（Cooper, 2007），人们会选择保持"不一致"，而不是调整或放弃张力的一方以保持一致。在实证研究中，学者也发现同一领导行为有可能同时带来高水平的促进焦点和防御焦点。例如道德型领导既能提升员工的促进型道德调节焦点，也能提升其防御型道德调节焦点（许灏颖等，2014）。

实证研究的结果，大多也表明促进焦点和防御焦点在统计上不相关（e.g., Neubert et al., 2008）或弱的正相关（例如，Ahmadi et al., 2017），见表2。戈尔曼等人（2012）基于11,765个样本的元分析结果表明这两种调节焦点间的相关系数仅为0.09。因此，理论和实证上均表明促进焦点和防御焦点相互独立正交，有可能且有必要将二者结合起来，基于矛盾的视角来探讨二者的共同作用（Lanaj, Chang, & Johnson, 2012）。

表2 促进型调节焦点与防御型调节焦点相关性的实证结果总结表

使用量表	文章作者	相关性
工作情境调节焦点量表（Regulatory Focus at Work Scale; Wallace & Chen, 2006）	Aryee & Hsiung, 2016	0.53**
	Wallace & Chen, 2006	0.01
工作调节焦点量表（Work Regulatory Focus Scale; Neubert et al., 2008）	Li et al., 2014	0.05
	Shin, Kim, Choi, & Lee, 2016	0.15
	Ahmadi et al., 2017	0.25*
	Chen, Wen & Ye, 2017	0.08
	Park, Kim, & Sung, 2017	0.37**
调节焦点问卷（Regulatory Focus Questionnaire; Higgins, et al., 2001）	Hamstra, Van Yperen et al., 2014	0.08
	Kammerlander, Burger, Fust, & Fueglistaller, 2015	−0.08
一般调节焦点量表（General Regulatory Focus Scale; Lockwood et al., 2002）	De Jong & De Goede, 2015	0.37
	Gamache et al., 2015	−0.10
	Sacramento, Fay & West, 2013	0.35**
	Schuh et al., 2016	0.13

*$p< 0.05$; **$p< 0.01$

②促进焦点和防御焦点共存的策略

应用矛盾视角进行调节焦点研究的核心和难点在于理解促进焦点和防御焦点如何实现共存，这也是进一步基于矛盾视角探讨两种调节焦点共存的前因及结果变量的基础。早期关于矛盾的研究认为组织有四种策略来应对张力中看似相反的两方力量，分别为：a.接受（acceptance），即保持不同力量的相对独立且接受他们之间的差异；b.空间隔离（spatial separation），即空间上将两种不同的力量隔离开来，比如在组织中可以把相反的"力量"安排在不同部门；c.时间隔离（temporal separation），即时间上将两方力量隔离开来，一个时刻只表现出一种主导的力量；d.整合（synthesis），即寻找一种方式整合两方力量（Poole & Van de Ven, 1989）。后来还有学者提出其他的一些应对策略，比如运用矛盾的视角进行组织双元性研究的时候，Gibson及其同事提出情境双元性（contextual ambidexterity）的概念，认为组织可以通过构建一套鼓励个体自主安排时间以满足不同需求的体系或流程来实现双元性（Gibson & Birkinshaw, 2004），这其实是一种具体的整合不同力量的方式；再比如，有学者提出除了空间、时间上的隔离，企业还可以通过专长领域上的隔离（domain separation）来实现不同力量的和谐共存（Lavie & Rosenkopf, 2006）。

总的来看，组织可以通过两大类策略来实现相反张力的共存：隔离（separation）和联结（connecting）（Smith et al., 2016）。类似的，也有人称之为区分（differentiation）和整合（integration）的策略（Smith, 2014）。区分或隔离强调区别两种矛盾的因素，认识两者独特之处和优劣势，进而分配特定领域的角色（domain-specific roles），并独立地寻找相关信息；而整合或联结强调找出矛盾双方的联系，通过整合引发协同效应（Andriopoulos & Lewis, 2009; Smith & Tushman, 2005），相应的措施包括分配负责整合的任务或角色、强调统一的目标和共同解决问题。

将以上矛盾的视角应用到调节焦点的共存上时（以领导力领域为例），如果要实现两种类型的动机，即促进焦点和防御焦点的共存，也可以有类似的两类策略。

第一类策略是隔离，适用于情境调节焦点的共存：单一时空内只有一种调节焦点被激活，而在多时空内实现两种调节焦点的共存（Lewis & Smith, 2014）。两者通过隔离产生共存的方式包括：a.意识隔离，类似于接受策略，即领导者主观上就能够清晰地对这两种调节焦点进行区分、能够意识到这两种调节焦点对实现领导有效性的必要性，且能够很好地自我解释以缓解潜在的认知失调；b.时间隔离，即领导者在不同阶段，侧重不同的调节焦点，通过时间上的隔离来实现促进焦点和防御焦点的共存；c.情境隔离，即领导者面对不同的管理情境，比如和不同的下属相处，采用不同的调节焦点，通过情境上的隔离来实现促进焦点和防御焦点的共存。在隔离的情况下，和权变视角类似，两种调节焦点作为两个系统根据情境的不同各自独立运行，但是从长期来看，利用这种隔离的方式可以实现两种调节焦点的共存。更重要的是，这可以产生新的价值，使领导者能够根据环境适时调整，提高了对复杂环境的适应性。

第二类策略是联结，适用于长期调节焦点的共存，即在单一时空内，同时存在两种调节焦点，此时，共存主要通过运用一些创新性的手段整合不同力量来实现。和隔离策略不同，联结策略下，个体或团队并不会在意识上隔离两种调节焦点，而是联结两种调节焦点形成一种新的动机类型。比如在"一往无前"（促进焦点）和"谨慎小心"（防御焦点）两种动机的基础上整合形成"稳健前行"的动机；并且，在任何一个时间点或者空间范围，此个体或团队都同时存在两种调节焦点，较少受到情境的影响。比如无论在积极或者消极的情境，均同时有促进焦点和防御焦点两种动机，和"居安思安"以及"居危思危"的隔离策略不同，联结策略下更强调"居安思安也思危"以及"居危思危也思安"。调节焦点联结形式的共存相较隔离形式更难实现，但对管理实践有着重要意义。现实中，领导者不仅要满足不同角色的要求，而且常常需要同时满足不同角色的要求。比如在制定企业决策的时候，领导者必须同时兼顾不同利益相关者的需求，这就需要联结而不是简单地隔离不同类型的动机。

③促进焦点和防御焦点共存的形式

促进焦点和防御焦点的共存既可以在个体层次上，即在一个领导者身上实现，也可以在团队层次上，即在一个领导团队上实现。在个体层次通过隔离的方式实现共存时，领导者需要具备高度的灵活性，能够实现两种调节焦点的灵活切换。比如在企业快速成长、需要探索新机会和资源时，领导者调整自己的动机侧重点为促进焦点，从而引领企业不断探索新的可能性，开辟新市场和新资源，通过不断调整原有战略、新颖的改革等抓住机遇，促进企业的发展；在企业遇到危机时，领导者调整自己的动机侧重点为防御焦点，从而引领企业关注损失和风险、强调责任和规则，"未雨绸缪"，使企业有更高的安全和防范意识（Freitas et al., 2002; Wallace & Chen, 2006），更好地应对危机。此外，如前文所述，针对不同特点的下属，领导者也需要灵活调整，根据下属的需求和目标导向选择侧重的调节焦点。除此之外，在个体层次通过联结的方式实现共存时，意味着领导者可以分成如下四种类型（图2）：a.只求有功，不惧有过型，只有促进焦点较强。此类领导者风险意识和责任意识都较弱，对于失败的负面后果考虑较少，侧重追求成功带来的积极结果；b.不求有功，但求无过型，只有防御焦点较强。此类领导者最典型的特征是"多一事不如少一事"，对于潜在的失败和失去十分敏感，为了不犯错，宁可什么都不做，对成功带来的积极结果渴望度较低；c.谨慎开拓型，促进焦点和防御焦点均较强。此类领导者在追求成功带来的积极结果的同时，也有着较强的风险意识和责任意识，对于如何防范失败和错误也较为敏感，但不会为了避免错误而不做任何事情；d.无为怠工型，促进焦点和防御焦点均较弱。此类领导和放任性领导（laissez-fair）类似，对下属缺少足够的影响力，在组织中存在度较低。

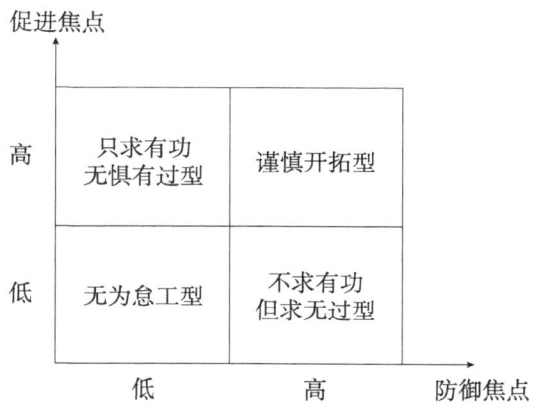

图3 矛盾视角下领导者调节焦点的表现形式图

领导力的实现，不仅可以通过依靠一个人，还可以通过依靠团队整体来实现；尤其近年来，随着共享式领导力（shared leadership, Chiu, Owens, & Tesluk, 2016）等概念的兴起，以及联想"领导班子"等管理实践的普及，通过团队整体实现领导力成为了学者和管理者均十分关注的问题。顺应这样的趋势，我们认为促进焦点和防御焦点的共存也可以通过团队整体来实现。一方面，团队由不同的成员构成，天然"隔离"了不同的调节焦点。基于团队中成员的劳动分工和不同的动机类型，领导者可以通过其他团队成员或者其下属达到调节焦点的互补，这样在整个团队实现了不同调节焦点的共存。比如领导是高促进焦点，那么他/她和团队中高防御焦点的同事就共同在管理团队层面实现了两种焦点的共存。另一方面，在团队层面以联结的方式实现两种调节焦点的共存并不容易。有关组织双元性的研究表明，要想在多元化的结构中实现双元性，需要团队有较好的行为整合（Halevi, Carmeli, & Brueller, 2015），彼此信任（García-Granero, Fernández-Mesa, Jansen, & Vega-Jurado, in press），并且形成交互记忆系统（transactive memory systems）（Heavey & Simsek, 2017）。

四、矛盾视角下调节焦点在领导力领域的应用展望

（1）矛盾视角下调节焦点的前因研究展望：以领导力领域为例

并不是所有的个体、在所有情境下，都可以实现不同张力的共存以形成矛盾。根据现有矛盾领域的文献，本书从个体认知、组织结构、外部环境和文化四个层次提出促进焦点—防御焦点这一张力在何种情况下更可能被领导者整合在一起，从平衡矛盾的角度处理两种焦点。根据前文论述，情境调节焦点的整合采用隔离的策略，因此主要依赖结构、外部环境和文化等情境层次因素的影响。但是，采用隔离策略有一个潜在的假设，即个体不会对于这两种相反动机的共存感到强烈的失调，因此，情境调节焦点的整合也会受到个体层次认知因素的影响。长期调节焦点的整合采用联结的策略，主要依赖个体层次认知因素的影响，只有具备一定认知特点的个体才可能实现促进焦点和防御焦点两种动机的联结。但是，情境的因素往往推动个体采用某种认知方式来整合不同的动机，因此，长期调节焦点的整合也会受到情境因素的影响。

首先，在个体层次，矛盾主要和认知有关。擅长逆向思维（Lüscher & Lewis, 2008）、整体思维（Zhang, Waldman, Han, & Li, 2015）、多层次思维（Khazanchi, Lewis, & Boyer, 2007）、整合性思维（Suedfeld, Tetlock, & Streufert, 1992）的人会较少意识到对立所带来的不一致，以及较少感受到对立所带来的失调感，他们甚至还非常擅长从不一致中寻找到独特的优势，更可能容忍不同动机的潜在冲突。因此，拥有这些认知特征的领导更可能形成促进焦点—防御焦点矛盾。此外，擅长讽刺性幽默的领导可能也更容易形成促进焦点—防御焦点矛盾（Hatch, 1997）。

其次，在情境层次，矛盾的处理方式和组织结构、外部环境以及文化均有关系。当团队具有多样性的时候，领导更可能从整合矛盾的角度思考和行动（Beckman, 2006），促进焦点和防御焦点两种动机更可能共存。当结构设计中有连接张力中对立的两方力量的设置时，更可能形成矛盾（Schad, Lewis, Raisch, & Smith, 2016）。因此，领导可以通过一些角色和程序的设置来实现整合，比如专门设置一名管理者，负责在"促进焦点"（比如研发部门）相关事务和"防御焦点"相关事务（比如质检部门）之间做沟通。

当外部环境具有多方参与（plurality）、变化（change）和稀缺（scarcity）等特点时，领导更可能采用矛盾的视角处理问题（Smith & Lewis, 2011）：多方参与意味着不同的诉求，在整合不同诉求的过程中会凸显矛盾的重要性（Adler, Goldoftas, & Levine, 1999）；变化意味着对新—旧的平衡，也会凸显矛盾的重要性（Lüscher & Lewis, 2008）；稀缺意味着要在资源有限的情况下实现多重目标，同样会凸显矛盾的重要性（Smith, 2014）。此外，还有研究表明当组织业绩下滑明显的时候（Tushman, O'Reilly, Fenollosa, Kleinbaum, & McGrath, 2007），或当外部环境剧烈变动且充满竞争性的时候（Teece, 2006），领导也更加容易采用矛盾的视角分析和处理问题。我们认为，这些针对一般矛盾的情境前因也适用于促进焦点—防御焦点这一矛盾。

矛盾的形成还和文化背景有关系。跨文化的诸多研究表明，东方文化下的领导相较西方文化下的领导更可能采用矛盾的视角分析和处理问题，因为他们有较少的保持稳定自我的需求，有更高的对相反事物的容忍度且拥有辩证自我的世界观（Spencer-Rodgers, Peng, Wang, & Hou, 2004），即认为事物是彼此对立又相互联系且时时在变化之中的（Peng & Nisbett, 1999）。相应地，我们认为东方文化下的领导者更容易形成促进焦点—防御焦点这一矛盾。

总体来看，关于矛盾前因的研究大多还在理论层次，实证研究较少，这其中很重要的原因是受研究方法所限。目前对于矛盾的测量，主要的思路是分别测量两个对立的因素，然后用交互项作为矛盾的测量（Schad et al., 2016），这样的测量方式只有在研究结果变量时才有意义，即看张力的一方取值分别为高、低时，另一方的作用有什么不同。但是，由于两方力量的乘积本身没有意义，很难用这样的测量方式探讨矛盾的前因。近年来逐渐兴起的一种以人为中心（person-centered）的研究方法——潜在剖面分析（Latent Profile Analysis）（Vermunt & Magidson, 2002），即一种基于观测变量构建类型的统计工具，有利于研究者识别不同的类别并进行进一步分析。这种方法为研究矛盾的前因变量提供了新的思路，我们在未来研究促进焦点—防御焦点这一矛盾的前因变量时可以尝试应用此方法。这种分析方法通过潜在类别变量来解释外部连续变量之间的关系，借鉴到调节焦点的研究当中，基于两种调节焦点，可以通过这种方法鉴别出图2所示的四类领导者，然后在此基础上探究不同类型领导者的前因变量有何区别。

（2）矛盾视角下调节焦点的后果研究展望：以领导力领域为例

矛盾的后果变量的研究相较前因变量的研究更加丰富。尽管有研究发现矛盾有潜在的危害：比如引起焦虑和不确定性（Schneider, 1990），尤其对于认知闭合需求高的人；再比如认知失调之后引起的不适，可能会激化个体间的对立状态，在组织中出现小群体（Ashforth & Reingen, 2014），但总体来看，关于矛盾后果的研究结果还是以积极作用为主。以往研究发现，能够兼顾矛盾双方的个体更容易获取职业成功、拥有更杰出的领导才能，同时也与优异的团队绩效和组织绩效相关（Smith, 2014）。基于这样的思路，借鉴之前矛盾后果研究的相关结论，我们认为领导者拥有促进焦点–防御焦点矛盾之后，可能会获得三个层面的益处。

首先，促进焦点—防御焦点这一矛盾为领导者提供了更大的行为集合，提升了他们应对不同管理情境和实现不同管理目标的能力。促进焦点和防御焦点对于领导者领导有效性的实现均十分重要，比如促进焦点促使领导者关注成功的可能性，更多地进行探索性活动，有利于组织的长期绩效（Auh & Menguc, 2005）；防御焦点促使领导者关注失败和损失，更多地进行风险相对较低的开发性活动，有利于组织的短期绩效（Ahmadi et al., 2017）。而领导者管理有效性的实现需要在探索性活动—开发性活动、长期绩效—短期绩效等方面实现平衡（Auh & Menguc, 2005）。因此，只具有某一种调节焦点的管理者在某些情境下可能无法做出有效的应对，实现管理的有效性，从而不利于企业的长期生存（Schmitt & Raisch, 2013）。一些在员工层次的研究已经发现促进焦点和防御焦点代表了两种不同但互补的动机系统，当二者共存时，这两种不同的动机和行为倾向会产生"推拉效应"（pull-and-push forces），从而带来与单一动机相比更强的情感、认知和行为的反应（Johnson, Lin et al., 2017）。当既被取得成功所激励、又被避免失败所激励时，个体会取得更高的绩效（Johnson, Chang, Meyer, Lanaj, & Way, 2013）。我们认为这种"推拉效应"同样适用于领导者，可以提高其管理的有效性。

其次，促进焦点—防御焦点这一矛盾为领导者的动机转换提供了可能性，提升了他们应对管理危机的能力。在跨文化研究中，学者们发现拥有多重文化认同的个体（比如海归、移民），在某一个文化身份受到威胁的时候会转换到另一个文化身份上，以减少其感知到的身份认同威胁，这个过程被称作缓冲作用（buffering effect）。类似地，同时拥有两种调节焦点也为领导者提供了转换动机的机会。促进焦点和防御焦点在实现领导有效性方面均有自身的弱点。一方面，高促进焦点的领导者由于注重取得成就的数量和速度（Higgins & Spiegel, 2004），往往会缺乏系统的思考或谨慎的决策，从而让团队或组织面临一定的风险和潜在损失。有研究表明，虽然CEO的促进焦点会促使企业通过收购等方式扩大企业规模（Gamache et al., 2015），但仓促和不周全的决策可能让企业的业绩在扩张中不升反降（Wallace, Little, Hill, & Ridge, 2010）。此外，促进焦点的领导者往往对"损失"不敏感，可能会导致对诸如安全、风险等的忽视（Wallace & Chen, 2006），对团队或组织的绩效和发展等带来不利影响。另一方面，防御焦点高的领导者较为保守和谨慎，往往会墨守成规，忽视或避免变化，不利于创新和变革，这在动荡的商业环境下更会对组织的发展和增长造成不利影响（夏绪梅，纪晓阳，2017）。同时，高防御焦点的领导者对信息的过度搜寻或迟缓的决策和行动不利于组织抓住机会、取得突破，可能会错失发展良机。克罗和希金斯（Crowe & Higgins, 1997）发现在完成困难的任务或刚刚经历失败时，高防御焦点的个体表现较差并且更有可能放弃。考虑到这两种调节焦点在很多方面都体现出了相反性，促进焦点的优势正好可以弥补防御焦点的局限，而防御焦点的优势正好可以弥补促进焦点的局限，两种调节焦点的共存可以最大限度地避免单一调节焦点带来的负面影响，从而提升领导者应对管理危机的能力。

最后，促进焦点—防御焦点这一矛盾为领导者提供了创新性解决问题的基础，提升了他们创造性地解决管理问题的能力。已经有大量关于矛盾的研究发现了其对创造力（Jay, 2013; Lempiälä, Vanharanta, Lempiälä, & Vanharanta, 2017）和创新绩效（例如，Gebert, Boerner, & Kearney, 2010; Wadhwa, Freitas, & Sarkar, 2017）的积极影响。这中间的机制主要和对两方力量的"整合"有关，当个体将不同的张力看作是一种创新的可能性和机会（Beech, Burns, de

Caestecker, MacIntosh, & MacLean, 2004）时，会强调对两种对立力量的接受和主动利用，通过某种整合方式实现二者间的动态平衡。比如当领导者经过矛盾思考训练之后，会找到一种"可行的确定性（workable certainty）"来更好地平衡求稳和求变（Lüscher & Lewis, 2008）；领导者在对人的管理过程中可以整合矛盾的行为倾向，从而表现出更多的主动性行为和适应性行为（Zhang et al., 2015）。

（3）矛盾视角下调节焦点的其他研究方向：以领导力领域为例

理论和实证上都已经积累了很多有关矛盾结果变量的研究，但是这些研究中涉及的"矛盾"基本上都是基于隔离策略的矛盾，对于基于联结策略的矛盾较少涉及。尽管隔离也是矛盾实现的重要策略，但是单纯的隔离而没有整合，长久也可能带来潜在的危害。比如结构性的分割可以减少冲突，但是可能会造成潜在的权力不平衡；对于时间分割来说，如果不能很好地实现时间节点的过渡，也可能会带来显著的负面影响（Klarner & Raisch, 2013）。因此，未来关于促进焦点–防御焦点矛盾的后果研究应该更多地探讨这两种调节焦点的联结形式以及联结的益处。

此外，未来研究还可以通过边界条件的寻找，探索矛盾理论适用的范围。比如基于矛盾的视角，促进焦点的领导和防御焦点的下属匹配时，更容易带来积极效果，这也和补偿性匹配的观点一致；但是，如果从辅助性匹配的视角，促进焦点的领导和促进焦点的下属匹配时，可能更容易带来积极效果。因此，未来研究需要进一步寻找不同理论的适用边界来实现矛盾理论和其他理论的整合。

第四节　促进型调节焦点和防御型调节焦点对企业绩效和增长率的交互作用

调节焦点的研究者最关注的问题之一即促进型调节焦点和防御型调节焦点在多大程度上是不同的两个概念（Gorman, Meriac, Oversetreet, Apodaca, Mclntyre, Park, & Godbey, 2012）。希金斯（Higgins, 1997, 1998）最初提出：促进型调节焦点和防御型调节焦点是两个正交的因素。以往关于调节焦点的理论和实证研究均表明两种调节焦点相互独立，因而存在两种调节焦点水平都高或都低的个体。即促进型调节焦点和防御型调节焦点并不是同一个变量的两端，而是两个相互独立的变量，两者并没有一高一低的固定关系。此外，一些学者也提出：随着时间的推移，个体会在两种调节焦点上表现出不同的倾向，可能两者都高、两者都低或一高一低（Forster, Higgins, & Bianco, 2003）；究竟个体会表现出何种组合，一定程度上受情境或任务要求的影响（Brockner & Higgins, 2001; Wallace & Chen, 2006）。事实上，组织中的员工可以最优化促进型调节焦点和防御型调节焦点的组合，同时具有促进型调节焦点和防御型调节焦点可以让员工更有效的地应对不同环境或任务的要求（Wallace & Chen, 2006）。在针对调节焦点的元分析中，戈尔曼等人（Gorman et al., 2011）通过总结以往关于调节焦点的实证研究指出，促进型调节焦点和防御型调节焦点是相互独立的两个变量，并且二者与其他相关变量有相互独立的联系，对一些重要的管理相关的结果有不同的预测作用。他们还发现，尽管促进型调节焦点和防御型调节焦点有一定的相关性，但是二者在很大程度上是正交的两个概念。因而将促进型调节焦点和防御型调节焦点整合为一个单独的调节焦点得分是不可行的。未来的研究应该尝试找出两种调节焦点的共存模式或调节焦点的"配置"（profile），而不是将其合并为一个人格特质（Wallace & Chen, 2006）。

CEO作为企业的高层管理者常常需要处理相互矛盾的需求，如企业增长和保持稳定、探索新资源和开发利用已有的资源、监控和授权等，因而CEO追求利益最大化、积极冒险的目标和行为倾向，以及追求损失最小化、保守谨慎的目标和行为倾向都会在一定企业发展阶段或不同外部环境下产生积极的作用，CEO也更有可能表现出两种看似相反的动机。同时，在中国的组织中，受传统文化"中庸之道""刚柔并济"或"阴阳合一"等思想的影响，领导者常常会将看似相反的元素融合在一起，以平衡矛盾的方法找出问题的解决方案，并且认为矛盾的共存和相互转化对个体和组织都是有益的（Fang, 2012）。其中最集中的体现就是中国人的辩证思维方式（Spencer-Rodger, Boucher, Mori, Wang, & Peng, 2009）。以往的研究显示，深受东亚文化影响的个体比西方文化背景下成长的个体更具辩证思维特点。例如更能接受事物中包含的矛盾，更倾向于从变化的角度看待事物和分析问题等（Spencer-Rodgers, Peng, Wang, & Hou, 2004; Spencer-Rodgers, Williams, & Peng, 2010; 张晓燕，高定国，& 傅华，2011）。帕莱茨和朋（Paletz & Peng, 2009）发现，在处理简单任务时，具有辩证思维的人并不占优势，而面临复杂任务时则不然。张及其同事（Zhang, Waldman, Han, & Li, 2015）系统构建起基于人员管理的矛盾领导行为的理论，提炼出矛盾领导行为的概念及特征，包含5个维度：整合自我中心与他人中心；既保持距离又拉近距离；既同等对待下属又允许个人化；既强制执行工作要求又允许灵活性；既维持决策控制又允许自主性。即发现了中国文化背景下，管理者的思维、尤其是领导行为体现出矛盾统一的倾向。

一、促进型调节焦点与防御型调节焦点对企业绩效的交互作用

目前一部分研究发现高促进型调节焦点的CEO可以为企业发展带来种种益处（例如，Hmieleski & Baron, 2008; Wallace, Little, Hill, & Ridge, 2010），主要原因在于：（1）高促进型调节焦点的CEO会引领企业不断探索新的可能性，开辟新市场和新资源，通过不断偏离原来的战略、新颖的改革等抓住机遇和应对外部挑战，这在当今快速变化的商业环境中是企业生存和保持竞争优势的关键；（2）高促进型调节焦点的CEO渴望创新和突破，例如研究发现促进型调节焦点帮助CEO在创业阶段发展出更多的新想法、获取资源支持创新（Brockner et al., 2004），创新和改革有利于企业发展自己的核心竞争力；（3）比起高防御型调节焦点的个体，高促进型调节焦点的个体在面对挑战或失败时更不容易放弃、会有更好的表现（Crowe & Higgins, 1997），而企业常常需要面对各种复杂模糊的情境、会遭受各种损失或挫折，高促进型调节焦点的CEO将持续地引领企业发展。但高促进型调节焦点的CEO也可能会为企业带来负面的影响。CEO由于注重取得成就的数量和速度（Higgins & Speigel, 2004），往往会缺乏系统的思考或谨慎的决策，从而让企业面临一定的风险和潜在的损失。例如虽然CEO的促进型调节焦点会促使企业通过收购等扩大企业规模（Gamache et al., 2015），仓促和不周全的决策可能让企业在扩张中业绩不升反降（Wallace et al., 2010）。高促进型调节焦点的CEO往往对"损失"不敏感，可能会导致企业对诸如安全、风险等的忽视（Wallace & Chen, 2006），对企业的绩效和发展等带来不利影响。

防御型调节焦点可以在一定程度上弥补促进型调节焦点带来的潜在负面影响。防御型调节焦点让CEO在决策前进行充分的信息搜集和分析，例如评估战

略匹配度、潜在战略合作伙伴的利益冲突等（Das & Kumar, 2011）；注重准确性和质量，从而做出较为周全和系统的决策（Higgins & Spiegel, 2004），帮助企业避免不必要的风险。在创新或创业时，防御型调节焦点帮助CEO更好地筛选创意或战略选择，避免沉没成本，在一定程度上提高创新或改革成功的可能性，使企业更有效的从中获益。同时，高防御型调节焦点的CEO关注损失和风险、强调责任和规则，常常会"未雨绸缪"，使企业有更高的安全和防范意识（Freitas et al., 2002; Wallace & Chen, 2006），更好地应对危机。此外，如前文所言，将两种看似矛盾的目标和行为倾向相整合可以使得高层管理者以更富创造力的方式解决问题，促进组织学习和创新；使得高层管理者从多角度获取信息和思考解决方案，更新升级企业资源、保持企业竞争优势，发展企业灵活性和韧性；通过兼顾矛盾双方、寻求动态平衡，高层管理者向企业和员工传递着以整合矛盾的方式应对挑战的信息，更有利于激发员工的潜能。这都有利于提高企业效率和产出。

反过来说，单一高水平的防御型调节焦点也不利于企业的发展。这一类CEO较为保守和谨慎，往往会墨守成规，忽视或避免变化与创新，不利于企业开发新市场或发展新的竞争优势，这在动荡的商业环境下更会对企业的发展和增长造成不利影响。同时，CEO对信息的过度搜寻或迟缓的决策和行动不利于企业抓住机会、取得突破，可能会错失发展良机。克罗和希金斯（Crowe & Higgins, 1997）也发现，在完成困难的任务或刚刚经历失败时，高防御型调节焦点的个体表现较差、并且更有可能放弃。如果CEO防御型调节焦点较高、但促进型调节焦点较低，会造成较高水平的企业战略刚性和组织惰性，将不利于CEO处理企业面临的复杂环境或挫折。例如，赫尔法特和彼得拉夫（Helfat & Peteraf, 2003）在动态的企业资源基础理论中提到，企业的竞争优势和竞争劣势会随着时间的推移而变化，并且可以相互转化，想要获得持久的生存和持续的增长率的企业，需要建立起"动态能力"，即不断整合、建立和重组内外部各种因素、能力以应对迅速变化的环境的能力，以矛盾的视角处理各种企业需求。

因而，防御型调节焦点与促进型调节焦点具有互补的作用，同时具有较高水平的促进型调节焦点和防御型调节焦点的CEO能更有效地提高企业绩效。即谨慎开拓型的CEO所带领的企业会有更高的绩效表现。换一句话说，CEO防御型调节焦点提升了促进型调节焦点对企业绩效的正向影响。而如果CEO单单具有较高的促进型调节焦点或防御型调节焦点，其战略决策则会存在一定程度的缺陷，不利于企业的生存和发展。因此，本书提出：

假设10：CEO促进型调节焦点和CEO防御型调节焦点对企业绩效产生交互作用，具体而言，当CEO具有较高水平的防御型调节焦点时，CEO促进型调节焦点对企业绩效有显著的正向影响，反之会产生负向的影响。

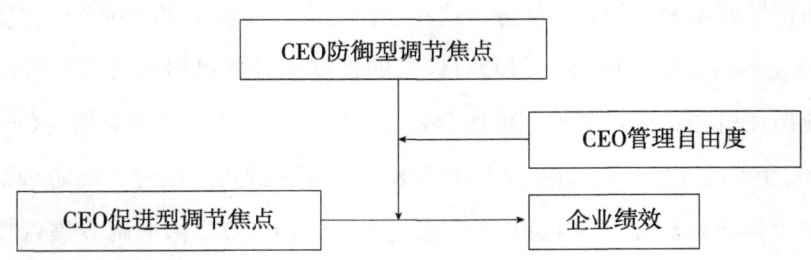

图4　CEO促进型调节焦点与防御型调节焦点对企业绩效的交互作用模型

二、促进型调节焦点与防御型调节焦点对企业战略多变性和企业增长率的交互作用

战略多变性（strategic dynamism）指企业资源布局和分配的年变化程度（Miller, 1991; Wiersema & Bantel, 1992）。具有高水平战略多变性的企业往往在战略领域进行较大幅度的资源分配变化或调整，例如广告投入、研究和开发、资本投资和资本结构等。同时，企业战略多变性也体现在企业的战略姿态和行动上（Boeker, 1997; Hoskisson & Johnson, 1992; Westphal & Fredrickson, 2001），例如兼并和收购、撤资和资产重组等，大幅度地调整事业部，都体现了企业战略的多变性。

CEO是企业战略的关键决策者，其动机和行为倾向会影响其对企业资源分配、战略行动的选择。以往研究发现，在控制住行业、企业规模和其他重要的情境因素以后，CEO的个人特征仍对企业战略的波动、变化有显著的影响（Chatterjee & Hambrick, 2007）。本书提出，CEO高水平的促进型调节焦点会带来高水平的企业战略多变性，因为这些CEO注重收益最大化，倾向通过实验和创新等抓住机遇、寻找新的可能性，往往通过诸如改革和战略变动等较为积极和冒险的行为实现目标（Gamache et al., 2015），因而更可能做出独特的、新颖的选择，实施新的战略行动。表现在企业战略上，即为在各事业部的资源分配、任务重点等方面的变化，即战略多样性。与之相反，高防御型调节焦点的CEO更注重稳定和规则，避免错误和损失最小化的动机使其偏好谨慎、墨守成规的决策和行动，则其企业的战略变化较低。因而，如果CEO促进型调节焦点水平较高，而防御型调节焦点水平较低时，会带来较高水平的企业战略多变性；而CEO促进型调节焦点水平较低，而防御型调节焦点水平较高时，会带来

较低水平的企业战略多变性。如果CEO同时具有高水平的促进型调节焦点和防御型调节焦点时，其既会考虑开拓进取，也会全面评估各项战略选择、寻求周全稳妥的决策，此时CEO促进型调节焦点对企业战略多变性的影响则会减弱。因此：

假设11：CEO促进型调节焦点和CEO防御型调节焦点对企业战略多变性产生交互作用，具体而言，当CEO防御型调节焦点水平较低时，其促进型调节焦点对企业战略多变性有显著的正向影响，反之影响较弱。

为了获取新资源、扩张规模，企业需要不断地调整和改变以获得新的增长点，提高企业的发展或增长速度。不断偏离原始战略、进行新尝试，即高水平的企业战略多变性更有可能带动企业诸如规模扩张、营业收入上升等增长。我们可以将企业战略的多变性视为一个连续变量，低战略多变性即企业保持现有的资源分配方式和惯例，较少进行调整，或被动地、迫于内外部压力进行小幅度的战略变化，以自卫、防御式的战略姿态应对外部环境的挑战；高战略多变性即企业积极主动地预测未来的机遇，敏锐地感知内外部环境的变化，进而进行战略调整或改革。因而，高水平的企业战略多变性更有利于企业抓住机遇，快速扩张和增长（Eisenhardt & Martin, 2000）。而低水平的战略多变性的企业往往以维持现状为目标，对企业增长产生较为负向的影响。因此，本书提出企业战略多变性对企业增长率具有正向影响。此外，本书并没有提出企业战略多变性对企业绩效的影响。原因在于，虽然以往研究发现企业战略多变性对企业绩效波动和极端绩效的出现有显著的影响，却并没有发现其对企业绩效的显著影响（Chatterjee & Hambrick, 2007），即战略多变性较高的企业相比于其他企业并没有表现出更高或更低的绩效水平。企业战略多变性对绩效的影响需要考虑外部环境、企业规模、企业发展阶段等种种因素（Collins, 2001; Maccoby, 2003）。由于篇幅有限，本书仅提出：

假设12：企业战略多变性对企业增长率具有显著的正向影响。

假设11提出CEO促进型调节焦点和防御型调节焦点交互影响企业战略多变性，而企业战略多变性对企业的增长率具有显著的正向影响，因此，本书进一步提出，CEO促进型调节焦点和防御型调节焦点的交互项通过影响企业战略多变性带来企业不同水平的增长率。高促进调节焦点的CEO往往注重取得成就的数量和质量，会通过战略调整或变革，改变资源的分配和事业部门的发展重点等，积极主动探索新的可能性，抓住市场机遇，发展新的企业增长点，以实现收益最大化，从而带来高水平的企业增长率。而这一效应在CEO防御型调节焦点较高的时候会被削弱，防御型调节焦点使得CEO会花费较长的时间考虑、评估战略选择，关注风险和潜在的损失，在寻求改变的同时有所保留，因而使得企业战略变化的速度或幅度较小，进而减弱了CEO促进型调节焦点通过战略多变性对企业增长的影响。而对于低促进型调节焦点、高防御型调节焦点的CEO来说，遵循目前的商业模式或惯例、防止战略变动和可能伴随的风险是其偏好的选择，即使其迫不得已做出改变，也会采取小心谨慎、微调式的变动，例如进一步细分市场、利用好现有资源等（Miller, 1991），从而带来低水平的企业战略多变性，进一步导致低水平的企业增长率。即使高防御型调节焦点的CEO会做出微调或循序渐进的改善，企业的增长率仍然会相对较慢。因此，本书提出以下假设：

假设13：CEO促进型调节焦点和防御型调剂焦点的交互作用通过影响企业战略多变性对企业增长率产生间接影响。具体而言，防御型调节焦点削弱了促进型调节焦点通过企业战略多变性对企业增长率的间接正向影响，当防御型调节焦点较低时，此间接影响较强，反之较弱。

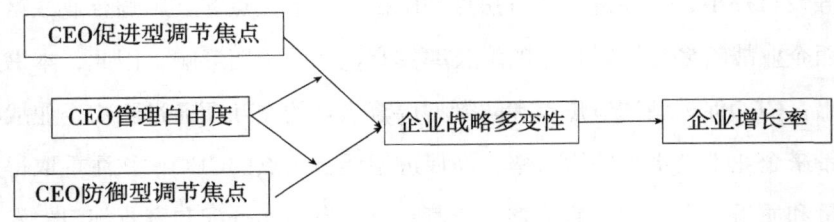

图5　CEO促进型调节焦点与防御型调节焦点对企业增长率的交互作用模型

三、CEO管理自由度的调节作用

以往研究发现，CEO的管理自由度影响了其对企业战略决策和产出的影响程度（Hambrick, 2007; Li & Tang, 2010）。如前文所述，CEO的促进型调节焦点和防御型调节焦点交互影响企业绩效和增长率，但这一交互作用受CEO管理自由度或权力的影响。例如，当CEO是企业的创始人时，其很大程度上制定或影响了企业最初的规范、文化、战略风格等根本因素，对企业的生存和发展有重要的影响，创始人CEO的动机和目标选择更能体现在企业的战略决策、资源分配等方面（Ling, Zhao, & Baron, 2007）；当CEO同时也是董事会主席时，意味着其受到较小的监督、拥有更大的话语权，因此有更大的自由度选择以利益最大化或损失最小化为企业发展目标，并进行相应的战略行动（Finkelstein & D'Aveni, 1994）；当CEO的任期高于高管团队的平均任期，或CEO的薪酬高于高管团队的平均薪酬时，意味着CEO拥有更大的权力、更多的经验、受到股东等更多的信任和支持来管理企业，在企业战略决策和行动选择上有更大的影响力。因此，当CEO拥有高水平的管理自由度时，其调节焦点对企业战略决策的影响更大，进一步影响了企业产出。换句话说，CEO的管理自由度影响了CEO促进型调节焦点与防御型调节焦点对企业产出的交互作用，管理自由度越大，CEO促进型调节焦点和防御型调节焦点的交互作用越强。而当CEO管理自由度较低时，意味着CEO的动机和行动倾向对企业决策等的影响较小，因而CEO两种调节焦点对企业绩效和战略选择的影响较弱。鉴于此，本书提出如下假设：

假设14：CEO管理自由度调节了CEO促进型调节焦点和防御型调节焦点对企业产出和企业战略的作用。具体而言：

假设14a：当CEO拥有较高水平的管理自由度时，CEO两种调节焦点对企业绩效的交互作用较强，反之较弱。

假设14b：当CEO拥有较高水平的管理自由度时，CEO两种调节焦点对企业战略多变性的交互作用较强，反之较弱。

第五章
研究方法

第一节 样 本

本书以香港占领中环事件（2014）为背景，这一事件对香港的支柱产业——金融业和房地产业带来了较大负面影响，因而身处其中的企业高层管理者需要应对潜在的风险和不确定性。之所以选择这一研究背景是因为本书关心在面对外部环境的各项挑战时，CEO调节焦点的形成因素和对企业产出的影响。此外，大量研究已经表明在动态环境中，高层管理者或高管团队的作用更强（Jansen, Vera, & Crossan, 2009; Li & Tang, 2010）。本书选取了从2011年至2014年在香港证券交易所上市的金融（包括银行和其他金融服务企业）企业和房地产企业。尽管上海证券交易所和深圳证券交易所也有大量的上市企业，但这些企业中只有一小部分会在年报中披露"致股东的一封信"（letters to shareholders, LTSs），而该材料是本书用来编码CEO促进型调节焦点和防御型调节焦点的重要材料。因而，为了得到客观的绩效数据，本书将样本选择为在香港证券交易所上市的金融和房地产企业。

本书将年报中"致股东的一封信"作为编码材料。许多高层管理者将致股东的一封信作为他们和股东进行沟通的首要渠道（Goodman, 1980）。因此，"致股东的一封信"被认为是一个非常重要的理解企业或高层管理者注意力的渠道（Barr, Stimpert, Huff, 1992; D'Aveni & MacMillan, 1990），并且它给学者们提供了一份持续可得的、可以在一段时间内针对大范围企业编码的材料

（Barr et al., 1992; Yadav, Prabhu, Chandy, 2007）。相比之下，譬如CEO的讲话、媒体采访或电话会议等由于没有相对一致的形式，并且不同企业在不同时期的数量极不平衡，致股东的信是一种可比的、较为统一的CEO特征的文字表现形式（Gamache et al., 2015）。

然而，也有人批评致"股东的一封信"可能缺乏有效性。比如，有些信可能是企业的公关部门准备的，目的并非和股东沟通真实意愿，而是作为印象管理的一个工具（Yadav et al., 2007）。因此，这些信的准确性和合法性就成了问题。作为回应，本书认为，即使其他的个人或部门可能会参与致"股东的一封信"的编辑过程，但是高层管理者最后要以个人的名字签署这封信并且对信的内容负责（Lee, 1997），因此，这封信的合法性和准确性是可以保证的。此外，有些学者曾经和企业的高层管理者进行过非正式的对话，发现后者确实会为这封信做大量准备以与不同的股东进行沟通（Barr et al., 1992）。信中用到的词语和语言等，都是他们出于战略考量精心选择的（Amernic & Craig, 2006）。事实上，有一些实证研究已经提供证据表明，用"致股东的一封信"来测量认知是可靠的，即CEO确实进行了写作或至少参与到起草大纲、校对或根据自身喜好更改的工作中（Bowman, 1984; Duriau, Reger, & Pfarrer, 2007）。因为CEO担着保证致股东的信的真实性和准确性的责任，需要为其内容和形式负责（Kalpan, 2008）。以往研究也发现，当企业更换CEO时，致股东的信会产生"巨大的在形式、长短和内容上的变化"（Eggers & Kaplan, 2009: 468）。另一个强有力的证据来自于致股东的信确实对企业结果具有显著的预测作用。致股东的信的内容预测了许多重要的组织结果。例如，创新、进入新的科技市场（Kaplan, 2008; Yadav, Prabhu, & Chandy, 2007），战略行动和战略变革（Barr, Stimpert, & Huff, 1982; Nadkarni & Barr, 2008），收购后的企业表现（Daly,

Pouder, Kabanoff, 2004），以及竞争性攻击和报复（Marcel, Barr, Duhaime, 2011）等。因而，如果致股东的信是单纯出自公关人员之手，极少有可能预测以上重要的企业战略行动或绩效。

"致股东的一封信"已经被用来测量很多概念。通过计数和某些特定意义相联系的词语来获得对个体心理特征等的测量。比如，亚伯拉罕森和帕克（Abrahamson & Park, 1994）用负面词语的频率来测量企业对负面信息的披露；艾格斯等学者用词频测量了CEO的认知和注意力（Eggers & Kaplan, 2009; Kaplan, 2008; Marcel, Barr, & Duhaime, 2010; Nadkarni & Barr, 2008），麦克利兰等人（McClelland, Liang, Barker, 2010）用类似变化、创造、发起这样的词语来测量CEO对现状的承诺（commitment to the status quo），即调整或改变组织现状的倾向；类似地，肖特等人（Short, Payne, Brigham, Lumpkin, & Broberg, 2009）用和自主权、竞争、创新、主动性和冒险等相关的词语来测量创业倾向（entrepreneurial orientation）。以上研究都显示出通过关键词分析致股东的信的方法具有良好的信度和效度。

本书选取了从2011年至2014年在香港证券交易所上市的金融（包括银行和其他金融服务企业）企业和房地产企业作为考察对象。根据两位数的SIC产业编码标准，在香港证券交易所上市的企业中，共有180家属于金融和房地产的企业。根据研究目的，本书按照以下原则对样本企业进行了进一步剔除：（1）2011年后新上市的企业；（2）经历了重大变化的企业，比如有些企业在观测期间改变了其企业的主营业务，不再经营房地产/金融业务或曾经不经营房地产/金融业务，甚至是更换了企业的名称；（3）没有在年报中披露致股东的一封信；（4）缺失重要的CEO或高管团队成员的人口统计学特征或企业信息的企业。

经统计，共得到122家样本企业，474个观测值，每家企业平均3.9年的数据。其中有32家企业属于金融行业（25.7%），16家企业属于银行行业（12.2%），74家企业属于房地产行业（62%）。这些企业平均成立27.47年（SD=25.27），平均拥有18757.94名员工（SD=6341.68）。其中108家企业有2011至2014年全部4年的企业年报（剩余14家企业有其中3年的企业年报），有24家企业在这4年期间经历过高层管理者的更换。平均来看，这122家样本企业2011至2014年间CEO的平均年龄为58.29岁（SD=10.25），平均任职年限11.41年（SD=9.89），平均组织任期17.04年（SD=10.88）。35.4%的CEO最高学历为本科学历，27.4%为硕士学历，17.1%为博士学历。有96%的CEO为男性；23%的CEO为企业的创始人或创始团队成员；28%的CEO同时担任了董事会主席。而高层管团队的平均年龄为52.68岁（SD=7.20），平均任职年限7.08年（SD=5.41），平均组织任期11.90年（SD=7.17）。高管团队规模平均7.58人（SD=5.78），女性高管成员占比平均为14.01%（SD=0.16）。

第二节　测　量

一、关于内容分析

内容分析是一种"通过一些列程序对文本内容进行有效推测"的方法（Weber, 1990: 91），它是一种理想的通过一套编码规则将定性材料转化为定量数据的方法。内容分析既可以以词语为编码单位，也可以以句子为编码单位（Weber, 1990）。这种方法基于一个重要的假设：沃尔夫·萨皮尔

(Whorf–Sapir)假设,即文本、特别是词语的选择,反映了一个人的认知图示(cognitive schema)或者注意力分配(attention allocation)(Sapir, 1944; Whorf, Carroll & Chase, 1956)。具体来说,使用词语的频率被认为反射了人们的心理过程:一个词语越被频繁地使用,越说明它在认知过程中处于中心地位、起到重要作用;反之,一个词语如果只是偶尔被提及,则说明它处在认知活动的周边地带(Cho & Hambrick, 2006; Huff & Schwenk, 1990)。

基于这个假设,内容分析被广泛地用来测量人们的认知活动(e.g., Barr et al., 1992; Salancik & Meindl, 1984)或者被用来了解人们的注意力(e.g., Cho & Hambrick, 2006; D'Aveni & MacMillan, 1990)。特别是在战略领导领域,被调查的对象大多是在企业里身居要职的人,如果没有极强的人脉关系,学者很难接触到他们,或者即使接触到,进行问卷调查也很难保证较高的回收率(Cho & Hambrick, 2006)。相比访谈、问卷调查或实验,内容分析具有以下几个突出的优势:第一,内容分析基于的编码材料是客观的,既不会受到提问等强制因素的干扰(Phillips, 1994),也不会受回忆偏差和社会期许(Holsti, 1969)等不利因素的影响。第二,由于编码的材料和规则都是既定的,内容分析的可靠性和可重复性均较高。第三,内容分析的可修订性较高,如果在编码过程中发现任何疏漏或错误,都可以修订规则后重新编码,不像调查问卷那样问卷发出后,即使发现了研究设计上的纰漏,也难以修改(Woodrum, 1984)。

本书采用内容分析来测量高层管理者的两种调节焦点,主要基于以下几个方面的考虑:第一,调节焦点往往在人们的意识和控制之外运转并影响人的动机和行为倾向(Gamache et al., 2015),尽管个体不能完全意识到自己的调节焦点,调节焦点仍然影响了个体的语言和行为(Johnson & Steinman, 2009),因而通过分析个体无意识的用词比调查问卷或实验操控更能捕捉到调节焦点运行的过程和结果。第二，本书采用纵向研究的设计，问卷调查或实验的方法很难做到针对同一批高层管理者连续多年测量同一个变量，并且同时获得其企业客观的经营绩效数据。而内容分析能够弥补问卷调查的不足，并尽可能多地避免缺失值的问题并且得到相对完整的高层管理者和企业的数据。第三，本书的研究区间为2011年至2014年，即测量高层管理者过去时间段内的调节焦点，内容分析可以避免问卷调查中的回忆偏差、社会期望效应等问题，从而提供更加准确、可靠的对调节焦点的测量。

二、CEO促进型调节焦点和防御型调节焦点的测量

本书采用对"致股东的信"进行内容分析的方法测量CEO的调节焦点。事实上，以往已经有类似的研究采用语言分析的方法测量个体调节焦点的强度。例如，约翰逊等人（Johnson et al., 2013; Johnson, Lanaj, Tan, & Chang, 2012; Johnson & Steinman, 2009）成功地通过统计促进型导向和防御型导向的词语分析出了个体的调节焦点。他们通过让参与者完成填空任务，进而分析其用词的形式测量了调节焦点。更进一步的，加马什等人（Gamache et al., 2015）编制了英文版本的调节焦点词典，在英文环境中利用CEO致股东的信，采用LIWC（Linguistic Inquiry and Word Count）软件对其调节焦点进行了测量，并验证了可靠度。根据以上研究，本书编制了中文版的调节焦点词典，并对CEO的促进型调节焦点和防御型调节焦点进行测量。

首先进行中文版调节焦点词典的编制。参考以往的关于调节焦点的问卷测量（Lockwood, Jordan, & Kunda, 2002）、填空测试（Johnson et al., 2012; Johnson & Stienman, 2009）以及加马什等人（Gamache et al., 2015）开发的英文版的促进型调节焦点和防御型调节焦点词典，本研究积累了一系列的与促进型

调节焦点和防御型调节焦点相关的词汇。由于中文的复杂性和多样性，本研究同时加入了这些词汇的同义词等。其次，本研究邀请了组织与战略管理领域的5名博士生，这些博士生对调节焦点的概念和相关研究十分熟悉，他们需要判断这些词汇在多大程度上捕捉了促进型调节焦点或防御型调节焦点所包含的意思。我将词汇名单发送到其邮箱，并邀请他们对这些词语进行归类，分为以下三类：（1）反映了个体的促进型调节焦点；（2）反映了个体的防御型调节焦点；（3）不清晰或无法判断，即他们认为这一词语无法归入促进型调节焦点或防御型调节焦点。归类结果显示，之前属于促进型调节焦点的词语没有被归入防御型调节焦点的，同样，之前属于防御型调节焦点的词语没有被归入促进型调节焦点的，少数几个词语被归入了不清晰的类别。其中，96个词语（80%）被5名博士生一致（100%同意）归入了促进型调节焦点或防御型调节焦点的类别，剩下的24个词语（20%）被75%以上的博士生归入了促进型调节焦点或防御型调节焦点的类别。最后得到的调节焦点词典见表3。

表3　中文版调节焦点词典

类型	词汇
防御型调节焦点	紧缩、缩减、削弱、削减、下跌、下降、下滑、收缩、疲弱、恶化、失去、压力、不利、负面、亏损、受挫、打击、冲击、低估、损害、损失、延误、耽误、确保、稳定、稳固、稳健、风险、困难、障碍、问题、安全、逆境、谨慎、严谨、审慎、控制、未雨绸缪、预防、防止、避免、准确、担忧、忧虑、保守、阵痛、威胁、严峻、责任、义务、职责、失败、低迷、萎靡、艰难、艰困、艰巨、危机（共58个）
促进型调节焦点	提高、增加、增长、拓展、扩展、开拓、拓宽、加大、扩大、扩张、扩充、壮大、开发、提升、攀升、推出、推动、推进、动力、创新、创意、创业、创造、创立、首创、创建、独创、改革、革新、全新、新兴、理想、愿望、抱负、梦想、渴望、崭新、机遇、机会、商机、契机、厚望、希望、乐观、激情、多元化、成功、成就、潜力、率先、新高、冠军、夺魁、突破、探索、新台阶、进步、赢得、积极、优异、优秀、领先（共62个）

注：实际测量时还包括加后缀"的/地"的词语变体，例如稳定的、稳定地

接下来，本研究采用LIWC软件对中文文本进行内容分析。LIWC 是一个旨在用电脑程序取代专业评分的、对各种文本进行分析的软件程序。LIWC，即Linguistic Inquiry and Word Count，是自然语言处理技术（Nature Language Processing, NLP）中的一种，它可以对文本内容进行量化分析，并将导入的文本书件的不同类别的词语（尤其是心理学类词语）加以计算，如因果词、情绪词、认知词等心理词类在整个文本中的使用百分比（吴嵩，金盛华，蔡颖，& 李绍颛，2012）。LIWC经过10余年的发展、修改与扩充，日益稳定，历经LIWC、LIWC2001等，至2021年的LIWC2015。LIWC主要包括两个部分：程序主体和词典。其中，核心为词典，词典定义了词语归属的类别名称以及字词列表，程序通过导入词典和文本将文本中的词语与词典进行一一比对，并输出各类词语的词频结果。2021年版的LIWC包含4个一般描述性类别（总词数、每句词数、超过六字母字词、抓取率）。中国台湾学者黄金兰等人（黄金兰，林以正，谢亦泰等，2012）在LIWC创始人尼贝克（Pennebaker）的授权下开始进行繁体中文版LIWC的修订，简称TC-LIWC。我与黄金兰教授及其团队取得了联系，获授权使用中文繁体版LIWC，并在其基础上建立了调节焦点的中文繁体词典。

在此基础上，本研究对这一测量方法的聚合效度（convergent validity）和区分效度（discriminant validity）进行了检验。按照加马什等人（Gamache et al., 2015）的方法，本研究邀请了91名在校学生参与测量。参与者首先完成一项写作任务，即根据要求写出一段文字，接下来完成测量调节焦点（Lockwood, Jordan, & Kunda, 2002）和其他一些人格特质，包括"大五"人格（Swann Jr, Rentfrow, & Gosling, 2003）、核心自我评价（Judge, Erez, Bono, & Thoresen, 2003），正面和负面情绪（Watson, Clark, & Tellegen, 1988）的问卷。写作任务中，参与者需要用不少于10句话针对以下问题写出一段文字：在未来几年中，你在完成学业或学校里面临的最重要的事情包括什么？你将怎样处理这些事情？因而参与者需要思考未来，讨论目前自己所处的状况，并制定具体的行动计划。这与CEO在致股东的信的讨论相似。测量完成后，本研究首先对参与者的文字进行处理，使用专业的文本分析软件LIWC，根据制定出的中文调节焦点词典，对反映促进型调节焦点和防御型调节的关键词进行提取和计数。由于中文的复杂性，LIWC无法自动识别词语，因而本研究首先邀请3名研究助理对参与者的文字进行断词，例如将：我计划在学业上取得更优秀的成绩，断词为："我 计划 在 学业 上 取得 更 优秀的 成绩"，即通过空格标记词语，便于软件识别关键词。随后，我根据问卷计算了参与者调节焦点、"大五"人格、核心自我评价和正负面情绪的得分。在此基础上首先进行聚合效度检验。使用内容分析测量的促进型调节焦点得分与使用问卷测量的促进型调节焦点得分显著相关（$r=0.32, p<0.01$），但前者与使用问卷测量的防御型调节焦点得分相关系数不显著（$r=0.04$, n.s.）；使用内容分析测量的防御型调节焦点得分与使用问卷测量的防御型调节焦点得分显著相关（$r=0.32, p<0.01$），但前者与使用问卷测量的促进型调节焦点得分相关系数不显著（$r=0.09$, n.s.）。接下来，本研究以"大五"人格、核心自我评价、情绪和使用问卷测量的促进型调节焦点得分为自变量，使用内容分析测量的促进型调节焦点得分为因变量进行回归，发现使用问卷测量的促进型调节焦点得分是唯一显著的预测变量（$\beta=0.39, p<0.01$）。类似的，当使用内容分析测量的防御型调节焦点得分为因变量时，使用问卷测量的防御型调节焦点得分是唯一显著的预测变量（$\beta=0.44, p<0.01$）。综上，内容分析对调节焦点的测量具有良好的聚合效度（其与问卷测量的调节焦点得分显著相关）和区分效度（与其他的个人特质无显著关系）。

验证完调节焦点的中文词典的效度之后，本研究便将其嵌入LIWC分析软件，对企业每年发布的致股东的信进行内容分析。促进型调节焦点和防御型调节焦点的计分为每封信中属于促进型调节焦点或防御型调节焦点的关键词词数占总词数的百分比。本研究邀请5名助理研究学生在企业网站上下载了致股东的信，并对其进行断词处理，之后利用LIWC进行关键词提取和计数。

例如，对促进型调节焦点的分析[①]：

本人 喜见 回顾 年度 本 集团 在 证券 投资 与 放贷 业务 之 发展 及 表现 鉴于 本集团 于 回顾 年度 取得 的 成绩 以及 香港 股票 市场 与 放贷 行业 之 可能 增长 本集团 将 进一步 扩大 放贷 业务 规模 并 积极地 在 香港 证券 市场 进行 投资

本集团 也 于 回顾 年度 完成 收购 新疆新品物流有限企业（"新品物流"） 全部 股权 并将 响应 "一带一路" 政策 在 新疆 建设 物流 基地 发展 仓储 物流 业务

本集团 之 长期 企业 策略 仍 将 是 在 发展 现有 业务 的 基础 上 积极 寻求 多元化 的 商业 发展 机会 扩大 本集团 之 规模 与 收益

最后 本人 谨 代表 董事会 衷心 感谢 股东们 的 支持 和 信任 并 感谢 董事 管理层 及 全体 员工 在 过去 一年 为 本集团 所 作出 的 巨大 贡献 本集团 也 将 积极 发展 自身 业务 为 股东 实现 优秀 的 回报

---

① 对文本做断词处理后省略了标点符号。

对防御型调节焦点的分析[①]：

展望 二零一二年 依然 充满 挑战 欧盟 之 主权 债务 <u>危机</u> 带来 的 不明朗 因素 尽管 稍为 缓和 但 仍然 使 环球 投资者 <u>忧虑</u> 中国 经济 之 国民 生产 总值 增长 放缓 至 7.5% 亦 对其 增长 模式 带来 疑问 我们 预见 股票 市场 之 波动 程度 增加 导致 公开 交易 证券 之 市场 价格 波动 更大 即使 至今 于 二零一一年 对 本集团 之 表现 构成 <u>负面</u> 影响 的 <u>不利</u> 因素 仍未见 改善 迹象 因此 本集团 将 继续 加强 其 监察 程序 以 物色 不但 <u>稳健</u> <u>安全</u> 而且 能为 本集团 投资 产生 丰厚 回报 的 新业务 机会

现在 来 说 本集团 将会 维持 其 核心 业务 投资 专注 于 亚洲 及 大中华地区 的 能源 资源 房地产 发展 及 制造业 对 宏观 商业 前景 保持 <u>审慎</u> 态度 加上 以 <u>严谨</u> 的 挑选 准则 评估 投资 机会 本集团 决心 致力再次 带来 盈利 报答 本企业 股东

三、其他变量测量

CEO人口统计学特征从WIND（万德）数据库和企业年报获取了企业CEO（签署致股东的一封信的高层管理者）的人口统计学信息，包括年龄、性别、任职时间，将男性CEO编码为1，女性CEO编码为0。

---

① 对文本做断词处理后省略了标点符号。

CEO管理自由度参考已有文献的做法（Abebe et al., 2011; Combs, Ketchen, Perryman, & Donahue, 2007），本书用4个代理变量分别进行测量：（1）CEO的薪酬与高管团队平均薪酬的比值；（2）CEO的任职时间和高管团队平均任职时间的比值；（3）双重性，即董事长和CEO是否兼任；（4）CEO是否为企业的创始人之一。其中高管团队成员的薪酬数据从年报中的财务报表获得，任职时间和其他背景资料则从年报中高管背景资料介绍获得。

高管团队年龄从WIND数据库和企业年报中高管背景资料介绍中获取。

高管团队年龄多样化通过计算高管团队成员年龄相对于团队平均年龄的变异系数衡量高管团队年龄多样化。具体计算方式为：高管团队成员年龄的标准差除以团队成员的年龄的平均值（Allison, 1978; Crossland, Zyung, Hiller, & Hambrick, 2014），值越大表示多样化程度越高。

企业规模可以有多种测量方式，比如员工人数（Reuber & Fischer, 1997）、资产总额（Haleblian & Finkelstein, 1993）、销售额（Wright, Kroll, & Elenkov, 2002）等。根据房地产和金融行业的行业特点，参考以往对房地产业和金融产业企业的研究，本书选取资产总额的自然对数来表示企业规模，资产总额的数据来自WIND数据库。

企业年龄来自WIND数据库，以年报年份减去企业成立年份。

企业所有制来自WIND数据库，分为国有企业和非国有企业，其中国有企业赋值为1，非国有企业赋值为0。

企业闲置资源以往管理学者提出企业有两种类型的闲置资源：流动性（liquidiy）和长期借款能力（long-term borrowing capacity）（Barker & Mone, 1998; D'Aveni, 1989; Hambrick & D'Aveni, 1988）。参考以往研究，本书综合两种指标对企业闲置资源进行了测量。流动性由速动比率〔（流动资产—存货）/

流动负债〕体现；企业的长期借款能力由资产负债率的倒数进行测量（总资产/总负债），其值越高表明企业长期借款能力越强。这些财务数据都由WIND数据库得到。

企业绩效企业的经营绩效可以有多种测量方式，比如净资产收益率（ROE），总资产收益（ROA），销售额（Sales）等（Venkatraman & Ramanujam, 1986）。根据金融行业和房地产行业的特点，本书选取ROE表示企业绩效。同时，考虑到高层管理的调节焦点影响企业最终绩效需要一段时间，本书选取滞后一年的企业经营绩效进行回归，即本书假定高层管理者2011年的调节焦点影响企业2012年的经营绩效。因为目前企业2016年经营绩效的数据还没有全部公布，因此在进行CEO调节焦点对企业经营绩效预测作用的研究时，仅选用了4年（2012年至2015年）的绩效数据。

企业过往绩效参考现有文献，本书选取企业过去3年的平均绩效（同样使用ROE）作为过往绩效，即用2008至2010年的企业ROE的平均值作为预测2011年CEO调节焦点的过往绩效，以此类推

企业增长率参考以往对中国企业研究的做法（例如，党兴华，贺利平，& 王雷，2008; 吴斌，刘灿辉，& 史建梁，2011），企业增长率评价指标采用的是上市企业普遍采用的财务指标，共6个，分别是主营业务收入增长率、主营业务利润增长率、净利润增长率、固定资产增长率、净资产增长率、总资产增长率。为了减少极端值的影响，对超过上下2%的极端值作Winsorize处理（Dixon, 1960），即当某变量的值大于该变量的98分位数，则该样本的值被强制指定为98分位数的值。同时，因为所有的数据都是右偏的，本书对其进行了对数处理，并将六者的平均值作为企业的增长率得分，得分越高则企业增长率越强。本书同样选取了滞后一年的企业增长率进行回归分析。

企业战略多变性以往关于企业战略多变性的研究往往通过企业资源分配的变化来刻画（例如，Geletkanycz & Hambrick, 1997）。遵循以往的研究（例如，Crossland, Zyung, Hiller, & Hambrick, 2014; Tang, Crossan, & Rowe, 2011），结合房地产与金融行业的特点，本书通过3个战略指标的年度变化的绝对值进行测量：（1）日常开支效率（overhead efficiency），即企业的销售费用、管理费用和营业费用的总和除以销售收入；（2）资本集约度（capital intensity），即固定资产除以员工总数；（3）财务杠杆率（financial leverage），即债务总和除以股东权益。以上变量的数据都从WIND获得。为了减少极端值的影响，对超过上下2%的极端值作Winsorize处理。同时，因为所有的数据都是右偏的，本书对其进行了对数处理，并将三个指标合并为一个变量，以反映企业每年度比起上年度资源分配的绝对变化。

控制变量虽然金融业和房地产业是密切相连的，两者也有各自的特点和不同之处，会对CEO的调节焦点和企业绩效产生影响。因而控制了银行业、金融行业和房地产业。

第六章

研究结果

第一节　描述性统计分析

表4是本书所涉及变量的均值、标准差和相关系数。通过对这些变量初步的描述性统计分析可以得出以下结论。与关于CEO调节焦点前因变量的假设相一致，CEO的任期（r = -0.25, p< 0.01）和年龄（r = -0.19, p<0.01）与CEO的促进型调节焦点负相关；CEO的双重性与CEO的防御型调节焦点负相关（r = -0.15, p<0.01）；企业过往绩效与CEO促进型调节焦点正相关（r = 0.15, p<0.01），而与防御型调节焦点负相关（r = -0.11, p<0.01）；企业规模与CEO促进型调节焦点正相关（r = 0.39, p<0.01）；企业所有制（国企为1，非国企为0）与CEO促进型调节焦点正相关（r = 0.25, p<0.01）。但与假设相反的是，CEO的任期和CEO防御型调节焦点负相关（r = -0.13, p<0.01），即任期较长的CEO不管是促进型调节焦点还是防御型调节焦点水平都较低，反映出其减少了目标选择和战略行动；CEO双重性与促进型调节焦点负相关（r = -0.23, p<0.01）；企业所有制（国企为1，非国企为0）与防御型调节焦点正相关（r = 0.14, p<0.01），即国有企业的CEO既具有较高的促进型调节焦点，也具有较高的防御型调节焦点。综上说明，CEO的人口统计学特征和企业特征都有可能对CEO的调节焦点产生影响。企业的经营绩效（ROE）和两种调节焦点整体上均无显著相关，这说明，CEO的促进型调节焦点和防御型调节焦点，都只有在特定条件下，才有可能对企业经营绩效产生影响；与假设相反的是，CEO的促进型调节焦点与企业增长率负相关（r = -0.19, p<0.01），因而需要进一步探讨其中的影响机制和边界条件。

第六章 研究结果

表4 各变量均值、标准差、相关系数表

变量	均值	标准差	1	2	3	4	5	6	7	8	9
1.促进调节焦点	2.30	1.33									
2.防御调节焦点	1.21	0.71	0.27**								
3.CEO任期	11.41	9.89	-0.25**	-0.13**							
4.CEO年龄	58.29	10.25	-0.19**	-0.05	0.44**						
5.CEO性别（0女，1男）	0.96	0.20	-0.03	0.08†	0.16**	0.15**					
6.CEO双重性（0否，1是）	0.28	0.45	-0.23**	-0.15**	0.07	0.15**	0.04				
7.CEO创始人（0否，1是）	0.23	0.42	-0.07	0.02	0.02	0.05	0.04	-0.16**			
8.薪酬比	4.81	13.34	-0.05	0.02	-0.02	0.02	0.05	-0.003	-0.11*		
9.任期比	1.65	1.45	-0.05	-0.09†	0.41**	0.03	-0.03	-0.04	0.06	-0.08†	
10.TMT平均年龄	52.68	7.20	-0.22**	-0.10**	0.37**	0.46**	0.21**	0.14**	-0.20**	0.16**	-0.04
11.TMT年龄多样性	0.16	0.08	-0.21**	-0.14**	0.03	0.07	0.00	0.17**	0.02	0.07	0.01
12.企业过往绩效	0.12	0.16	0.15**	-0.11**	-0.05	-0.003	-0.07	0.04	0.09*	-0.04	-0.02
13.总资产（对数）	23.76	2.75	0.39**	0.08	0.02	0.15**	0.03	-0.21**	-0.12**	-0.001	0.13**
14.企业年龄	27.47	25.27	-0.19**	-0.13**	0.30**	0.35**	0.08	0.12*	-0.24**	0.18**	-0.01
15.企业所有制（0非国有，1国有）	0.14	0.35	0.25**	0.14**	-0.26**	-0.14**	-0.08†	-0.02	-0.18**	0.03	-0.17**
16.闲置资源	3.38	1.22	0.44**	0.08†	-0.13**	-0.11	-0.04	-0.28**	0.15**	-0.07	0.09†
17.行业（1房地产，2金融，3银行）	1.50	0.70	0.33**	0.27**	-0.14**	0.10	0.15**	-0.22**	-0.22**	0.13**	0.02
18.战略多变性	0.17	0.15	0.12*	0.05	-0.23**	-0.28**	0.04	-0.17**	0.08†	0.01	0.10*
19.企业绩效	0.10	0.13	0.09†	-0.02	-0.03	-0.02	-0.04	-0.05	0.04	-0.04	0.03
20.企业增长率	3.52	1.11	-0.19**	-0.03	-0.01	-0.02	0.01	0.15**	0.01	-0.07	-0.02

变量	10	11	12	13	14	15	16	17	18	19
10.TMT平均年龄										
11.TMT年龄多样性	-0.14**									
12.企业过往绩效	-0.03	-0.09								
13.总资产（对数）	0.20**	-0.19**	0.19**							
14.企业年龄	0.49**	0.06	-0.08†	0.16**						
15.企业所有制（0非国有，1国有）	-0.08†	-0.14**	0.03	0.34**	-0.07					
16.闲置资源	-0.20**	-0.13**	0.21**	0.54**	-0.19**	0.18*				
17.行业（1房地产，2金融，3银行）	0.07	-0.16**	0.10	0.35**	-0.05	0.15**	0.16**			
18.战略多变性	-0.27**	0.05	-0.05	0.01	-0.26**	0.07	0.32**	0.26**		
19.企业绩效	-0.03	-0.10*	0.23**	0.11*	-0.06	0.05	-0.22**	0.08†	0.01	
20.企业增长率	0.01	0.06	-0.13**	-0.32**	-0.04	-0.16	-0.20**	-0.08†	0.17**	-0.11**

注：N=474（122 firms）．†p<0.10；* p<0.05；** p<0.01. 下同

第二节 假设检验方法的选择

本书的数据结构是典型的面板数据（panel data），即综合了时间序列数据和截面数据的特点。面板数据分析中常用的两种模型是固定效应模型（fixed effect model）和随机效应模型（random effect model）。这两种模型最本质的区别在于不可观测的随机变量是否与某个解释变量相关（陈强，2010）。由于本书设立的模型中包含不随时间变化而改变的变量（比如企业所有制和所属行业），如果使用固定效应模型，这些变量将由于完全共线性无法被估计出来，因此只能选用随机效应模型（Wooldridge，2002）。本书采用STATA12软件进行了数据分析。

第三节 假设检验结果

如表5所示，在CEO的人口统计学特征对其调节的焦点的影响方面：假设1提出CEO任期对调节焦点呈倒U型关系。在控制了CEO的性别、企业年龄和行业等因素后，CEO的任期对CEO促进型调节焦点和防御型调节焦点没有显著的作用（如表5模型1和模型3所示）。进一步加入任期的二次项，发现其对CEO促进型调节焦点具有显著的负向影响（$\beta=-0.001$, $p<0.05$，如表5模型2所示），但对防御型调节焦点没有显著影响（如表5模型4所示），因此假设1a得到了支持，而假设1b没有得到支持。进一步画出CEO任期与促进型调节焦点的关系

图，如图6所示，即CEO上任早期，任期对促进型调节焦点有正向影响，之后转变为负向影响，即在任期中后期时，CEO任期越长促进型调节焦点越低，且下降的速度越来越快。如表5模型1所示，CEO的年龄对CEO促进型调节焦点具有显著的负向影响，支持了假设2a（$\beta=-0.020, p<0.05$），但年龄对防御型调节焦点的作用不显著（表5模型2），因此假设2b没有得到支持。对于假设3，本书使用了4个指标测量CEO的管理自由度：CEO是否是企业的创始人、双重性、CEO任期与高管团队平均任期之比、CEO薪酬与高管团队平均薪酬之比，四个变量对CEO的促进型调节焦点作用都不显著（表5模型1），因此假设3a没有得到支持；CEO是否是企业的创始人对防御型调节焦点有显著的正向影响（$\beta=0.195$，$p<0.05$），即当CEO是企业创始人时，其具有较高的防御型调节焦点（表5模型3），这与假设3b相反。

表5 CEO调节焦点前因变量分析表

变量	促进型调节焦点 模型1	促进型调节焦点 模型2	防御型调节焦点 模型3	防御型调节焦点 模型4
控制变量				
行业1	0.482*	0.580*	0.106	0.089
行业2	0.526	0.638	0.717*	0.711**
企业年龄	−0.005	−0.006	−0.002	−0.001
CEO性别	−0.343	−0.443	0.200	0.209
自变量				
CEO任期	−0.007	0.018	−0.002	0.000
CEO年龄	−0.020*	−0.024**	0.001	−0.001
企业过往绩效	0.007*	0.002	−0.006*	−0.003
企业规模	0.184**	0.183**	−0.031†	−0.030

续表

变量	促进型调节焦点 模型1	促进型调节焦点 模型2	防御型调节焦点 模型3	防御型调节焦点 模型4
企业所有制（国有企业1；非国有企业0）	0.691*	0.774**	0.236	0.238
CEO双重性（是1, 否0）	−0.168	−0.178	−0.128	−0.164
创始CEO（是1, 否0）	0.162	0.067	0.195*	0.194*
CEO比TMT薪酬倍数	−0.002	−0.003	−0.003	−0.003
CEO比TMT任期倍数	−0.058	−0.083†	−0.028	−0.032
CEO任期2		−0.001*		−0.000
R square（overall）	0.324	0.328	0.132	0.138
Wald Chi2（d.f.）	88.03（13）	91.17（14）	33.88（13）	33.88（14）

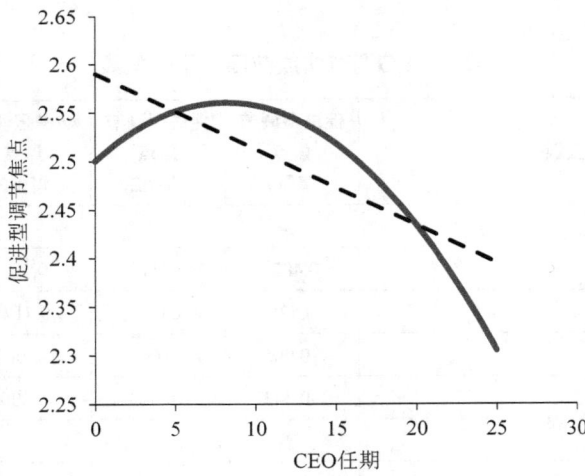

图6　CEO任期与CEO促进型调节焦点的关系图

在企业特征对CEO调节焦点的影响方面：如表5模型1所示，企业规模对CEO促进型调节焦点有显著的正向影响（β=0.184, p<0.05），即企业规模越大，CEO的促进型调节焦点越高，支持了假设4a；如表5模型3所示，企业规模对CEO的防御型调节焦点的影响边缘显著（β=-0.031, p<0.10），即假设4b边缘显著。企业所有制对CEO的促进型调节焦点有显著的正向影响（β=0.691, p<0.05），即比起其他所有制企业的CEO, 国有企业的CEO具有更高水平的促进型调节焦点，因此假设5a得到了支持；企业所有制对CEO的防御型调节焦点没有显著的影响，假设5b没有得到支持。企业过往绩效对CEO促进型调节焦点有显著的正向影响（β=0.007, p<0.05）、对CEO防御型调节焦点有显著的负向影响（β=-0.006, p<0.05），因此假设6a和6b都得到了支持。

下面检验CEO前因变量的边界条件。为减少多重共线性的影响，在回归分析前将变量进行了中心化处理（Aiken, West, & Reno, 1996），并根据中心化的变量得到交互项。假设7a提出高层管理团队的平均年龄对CEO年龄与CEO促进型调节焦点之间关系的调节作用。由表6模型2可知，高层管理团队的平均年龄与CEO年龄对促进型调节焦点的交互作用显著（β=0.002, p<0.05），支持了假设7a。进一步地，为了进一步检验高管团队平均年龄的调节作用是否与假设相一致，根据艾肯和韦斯特（Aiken & West, 1991）的方法，分别在高于和低于均值一个标准差的水平下画出CEO年龄与CEO促进型调节焦点的关系，如图7所示，当高层管理团队的平均年龄较低时，CEO年龄对促进型调节焦点有显著的负向影响（simple slope=-0.034, p<0.01），而高层管理团队平均年龄较高时，CEO年龄对促进型调节焦点的影响不显著（simple slope=-0.008, n.s.），支持了假设7a。

表6 高管团队平均年龄和年龄多样性对CEO促进型调节焦点的调节作用表

促进型调节焦点	模型1	模型2	模型3
控制变量			
CEO任期	−0.003	−0.007	−0.005
CEO性别	−0.279	−0.212	−0.106
企业过往绩效	0.001	0.001	0.001
企业规模	0.190**	0.202**	0.202**
企业年龄	−0.003	−0.003	−0.005
企业所有制性质（国有1；非国有0）	0.635*	0.625*	0.649*
CEO双重性（是1，否0）	−0.121	−0.048	−0.027
创始CEO（是1，否0）	0.130	0.179	0.134
CEO比TMT薪酬倍数	−0.002	−0.002	−0.001
CEO比TMT任期倍数	−0.076†	−0.074†	−0.074
行业1	0.472*	0.500*	0.467*
行业2	0.588	0.585	0.487
自变量			
CEO年龄	−0.019*	−0.021	−0.018*
TMT平均年龄	−0.024†	−0.026†	−0.024†
TMT年龄多样性			−1.300
CEO年龄 × TMT平均年龄		0.002*	0.002†
CEO年龄 × TMT年龄多样性			0.068
TMT平均年龄 × TMT年龄多样性			−0.313**
CEO年龄 × TMT平均年龄 × TMT年龄多样性			0.017*
R square（overall）	0.339	0.347	0.358
Wald Chi2（d.f.）	93.66（15）	98.46（17）	111.75（20）

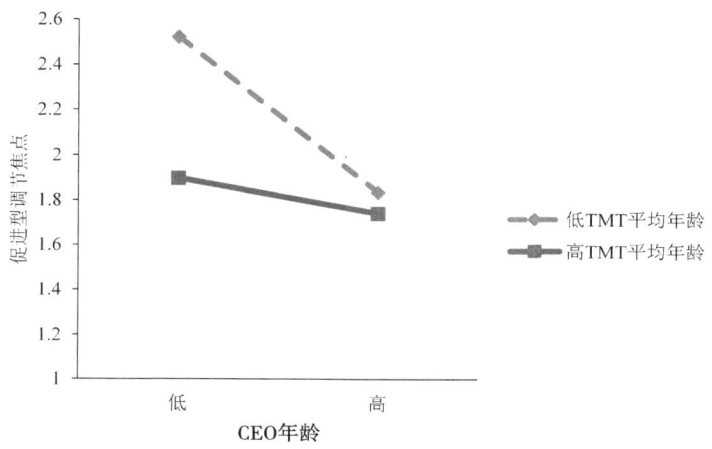

图7　TMT平均年龄对CEO年龄与CEO促进型调节焦点之间关系的调节作用图

假设7b提出高层管理团队的平均年龄对CEO年龄与CEO防御型调节焦点之间关系的调节作用。由表7模型2可知，高层管理团队的平均年龄与CEO年龄的交互作用不显著，假设7b没有得到支持。在假设7的基础上，假设8提出高管团队的年龄多样性会调节高管团队平均年龄与CEO年龄对CEO调节焦点的交互作用，即三重交互效应模型。具体而言，当高管团队的年龄多样性较低时，高管团队平均年龄与CEO年龄的交互作用加强，反之亦然。由表6模型3可知，CEO年龄、高管团队平均年龄和高管团队年龄多样性三者对促进型调节焦点的交互作用显著（$\beta=0.017, p<0.05$）；然而，CEO年龄、高管团队平均年龄和高管团队年龄多样性三者对防御型调节焦点的交互作用不显著（见表7模型3），因此假设8得到部分支持。进一步作出CEO年龄、高管团队平均年龄和高管团队年龄多样性三者对CEO促进型调节焦点的交互效应图，如图8所示。可见，当高管团队年龄多样性较低时，CEO年龄对促进型调节焦点的影响在高管团队平均年龄高或低时有显著差异（t-value for slope difference=2.830, $p<0.01$）；当高管团队

年龄多样性较高时,CEO年龄对促进型调节焦点的影响在高管团队平均年龄高或低时没有显著差异(t-value for slope difference=0.216, n.s.),支持了假设8。

表7 高管团队平均年龄和年龄多样性对CEO防御型调节焦点的调节作用表

变量	防御型调节焦点 模型1	防御型调节焦点 模型2	防御型调节焦点 模型3
控制变量			
CEO任期	0.001	0.002	0.002
CEO性别	0.198	0.183	0.287
企业过往绩效	−0.003	−0.003	−0.003
企业规模	−0.029	−0.033	−0.033
企业年龄	−0.001	−0.003	−0.002
企业所有制(国有1;非国有0)	0.213	0.206	0.179
CEO双重性(是1,否0)	−0.098	−0.115	−0.139
创始CEO(是1,否0)	0.230†	0.206	0.163
CEO比TMT薪酬倍数	−0.002	−0.002	−0.002
CEO比TMT任期倍数	−0.037	−0.038	−0.037
行业1	0.103	0.091	0.096
行业2	0.761**	0.754**	0.730**
自变量			
CEO年龄	0.001	0.002	0.002
TMT平均年龄	−0.012†	−0.013†	−0.001
TMT年龄多样性			−0.327
CEO年龄 × TMT平均年龄		−0.001	−0.001
CEO年龄 × TMT年龄多样性			0.114*
TMT平均年龄 × TMT年龄多样性			−0.054
CEO年龄 × TMT平均年龄 × TMT年龄多样性			0.005

续表

变量	防御型调节焦点模型1	防御型调节焦点模型2	防御型调节焦点模型3
R square（overall）	0.148	0.151	0.161
Wald Chi2（d.f.）	38.87（15）	40.20（17）	46.04（20）

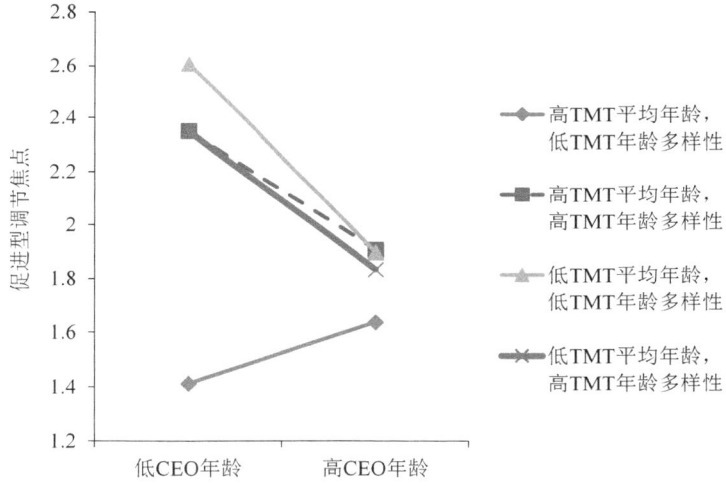

图8　TMT平均年龄和年龄多样性对CEO年龄与CEO促进型调节焦点之间关系的调节作用图

假设9a和9b提出企业闲置资源调节了企业规模与CEO调节焦点的正向关系，如表8模型1所示，企业规模与企业闲置资源对CEO促进型调节焦点的交互作用不显著，假设9a没有得到支持；如表8模型2所示，企业规模与企业闲置资源对CEO防御型调节焦点具有显著的正向作用（$\beta=0.031, p<0.05$），即当企业拥有高水平的闲置资源时，企业规模与CEO防御型调节焦点的负向关系减弱，反之亦然，从而支持了假设9b。如图9所示，当企业拥有的闲置资源较低时，

企业规模对CEO的防御型调节焦点有显著的负向影响（simple slope=−0.093，p<0.05），而当企业拥有的闲置资源较高时，该负向影响不显著（simple slope=−0.017, n.s.）。

表8　企业闲置资源的调节作用表

变量	促进型调节焦点 模型1	防御型调节焦点 模型2
控制变量		
CEO任期	−0.005	−0.001
CEO年龄	−0.018*	0.001
CEO性别	−0.378	0.175
企业过往绩效	0.002	−0.004†
企业年龄	−0.002	−0.001
企业所有制性质（国有1；非国有0）	0.620*	0.195
CEO双重性（是1, 否0）	−0.078	−0.096
创始CEO（是1, 否0）	0.051	0.159
CEO比TMT薪酬倍数	−0.002	−0.003
CEO比TMT任期倍数	−0.068	−0.031
行业1	0.537*	0.086
行业2	0.374	0.579**
自变量		
企业规模	0.111*	−0.005†
闲置资源	0.333**	0.106
企业规模×闲置资源	0.021	0.031*
R square（overall）	0.361	0.156
Wald Chi2（d.f.）	105.71（15）	39.18（15）

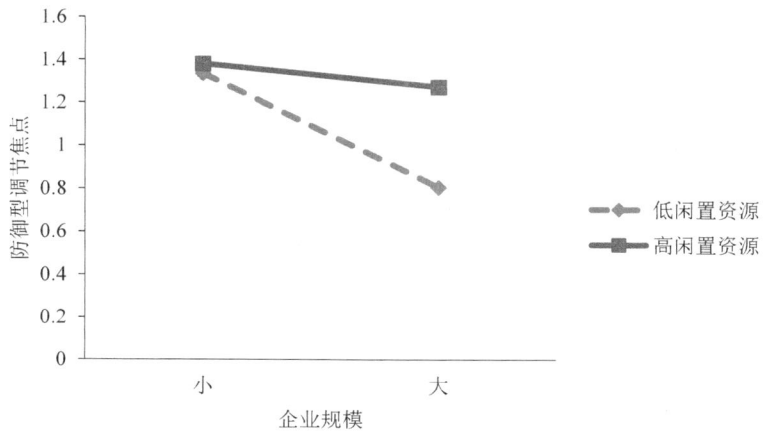

图9　企业闲置资源对企业规模与CEO防御型调节焦点之间关系的调节作用图

接下来，对CEO调节焦点对企业绩效和增长率影响的假设进行检验。

如表9所示，CEO的促进型调节焦点和防御型调节焦点对企业ROE和企业增长率都没有显著影响。假设10提出，CEO促进型调节焦点和防御型调节焦点对企业绩效产生交互作用。如表10模型1所示，CEO促进型调节焦点与防御型调节焦点的交互项对ROE有显著的正向作用（$\beta=0.026$，$p<0.01$），即当CEO拥有高水平的防御型调节焦点时，CEO促进型调节焦点对企业绩效产生正向影响；反之影响较弱，支持了假设10。如图10所示，当CEO防御型调节焦点较高时，CEO的促进型调节焦点对企业绩效有显著的正向影响（simple slope=0.030，$p<0.01$），反之影响不显著（simple slope=-0.006, n.s.）。假设11提出CEO促进型调节焦点和防御型调节焦点交互影响企业战略多变性。如表10模型3所示，CEO两种调节焦点的交互项对企业战略多变性有显著的作用（$\beta=-0.017$，$p<0.01$），支持了假设11。进一步作出交互效应图（如图11所示），发现当CEO具有高水平的防御型调节焦点时，CEO促进型调节焦点对企业战略多变性产

生显著的负向影响（simple slope=-0.015, p<0.05）；当CEO具有低水平的防御型调节焦点时，CEO促进型调节焦点对企业战略多变性有显著的正向影响（simple slope=0.010, p<0.05）。假设12提出企业战略多变性对企业增长率具有显著的正向影响。如表10模型4所示，企业战略多变性对企业增长率的回归系数显著（β=1.544, p<0.01），支持了假设12。假设13进一步提出CEO促进型调节焦点和CEO防御型调节焦点的交互作用通过影响企业战略多变性，对企业增长率产生影响。如表10模型5所示，CEO两种调节焦点的交互作用对企业增长率的主效应不显著，说明其对企业增长率没有直接影响。进一步加入企业战略多变性（模型6），发现战略多变性对企业增长率的系数显著（β=1.540, p<0.01），表明CEO促进型调节焦点和防御型调节焦点的交互作用对企业增长率有间接的正向效应。为了进一步验证假设13提出的被中介的调节，利用Monte Carlo模拟的方法重复抽样20,000次，发现企业战略多变性的中介作用95%的置信区间为［-0.335, -0.015］，不包含零，支持了假设13。如图11所示，当CEO防御型调节焦点较高时，CEO促进型调节焦点对企业增长率具有显著的负向影响（simple slope=-0.021, p<0.05）；当CEO防御型调节焦点较低时，CEO促进型调节焦点对企业增长率有显著的正向影响（simple slope=0.027, p<0.05）。假设14提出CEO管理自由度调节了CEO促进型调节焦点和防御型调节焦点对企业产出的作用。如表11模型2所示，CEO两种调节焦点与CEO双重性的三重交互作用显著，即当CEO同时担任董事会主席时，CEO促进型调节焦点和防御型调节焦点对ROE有显著的交互作用，支持了假设14a。进一步画出三重交互效应图，如图13所示。当CEO具有双重性时，CEO促进型调节焦点对企业绩效的影响在防御型调节焦点高或低时有显著差异（t-value for slope difference=3.039, p<0.01）；当CEO不具有双重性时，CEO促进型调节焦点对企业绩效的影响在防

御型调节焦点高或低时没有显著差异（t-value for slope difference=0.028, n.s.）。如表12模型4所示，CEO两种调节焦点与CEO-TMT任期比的三重交互作用显著，即当CEO-TMT任期比较高时，CEO促进型调节焦点和防御型调节焦点对企业战略多变性有显著的交互作用，支持了假设14b。进一步画出三重交互效应图，如图14所示。当任期比较高时，CEO促进型调节焦点对企业战略多变性的影响在防御型调节焦点高或低时有显著差异（t-value for slope difference=-2.838, $p<0.01$）；当任期比较低时，CEO促进型调节焦点对企业战略多变性的影响在防御型调节焦点高或低时没有显著差异（t-value for slope difference=-0.675, n.s.）。

表9 调节焦点与企业绩效、企业增长率表

变量	ROE	企业增长率
控制变量		
企业规模	0.013**	-0.094**
企业年龄	-0.001	-0.005
企业所有制（国有1；非国有0）	0.001	-0.090
企业过往绩效	0.199**	-0.005
CEO年龄	-0.001	0.002
CEO性别	-0.023	-0.038
CEO任期	0.001	-0.003
行业1	-0.037	0.188
行业2	0.010	-0.015
自变量		
促进型调节焦点	-0.001	-0.064
防御型调节焦点	-0.017	-0.003
R square（overall）	0.168	0.116
Wald Chi2（d.f.）	67.83（11）	57.10（11）

表10 CEO两种调节焦点对企业产出的交互作用表

变量	ROE 模型1	战略多变性 模型2	战略多变性 模型3	企业增长率 模型4	企业增长率 模型5	企业增长率 模型6
控制变量						
企业规模	0.013**	−0.009	−0.009†	−0.084**	−0.096**	−0.076**
企业年龄	−0.000	−0.001*	−0.001**	0.001	−0.001	0.001
企业所有制（国有1；非国有0）	0.010	−0.009	−0.011	−0.192	−0.079	−0.134
企业过往绩效	0.184**	−0.001†	−0.001	−0.004	−0.005	−0.004
CEO年龄	−0.000	−0.003**	−0.003**	0.008	0.002	0.007
CEO性别	−0.029	0.053	0.061	−0.134	−0.054	−0.167
CEO任期	0.000	−0.001	−0.001	0.001	−0.002	0.001
行业1	−0.037†	0.002	0.003	0.193	0.189	0.215†
行业2	−0.015	0.170**	0.189**	−0.309	−0.034	−0.317
自变量						
促进型调节焦点	−0.012	−0.004	−0.002		−0.061	−0.060
防御型调节焦点	−0.029*		−0.016		−0.015	0.012
促进型调节焦点×防御型调节焦点	0.026**		−0.017**		0.064	0.062
战略多变性				1.544**		1.540**
R square（overall）	0.183	0.201	0.214	0.146	0.118	0.153
Wald Chi2（d.f.）	77.73（12）	53.49（10）	66.03（12）	73.93（10）	57.76（12）	77.95（13）

表11　CEO管理自由度对两种型调节焦点对企业绩效交互作用的调节作用表

变量	ROE 模型1	ROE 模型2	ROE 模型3	ROE 模型4
控制变量				
企业规模	0.013**	0.014**	0.013**	0.012**
企业年龄	−0.000	−0.000	−0.000	−0.000
企业所有制（国有1；非国有0）	0.020	0.006	0.010	0.013
企业过往绩效	0.171**	0.186**	0.002**	0.182**
CEO年龄	−0.000	−0.000	−0.000	−0.000
CEO性别	−0.033	−0.039	−0.030	−0.028
CEO任期	−0.000	0.000	0.000	−0.000
行业1	−0.033†	−0.033†	−0.039†	−0.037†
行业2	−0.004	−0.015	−0.016	−0.017
自变量				
促进型调节焦点	0.012	0.001	−0.000	−0.001
防御型调节焦点	−0.025	−0.016	−0.022*	−0.022*
促进型调节焦点×防御型调节焦点	0.020*		0.019**	0.019**
创始CEO	0.028			
促进型调节焦点×创始CEO	0.012			
防御型调节焦点×创始CEO	0.027			
促进型调节焦点×防御型调节焦点×创始CEO	−0.008			
CEO双重性		0.003		
促进型调节焦点×CEO双重性		0.002		
防御型调节焦点×CEO双重性		−0.020		
促进型调节焦点×防御型调节焦点×CEO双重性		0.061*		
CEO比TMT薪酬倍数			0.000	
促进型调节焦点×CEO比TMT薪酬倍数			−0.000	
防御型调节焦点×CEO比TMT薪酬倍数			0.001	

续表

变量	ROE 模型1	ROE 模型2	ROE 模型3	ROE 模型4
促进型调节焦点×防御型调节焦点× CEO比TMT薪酬倍数			0.000	
CEO比TMT任期倍数				0.003
促进型调节焦点×CEO比TMT任期倍数				0.001
防御型调节焦点×CEO比TMT任期倍数				−0.002
促进型调节焦点×防御型调节焦点× CEO比TMT任期倍数				−0.001
R square（overall）	0.190	0.200	0.183	0.183
Wald Chi2（d.f.）	81.15（16）	87.76（16）	75.52（16）	75.89（16）

表12　CEO管理自由度对两种调节焦点对企业战略多变性交互作用的调节作用表

变量	战略多变性 模型1	战略多变性 模型2	战略多变性 模型3	战略多变性 模型4
控制变量				
企业规模	−0.011*	−0.010†	−0.010†	−0.011*
企业年龄	−0.011†	−0.001*	−0.001†	−0.001*
企业所有制（国有1；非国有0）	−0.002	−0.013	−0.011	−0.004
企业过往绩效	−0.069	−0.068	−0.070	−0.067
CEO年龄	−0.003**	−0.003**	−0.003**	−0.003**
CEO性别	0.054	0.068	0.062	0.068
CEO任期	−0.001	−0.001	−0.001	−0.002*
行业1	0.009	0.001	0.005	0.002
行业2	0.203**	0.186**	0.191**	0.175**
自变量				

续表

变量	战略多变性模型1	战略多变性模型2	战略多变性模型3	战略多变性模型4
促进型调节焦点	-0.003	-0.003	-0.003	-0.002
防御型调节焦点	-0.014	-0.013	-0.016	-0.018†
促进型调节焦点×防御型调节焦点	-0.017**	-0.013†	-0.019**	-0.018**
创始CEO	0.047†			
促进型调节焦点×创始CEO	-0.014			
防御型调节焦点×创始CEO	-0.043*			
促进型调节焦点×防御型调节焦点×创始CEO	0.017			
CEO双重性		-0.030		
促进型调节焦点×CEO双重性		0.005		
防御型调节焦点×CEO双重性		0.030		
促进型调节焦点×防御型调节焦点×CEO双重性		0.010		
CEO比TMT薪酬倍数			-0.000	
促进型调节焦点×CEO比TMT薪酬倍数			0.000	
防御型调节焦点×CEO比TMT薪酬倍数			-0.001	
促进型调节焦点×防御型调节焦点×CEO比TMT薪酬倍数			-0.000	
CEO比TMT任期倍数				0.015*
促进型调节焦点×CEO比TMT任期倍数				-0.005†
防御型调节焦点×CEO比TMT任期倍数				-0.004
促进型调节焦点×防御型调节焦点×CEO比TMT任期倍数				-0.008*
R square（overall）	0.252	0.225	0.216	0.235
Wald Chi2（d.f.）	81.00（16）	69.80（16）	67.15（16）	76.29（16）

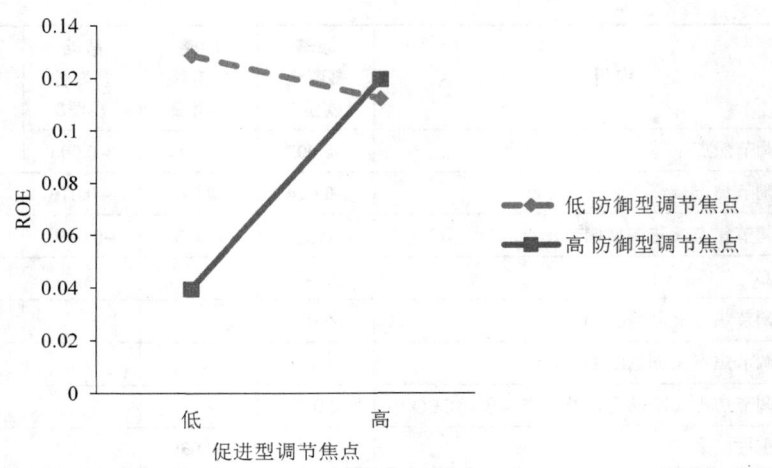

图10　促进型调节焦点与防御型调节焦点对企业绩效的交互作用图

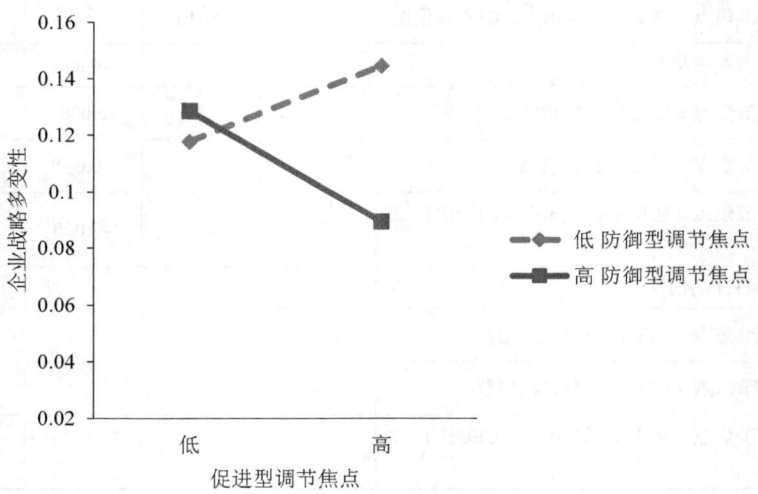

图11　促进型调节焦点与防御型调节焦点对企业战略多变性的交互作用图

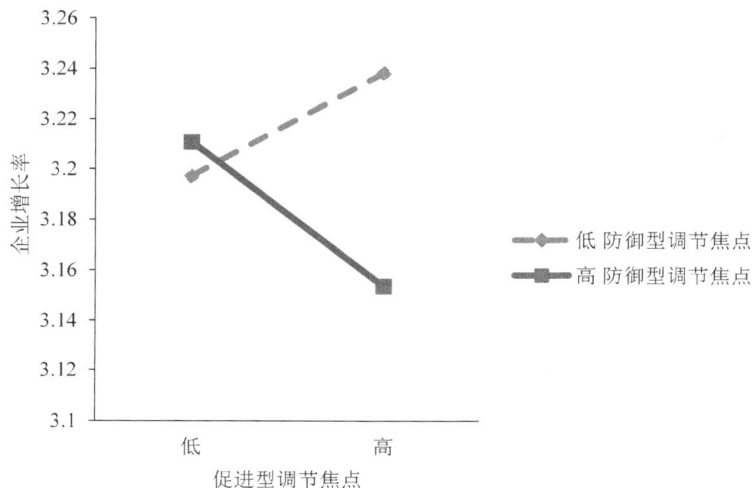

图12 促进型调节焦点与防御型调节焦点对企业增长率的交互作用图

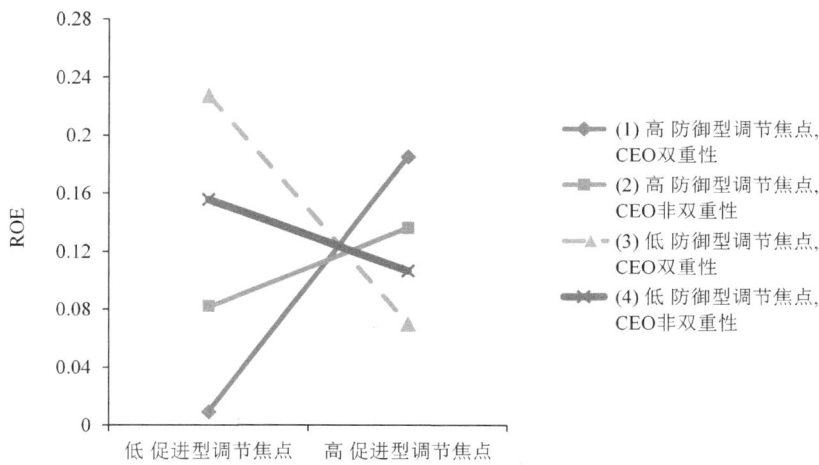

图13 CEO双重性对两种调节焦点对企业绩效交互作用的调节作用图

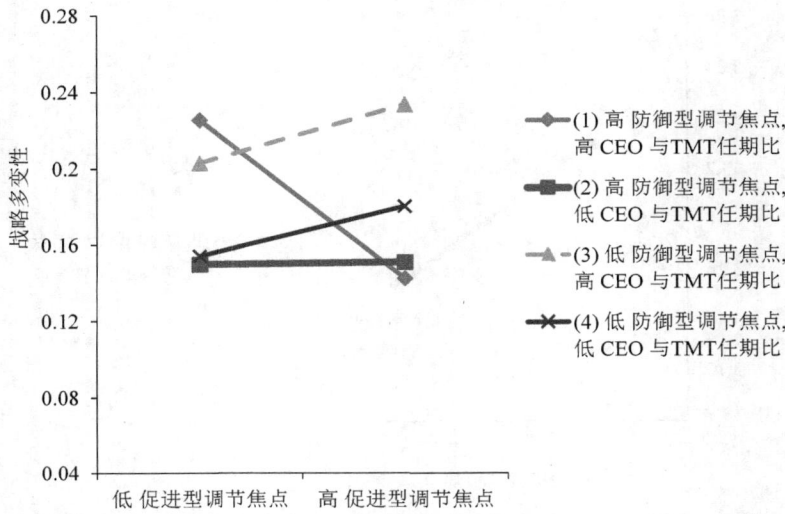

图14　CEO与TMT任期比对两种调节焦点对战略多变性交互作用的调节作用图

第七章
实证研究结论及讨论

第一节 研究结论

本书主要研究两个方面的问题，一是从调节焦点理论出发，探讨了企业高层管理者（聚焦企业CEO）调节焦点（包括促进型调节焦点和防御型调节焦点）的前因变量，主要从CEO的任期、年龄和管理自由度，以及企业规模、所有制和过往绩效等方面研究了CEO调节焦点的形成因素，并从高层管理团队特征和企业闲置资源的角度探讨了其边界条件；二是从矛盾理论和上层梯队理论的角度出发，研究了CEO调节焦点对企业绩效和增长率的交互影响，以及内在机制和边界条件。

回顾全文14个/组假设的检验情况（见表13），总结主要结论如下：

第一，CEO的任期和年龄会影响其促进型调节焦点，但作用不同。虽然高层管理者的年龄和任期常常是高度相关的，不少学者指出两者会对企业产出产生不同的影响（Barker & Mueller, 2002; Musteen, Barker, & Baeten, 2006）。近年来，CEO的年龄和任期也逐渐分离开来（McClelland, Barker, & Oh, 2012）。一方面，就任期而言，新上任或上任时间较短的CEO往往会积极学习和探索新的信息和资源。另一方面，在职业生涯的起步阶段，CEO的权力、对企业和行业的熟悉度较低，也会担心出现影响后期发展的错误，因而其大胆开拓的倾向不高，会保持一定谨慎、保守的目标，即其促进型调节焦点较低。随着任期的增长，其促进型调节焦点会逐渐增强。而到任期的中后期，CEO会变得谨慎和保守。一方面，他们会陷入自己长期形成的认知图式中（Hambrick & Fucutomi, 1991），另一方面，他们学习和寻求改变的动机大大下降，以保证职业安全、规避风险为重点。因而，本书提出并发现CEO任期与CEO促进型调节焦点成倒U型关系。而年龄对CEO促进型调节焦点呈线性影响。随着年龄的增长，CEO收益最大化的动机、探索和尝试的行为倾向往往会下降。这一方面是因为年长的CEO认知能力、精力和体力下降，以及形成了固定的认知图式，习惯按照惯例行事，不愿意改变和创造。另一方面是年长的CEO剩下的职业时空较短，即使有机会提高企业的绩效、获得更大利益，这类CEO往往没有足够的时间和动机来获取潜在的收益。同时，通过冒险、改革等方式取得更大的职业成功对于年长的CEO也没有太大的吸引力，他们关注的是职业的安全和规避风险。而对于年轻的CEO则相反，他们有充足的认知资源、精力和时间探索可能性，追求利益最大化，为未来职业更上一层楼奠定基础，因此有更高水平的动机积极主动地提高企业未来绩效。因此，本书发现CEO年龄与其促进型调节焦点负相关。

第二，本书提出CEO的管理自由度与CEO促进型调节焦点正相关，与防御型调节焦点负相关。然而，实证研究中，本书仅发现CEO是否是创始人与其防御型调节焦点正相关，即作为创始人的CEO拥有更高水平的防御型调节焦点，非创始人CEO具有较低的防御型调节焦点，与假设相反。回顾以往关于创始人CEO的文献，部分实证研究支持了这一发现，例如金姆和卢（Kim & Lu, 2011）发现创始人CEO往往拥有较大份额的股权，这使得他们对企业的绩效高度敏感，比起最大化收益更加侧重预防损失，并且其拥有决定性的投票权和话语权，导致高水平的管理防御（managerial entrenchment），进而造成过度保守的企业决策。创始人CEO谨慎保守的倾向通过影响企业对研发的投入等对企业价值带来了负面影响。另外一些研究也指出，创始人CEO会独立地获取信息、思考和采取行动，因此有时不会寻求其他人的意见，这会限制其获取关于行业新发展和新机会的信息（Pathan，2009）。此外，创始人CEO会关注自己企业的生存、希望自己的遗产或自己创造的历史能够保留下来，因而会规避风险和避免新的尝试，以保证企业的生存。他们会偏好保持现有优势，避免失误，从而为实验或创新提供较少的支持（Zahra，2005）。这与本书发现的创始人CEO拥有更高水平的防御型调节焦点相符。本研究的背景设置在金融和房地产行业，CEO往往会受到比较严格的监管，其管理自由度因而在很大程度上受到限制，因而本书没有发现其他管理自由度指标与CEO调节焦点的关系，未来的研究需要在其他行业中进行验证，并进一步探讨其中的作用机制。

第三，从企业特征的角度，本书提出了企业规模、所有制和企业过往绩效会影响CEO的调节焦点。实证结果发现：（1）企业规模和CEO的促进型调节焦点正相关，而与防御型调节焦点负相关。企业规模是企业在外部相对权力大小的体现（Pfeffer & Salancik，1974），大企业拥有更多的机会探索新市场、扩大利益和获得支持，导致CEO高水平的促进型调节焦点；而小企业拥有有限的发展能力和发展空间，受外部环境波动的影响较大，因而其首要目标是生存、规避风险和避免失误，因而CEO防御型调节焦点更适合其发展需要。（2）比起其他所有制企业的CEO，国有企业的CEO具有更高水平的促进型调节焦点。近年来中国政府提出并支持国有企业"做大、做强、做优"，发挥其支持国民经济发展、引导创新与改革，获取国际市场竞争力等作用。同时，以往研究发现对国有企业CEO的考核往往基于企业短期的财务体现，而CEO受到的评价对其晋升等职业发展有重要作用。综上，国有企业的CEO会拥有较高水平的促进型调节焦点，希望通过开拓利用新资源、取得高的企业增长率、追求企业更高的利润。（3）企业过往绩效表现越好，其CEO促进型调节焦点越强；企业过往绩效表现越差，其CEO防御型调节焦点越强。好的绩效表现会提升CEO的信心，并积累了市场支持、企业资源，使得企业有机会探索新的可能性，因而CEO更有可能追求更好的表现和更高的利益，愿意通过冒险和实验等促进企业的进一步发展，即更高水平的促进型调节焦点。而较低的过往绩效使CEO面临更大的压力甚至是质疑，以往研究也发现企业绩效的降低与CEO免职的可能性正相关（Dalton & Kesner, 1985），所以CEO会更加谨慎和小心，以避免错误和规避风险为首要目标，即更高水平的防御型调节焦点。

第四，从高层管理团队特征和企业闲置资源的角度探讨了以上CEO调节焦点前因变量的边界条件。首先，高层管理团队成员也是企业战略决策的重要参与者，其为CEO提供各种信息和建议，因而高层管理团队成员的动机和行为倾向会影响CEO的判断和选择。不同特征的高管团队会从不同的角度出发，向CEO传递各种信息，从而影响CEO的调节焦点。本书的实证研究发现，高管团队的平均年龄会减弱CEO年龄与CEO促进型调节焦点的负向关系，具体而言，当高管团队的平均年龄较低时，CEO年龄与CEO促进型调节焦点的负向关系加强，反之减弱；高管团队的年龄多样性会进一步调节高管团队平均年龄与CEO年龄对CEO促进型焦点的交互作用，具体而言，当高管团队的年龄多样性较低时，高管团队平均年龄与CEO年龄的交互作用加强，反之减弱。其次，虽然CEO的个人特质会影响其调节焦点，由于CEO是企业最重要的战略制定者，其需要以企业的需求和特征为出发点进行选择，因而企业各种特点会交互影响CEO的调节焦点。企业闲置资源削弱了企业规模对CEO防御型调节焦点的负向作用，即当企业拥有较多的闲置资源时，企业规模对CEO防御型调节焦点的影响不显著；而当企业拥有的闲置资源较少时，企业规模对CEO防御型调节焦点有显著的负向影响。但本书没有发现闲置资源对企业规模与CEO促进型调节焦点之间关系的调节作用，即不论企业的闲置资源水平如何，大企业的CEO都具有较高水平的促进型调节焦点。

第五，基于矛盾理论和上层梯队理论，本书提出并发现，CEO的促进型调节焦点和防御型调节焦点交互影响了企业的经营业绩和增长率。具体而言：（1）CEO防御型调节焦点和促进型调节焦点对企业绩效产生交互作用，当CEO具有较高水平的防御型调节焦点时，CEO促进型调节焦点对企业绩效有显著的正向影响，反之会产生负向的影响。即高层管理者如果同时具有较高水平的促进型调节焦点和防御型调节焦点，既注重利益最大化的目标和战略倾向，也注重损失最小化的目标和战略选择时，企业会有更好的绩效表现。（2）CEO防御型调节焦点削弱了CEO促进型调节焦点对企业战略多变性的正向影响，具体而言，当CEO防御型调节焦点水平较低时，其促进型调节焦点对企业战略多变性有显著的正向影响，反之影响较弱。（3）CEO促进型调节焦点和防御型调剂焦点的交互作用通过影响企业战略多变性对企业增长率产生影响。具体而言，防御型调节焦点削弱了促进型调节焦点通过企业战略多变性对企业增长率的间接正向影响，当防御型调节焦点较高时，此间接影响较弱，反之较强。即高水平的促进型调节焦点和低水平的防御型调节焦点使得高层管理者通过不断改变企业的战略、积极调整资源配置，提高企业增长率。

第六，本书还发现了CEO管理自由度对两种调节焦点对企业产出影响的调节作用。CEO拥有的权力和自由度很大程度上决定了其对企业战略和产出的影响程度。如果CEO拥有较大的权力和影响力（例如，是企业的创始人，或同时兼任董事会主席，或相比高层管理团队有更长时间的任期，或比高层管理团队有更高水平的薪酬），其对企业目标的选择和战略决策将对企业产出有更显著和直接的影响。因此，本书发现并提出：（1）当CEO拥有较高水平的管理自由度时，CEO两种调节焦点对企业绩效的交互作用较强，反之较弱；（2）当CEO拥有较高水平的管理自由度时，CEO两种调节焦点对企业战略多变性的交互作用较强，反之较弱。

表13 假设验证情况总结表

假设	内容	是否支持
1a	CEO年龄与CEO促进型调节焦点呈倒U型关系。	支持
1b	CEO年龄与CEO防御型调节焦点呈正U型关系。	不支持
2a	CEO年龄与CEO促进型调节焦点负相关。	支持
2b	CEO年龄与CEO防御型调节焦点正相关。	不支持
3a	CEO的管理自由度越高，CEO的促进型调节焦点越强。	不支持
3b	CEO的管理自由度越高，CEO的防御型调节焦点越弱。	反向支持
4a	企业规模和CEO的促进型调节焦点正相关。	支持
4b	企业规模和CEO的防御型调节焦点负相关。	边缘显著
5a	比起其他所有制企业的CEO，国有企业的CEO具有更高水平的促进型调节焦点。	支持
5b	比起其他所有制企业的CEO，国有企业的CEO具有更低水平的防御型调节焦点。	不支持
6a	企业过往绩效表现越好，其CEO促进型调节焦点越强。	支持
6b	企业过往绩效表现越差，其CEO防御型调节焦点越强。	支持
7a	高管团队的平均年龄会减弱CEO年龄与CEO促进型调节焦点的负向关系，具体而言，当高管团队的平均年龄较低时，CEO年龄与CEO促进型调节焦点的负向关系加强，反之减弱。	支持
7b	高管团队的平均年龄会加强CEO年龄与CEO防御型调节焦点的正向关系，具体而言，当高管团队的平均年龄较低时，CEO年龄与CEO防御型调节焦点的正向关系减弱，反之加强。	不支持

续表

假设	内容	是否支持
8	高管团队的年龄多样性会调节高管团队平均年龄与CEO年龄对CEO调节焦点的交互作用。具体而言，当高管团队的年龄多样性较低时，高管团队平均年龄与CEO年龄的交互作用加强，反之减弱。	部分支持
9a	企业闲置资源加强了企业规模与CEO促进型调节焦点的正向关系。具体而言，当企业拥有高水平的闲置资源时，企业规模与CEO促进型调节焦点的正向关系加强，反之减弱。	不支持
9b	企业闲置资源减弱了企业规模与CEO防御型调节焦点的负向关系。具体而言，当企业拥有高水平的闲置资源时，企业规模与CEO防御型调节焦点的负向关系减弱，反之加强。	支持
10	CEO促进型调节焦点和CEO防御型调节焦点对企业绩效产生交互作用，具体而言，当CEO具有较高水平的防御型调节焦点时，CEO促进型调节焦点对企业绩效有显著的正向影响，反之会产生负向的影响。	支持
11	CEO促进型调节焦点和CEO防御型调节焦点对企业战略多变性产生交互作用，具体而言，当CEO防御型调节焦点水平较低时，其促进型调节焦点对企业战略多变性有显著的正向影响，反之影响较弱。	支持
12	企业战略多变性对企业增长率具有显著的正向影响。	支持
13	CEO促进型调节焦点和防御型调剂焦点的交互作用通过影响企业战略多变性对企业增长率产生间接影响。具体而言，防御型调节焦点削弱了促进型调节焦点通过企业战略多变性对企业增长率的间接正向影响，当防御型调节焦点较低时，此间接影响较强，反之较弱。	支持
14a	当CEO拥有较高水平的管理自由度时，CEO两种调节焦点对企业绩效的交互作用较强，反之较弱。	支持
14b	当CEO拥有较高水平的管理自由度时，CEO两种调节焦点对企业战略多变性的交互作用较强，反之较弱。	支持

第二节 理论贡献

首先，本书探讨了CEO调节焦点的前因变量（CEO的人口统计学特征、管理自由度，高层管理团队特征和企业特征），丰富了关于调节焦点的研究和调节焦点理论。现有关于调节焦点前因变量的研究主要集中在心理学领域且针对一般个体，缺少针对CEO的调节焦点的前因研究，尤其缺少组织层次前因变量的研究。调节焦点理论提出调节焦点既是一种较为稳定的个人倾向、受个体过去经历等的影响（Higgins, 1997），同时其也可以被特定情境引发，受情境线索的影响（Friedman & Forster, 2001; Liberman, Idson, Camacho, & Higgins, 1999）。结合调节焦点理论和CEO所处位置的特殊性，本书从CEO人口统计学特征、管理自由度、CEO所在的高层管理团队特征和企业特征，即个体特征和情境特征两个角度探讨了CEO的前因变量，并研究了两者的交互作用，提供了新的将个人特征和环境特征结合起来研究调节焦点的新方向，也丰富了调节焦点理论在领导力研究和战略管理领域的应用。

其次，本书将调节焦点这一概念和调节焦点理论引入战略管理层面，在调节焦点理论的基础上，结合上层梯队理论和矛盾理论，拓展了战略领导的研究。调节焦点影响个体目标选择的过程，影响个体的目标追求和行为偏好。促进型调节焦点的个体以利益最大化为目标，其思维开放程度更高（Liberman et al., 1999），而防御型调节焦点的个体以损失最小化为目标，偏好单一、保守的选择。促进型调节焦点和防御型调节焦点都引导了个体去实现目标（Lanaj et al., 2012），但是，前者更倾向于接近（approach）的方法达成目标，而后者倾向于避免（avoidance）的方法达成目标（Elliot & Thrash, 2010; Johnson,

Chang, Meyer, Lanaj, & Way, 2013）。近年来，越来越多的学者将其运用到管理学领域，比如创业（Kammerlander, Burger, Fust, & Fueglistaller, 2015）、谈判（Galinsky et al., 2005）和消费者行为（彭璐珞，孙鲁平，& 彭泗清，2012）。但关于调节焦点与领导行为的关系，特别是高层领导行为的研究十分缺乏。目前只有加马什等人（Gamache et al., 2015）进行了相关的实证研究，其余研究大都局限于理论层面。通过探讨高层管理者调节焦点的形成因素及其对企业绩效、增长率的影响，本研究找到了一定的实证证据，将调节焦点的研究拓展到了更宽的领域，对企业战略管理也有重要的借鉴意义。

再次，本书探讨了CEO调节焦点，一种基于动机的心理特征，对企业战略决策和企业产出的影响。一方面，这响应了近年来学者提出的直接针对战略领导者的心理特征进行测量和研究（Zhang, Wang, & Waldman, 2012）的呼吁，克服高层管理者数据获取的困难，对CEO的特征直接进行了测量，并探讨了其形成因素，以及对企业产出影响的内在机制和边界条件。另一方面，以往关于高层管理者心理特征的研究主要针对人格、价值观、注意力和认知模式（Finkelstein et al., 2009）等，对动机的研究较为稀少。本书弥补了这一缺陷，研究了CEO动机和行动倾向，即调节焦点的前因和对企业产出的影响，提供了新的研究方向。

此外，结合矛盾理论和上层梯队理论，本书进一步发现了CEO两种调节焦点对企业绩效和战略选择的交互作用。CEO作为企业的高层管理者常常需要处理相互矛盾的需求，如企业增长和保持稳定、探索新资源和开发利用已有的资源，监控和授权等。不同于传统的强调一分为二或选择的战略理论，矛盾理论提出企业需要兼顾矛盾的双方、寻求动态平衡。具体表现为，企业需要接受矛盾，通过区分和整合的方式处理矛盾，将不同的目标和策略相组合、相互促进、产生新的协同效应。作为企业战略的关键决策者，高层管理者获取和处理外部信息，通过认知、信息加工等作出战略决策、实施战略、分配资源，最终影响企业的绩效。面对复杂的信息，高层管理者需要不断调整，灵活应对看似矛盾的需求和因素（Eisenhardt & Martin, 2000）。CEO的动机、目标设定和行为倾向在引导企业管理矛盾中发挥着重要的影响，决定了企业的发展目标、战略倾向和获取资源的方式和手段等。在不同的内外部情境或发展阶段，企业需要设定或积极、侵略性的目标，或保守、稳健的目标，相应的采取接近式、拓展式的战略行动，或防御式的、小心谨慎的战略行动，以保持或发展自己的竞争优势。因此，本书提出也通过实证研究发现，CEO的促进型调节焦点和防御型调节焦点会对企业的绩效表现和增长产生交互作用。单一地遵从利益最大化或损失最小化的目标和战略都不利于企业建立"动态的能力"和获得持续发展的能力，将两种调节焦点相结合更有利于管理矛盾，通过兼顾矛盾双方、寻求动态平衡使企业不断应对外部环境的变化、保持竞争优势。因而，通过探讨两种调节焦点对企业产出的交互作用，本书将上层梯队理论和矛盾理论结合起来，深入地解释了CEO的动机对企业产出影响的机制和边界条件。

最后，本书在研究方法上也做出了贡献。获取高层管理者的相关数据往往比较困难，采用问卷调查的方法面临着难以获取参与者，受社会期许、回忆偏差和不可重复等不利因素影响。本书聚焦中国企业，采用内容分析（content analysis）的方法来测量高层管理者的调节焦点，避免了问卷调查的负面影响因素，并且可以拓展到其他样本或时期。此外，本书将研究背景设计在了中国企业中，开发了一套中文的调节焦点词典，并首次使用LIWC软件分析中国的上市企业，将一些中国情境下特有的因素纳入研究，例如企业所有制，因而本书的研究结果对中国企业的战略管理研究也提供了参考。

第三节 实践意义

第一,企业可以根据自身的发展需要选拔和培训CEO。例如当企业需要快速发展、积极创新和探索时,选拔一些年轻、刚刚上任的高层管理者更符合企业的战略需要;当企业需要系统决策、谨慎评估潜在的风险和危机时,年长、任期较长或经验较丰富的高层管理者可能更适合企业的需求。同时,本书关于企业规模、企业所有制和过往绩效等对CEO调节焦点影响的发现意味着,企业特征会在一定程度上导致CEO不同水平的促进型调节焦点和防御型调节焦点,这可以帮助企业更好地评估其高层管理者的潜在动机和行为倾向,进而可以通过一些培训等措施积极调整高层管理者的目标和战略选择与企业发展需求相匹配。

第二,企业高层管理团队会影响CEO的调节焦点。本书实证研究发现,高管团队的平均年龄会减弱CEO年龄与CEO促进型调节焦点的负向关系;高管团队的年龄多样性会进一步调节这一关系。以往研究也指出高层管理团队会影响CEO的注意力、对信息的分析与决策,最终影响企业的产出(Cao, Simsek, & Zhang, 2010; Ling, Simsek, Lubatkin, & Veiga, 2008)。实践启示即,CEO或企业需要根据需要、谨慎选择不同特征或构成的高管团队。例如,当企业需要开拓创新、获取更高的利益或突破性表现时,需要CEO较高水平的促进型调节焦点,这时一支年轻和低年龄多样化的高管团队更符合企业发展的需要。此外,CEO可以通过与高层管理团队建立高水平的沟通、信息的交流和高质量的工作关系等,进一步制定有效的企业战略。

第三,本研究发现当CEO具有高水平的防御型调节焦点时,CEO的促进型调节焦点对企业绩效有正向的显著影响，同时CEO具有较高水平的管理自由度时，这一影响更为显著；当CEO防御型调节焦点水平较低而促进型调节焦点较高时，企业具有高水平的战略多变性，而战略多变性会带来高水平的企业增长率，并且CEO管理自由度调节了两种调节焦点对战略多变性的交互作用。这对企业的启示是：一方面，CEO需要根据企业的发展需求调整促进型调节焦点和防御型调节焦点的"配置"；另一方面，当CEO的动机和行为倾向与企业发展需要相符时，企业应该赋予CEO更大的权力和自由度，例如通过给予其更高水平的薪酬待遇、让其有更大的决定权和话语权影响企业决策和战略，从而发挥CEO对企业产出的积极影响作用。此外，如果企业需要积极扩张和寻求高增长，应该根据外部环境需要不断调整战略、更新资源分配方式，通过高水平的战略多变性促进企业的增长。

第四节　研究局限及未来研究方向

第一，本研究部分关于CEO防御型调节焦点的前因变量的假设没有得到支持。这很大程度上可能是因为本书选择的行业为金融和房地产业，而这两个行业的企业高层管理者往往都会有较高的防御型调节焦点。尤其在2007年金融危机以后，政府和金融组织都强调风险的管控，金融企业和房地产企业也受到了更严格的监督和管理（Pathan, 2009），加之本书以"占中"为背景，以香港上市的房地产和金融行业的企业为研究对象，其CEO都会具有较为保守、谨慎的动机和行为倾向。在本书的样本中，确实也发现CEO防御型调节焦点的标准差较小（SD=0.71），说明各企业CEO们的防御型调节焦点的差异较小。本研究也发现CEO任期和管理自由度等对CEO防御型调节焦点的影响不显著，因为CEO会一直保持较高的谨慎态度和警惕性，预防风险。但在CEO调节焦点对企业绩效和增长率的研究中，本书发现促进型调节焦点和防御型调节焦点对企业表现和增长率都有着重要的作用。未来的研究可以在其他行业探讨本书的结论。例如中国的IT行业是一个快速发展的产业，这一产业中企业CEO的调节焦点对企业表现的影响是否会有所不同，都是有意义和重要的研究问题。

第二，本书从CEO年龄和任期两方面的人口统计学特征探讨了CEO调节焦点的前因变量。其他诸如CEO职业经历等可能也会对其调节焦点产生影响。例如，不同职能背景的CEO可能会具有不同水平的调节焦点。职能背景可分为输出型职能（output functions）和输入型职能（throughput functions）。前者主要指营销、研发等外部导向的职能，后者主要指生产、财务等内部导向的职能（Katz & Kahn, 1978）。现有研究表明，输出型职能背景的CEO更喜欢追求有前景的战略，追求"获得"；而输入型职能背景的CEO更喜欢采用防御者的战略（Finkelstein et al., 2009），避免"失败"。相应地，输出型职能背景的CEO促进型调节焦点更强，而输入型职能背景的CEO防御型调节焦点更强。根据印迹理论（Imprinting theory, Higgins, 2005），CEO过去的职能背景，而不仅仅是当前的职能背景，也会对CEO决策产生影响（Marquis & Tilcsik, 2013）。而从事过多种职能、或在多种行业工作过的CEO，即具有较高的职业多样性（Crossland, Zyung, Hiller, & Hambrick, 2014），可能既有较高的促进型调节焦点，也有较高的防御型调节焦点。

第三，本书发现，当企业高层管理者同时具有较高的促进型调节焦点和防御型调节焦点时，即既注重积极主动地寻求利益最大化，也谨慎保守地规避风险和避免错误，使得企业整合两种不同的目标和战略倾向，有利于企业绩效的提高。在不同情境中，高层管理者或以促进型调节焦点为显性动机，或以防御型调节焦点为显性动机，并在不同时间、地点、事件中相切换，这有利于企业适应外部多变复杂的环境、满足不同利益相关者的需求。但也有研究指出，关注矛盾的因素会给员工带来一系列问题。一般情况下，个体都对一致性有强烈的偏好（Cialdini, Trost, & Newsom, 1995）。不确定性和模糊性常常会带来焦虑（Wang & Pratt, 2008），促使个体寻求一致性和准确性。在领导表现出不一致的行为倾向时，下属有可能视领导为虚伪（Cha & Edmondson, 2006）、或将领导的决策理解为只注重其中一种目标（Kunda, 1990）。未来的研究需要进一步探讨高层管理者如何同时投入对不同目标的实现过程，以及怎样向员工传递矛盾的企业战略，并有效地实施这些战略（Huy, 2002）

第四，由于是对CEO调节焦点研究的初次尝试，本书只探讨了CEO促进型调节焦点和防御型调节焦点对企业绩效和增长率的交互作用。未来的研究可以进一步细分二者对企业的共同影响。例如，是否在处理企业内外部关系（与合作伙伴关系、与顾客关系、与员工关系等）时CEO需要较高的防御型调节焦点，而在开发新市场、战略变革等事务处理方面需要更高的促进型调节焦点。另外，未来的研究可以根据CEO在促进型调节焦点和防御型调节焦点这两个维度上得分的高低对CEO进行类型划分。例如，两种调节焦点得分都高、一高一低、或二者都低，并且探讨在不同情境中不同类型的CEO会给企业战略或产出等带来何种影响。

第五，本书只研究了企业战略多变性这一CEO调节焦点影响企业增长率的中介机制。一方面，本书并没有探讨战略多变性对CEO调节焦点和企业绩效的中介作用，因为以往研究提出战略多变性对企业绩效并没有显著的影响，需要考虑外部环境、企业特征和发展阶段等诸多因素（Chatterjee & Hambrick，2007），未来研究可以做深入的探讨。另一方面，可能存在更多的影响过程。例如，Wu等人（Wu, Mcmullen, Neubert, & Yi, 2008）发现领导的调节焦点可以通过影响下属的调节焦点，进而带来企业不同水平的企业家行为；李磊和尚玉钒（2011）也指出领导的行为示范（促进型聚焦行为和防御型聚焦行为）、语言框架（促进型框架和防御型框架）和反馈（积极反馈和消极反馈）会影响个体的调节焦点和群体共享的调节焦点氛围，最终影响下属创造力。因而，CEO的调节焦点会传递到高层管理团队、中层管理者甚至下属身上，通过影响其他员工的调节焦点，CEO的调节焦点会影响企业产出。未来研究可以深层次地探讨这一中间链条，进一步打开CEO与企业绩效之间关系的"黑箱"。

第六，本书仅关注了高层管理者静态调节焦点的前因及结果，没有从动态视角进行考察。尽管采用了面板数据进行分析，但由于观测区间只有4年，无法对调节焦点的动态变化做更深入的解释，比如哪些因素、在什么情况下高层管理者的调节焦点会发生变化，调节焦点的变化会对企业产生哪些影响，以及这些影响是否会受到情境因素的影响等。未来可以在更长的时间区间内，针对这些问题进行进一步研究。

第七，本书的研究在中国企业和中国环境下进行，实证结果是否在其他文化中也能得到支持尚需验证。例如，本书发现CEO的管理自由度对CEO的促进型调节焦点的影响并不显著，而与假设相反，创始人CEO具有较高水平的防御型调节焦点。一方面，这可能受行业因素的影响；另一方面，这可能是由于中国企业所处的市场环境不同，获取内外部资源的途径和难易程度不同，因而CEO在企业的发展过程中承担着不同的责任和角色，其管理自由度有着不同于西方企业的意义。例如，以往关于CEO双重性是否有利于企业绩效的研究存在着争论。一方面，根据代理理论（agency theory），CEO双重性削弱了对CEO的监管和控制，使其更容易根据自己的喜好做出战略决策、不考虑企业的发展需要，因而不利于企业绩效；另一方面，根据管家理论（stewardship theory），CEO双重性给CEO带来高水平的统一指挥，更有效的决策和管理，因而有利于企业绩效。Peng等人（Peng, Zhang, & Li, 2007）发现后者的解释符合中国企业的实证研究结果，因为这一关系受环境动态性和资源充足程度的调节，而中国企业所处的环境较为动荡、资源较为稀少。所以未来的研究需要在不同的环境或文化背景下对本书结果进行验证，并找出其中的边界条件。

第八章

调节焦点及矛盾视角：中庸哲学的启示

第一节 中庸哲学及相关研究[①]

改革开放以来,世界见证了中国经济的腾飞。中国企业的诞生与成长是中国经济重要的微观基础,而企业中的领导者扮演了关键的角色(彭泗清,李兰,潘建成,郝大海,韩践,2014)。受传统文化的影响,中国企业领导者身上凝聚着独特的东方思维(Peng & Nisbett, 1999;曹春辉,席酉民,张晓军,韩巍,2012;侯玉波,2007),其行为模式可能与西方管理者存在诸多差异,这给组织带来的独特影响值得深入探讨(张佳良,刘军,2018)。基于中国传统文化的精髓,并结合中国特色的管理实践,构建具有中国情境特点的领导力理论,已成为海内外管理学者共同关心的重大问题(曹仰锋,李平,2010;韩巍,2014;李鑫,2013;李平,2013;巩见刚,胡子康,卫玉涛,2018)。然而,目前多数领导力方面的研究主要运用西方的领导力理论来解释中国情境中的领导现象,少数开始探讨西方理论的局限、并对其进行修正,很少有研究尝试构建具有中国特色的本土领导力理论(曹仰锋,李平,2010)。西方领导力理论的普适性已经受到挑战,对于解释和指导中国的本土管理也显乏力(曹春辉等,2012)。在这一背景下深入探讨中国领导力的独特性、开展中国本土领导力研究(杜旌,冉曼曼,曹平,2014),既能为世界管理知识贡献中国智

[①] 部分内容摘自:郎艺,尹俊.(2021)中庸不利于创新吗?中庸领导行为对团队创新影响的理论构建.中国人力资源开发,38(6),24-42.

慧，也能为解决管理实践问题提供新的启示（Li, Leung, Chen, & Luo, 2012；黄光国，2012），具有十分重要的理论和实践意义。

中国传统文化中蕴含了许多处理冲突和矛盾的哲学，最具代表性的就是中庸哲学（杨中芳，2009），许多学者认为中庸哲学能为中国本土领导力理论的创新提供重要的启示（曹仰锋，李平，2010；巩见刚等，2018）。中庸的核心内涵主要包括"执两用中""权变"以及"和而不同"（杜旌，冉曼曼，曹平，2014），即强调从多角度考虑问题，适时调整，在冲突中整合多方意见取得平衡，通过互相促进寻找矛盾因素相容的方法，并达致和谐的状态（吴佳辉，林以正，2005）。尤其是中庸讲求对矛盾的包容，以及整体地、权变地认知和应对环境变化，为当下学者们关注的矛盾分析框架（paradox framework）（Lewis, 2000）提供了一定的启示，能够为领导者如何更好地引领团队创新提供新颖的分析视角（Peng & Nisbett, 1999；胡婉丽，2011；姚艳虹，范盈盈，2014）。然而，也有许多学者认为中庸是不利于创新的，认为中庸追求"折中"，常常妥协，在遇到反对观点或冲突时为了和谐易于放弃各自主张，因此抑制创新和创意行为（如Yao, Yang, Dong, & Wang, 2010；李锐，田晓明，柳士顺，2015）。事实上，早在"李约瑟之谜"提出之后，就有学者将中庸归结为中国传统文化不利于科技创新的原因。

中庸与团队创新的关系到底如何呢？或者说，在中庸思维影响下的领导者会表现出怎样的行为特征，其对团队创新有怎样的影响呢？基于这一问题，本书提出了中庸领导行为的构念，并探讨其对团队创新的影响。具体而言，本书首先综述了以往关于中庸的相关研究，并以中庸思想、阴阳哲学和整体论为基础，提出中庸领导行为的构念，指出其包含全面分析性相关行为，权变整合性相关行为，以及和谐共生性相关行为三个维度。进一步，本书探讨了中庸领导行为对团队创新的影响机制。本书从动机性信息加工理论（motivated information processing theory）（De Dreu, Nijstad, & van Knippenberg, 2008）出发，认为中庸领导行为通过引领下属以全面、整合、和谐的认知和行为方式搜集信息、进行决策、以及处理人际关系，有利于促进团队的信息整合、共同决策、人际和谐等，从而帮助统筹团队创意产生和实施中蕴含的矛盾，带来团队的创新。但这一影响也受到外部环境的调节，尤其是环境动态性，本书进一步将其细分为技术不确定性和需求不确定性，探讨两者产生的边界效应。

第二节 中庸领导行为理论构建

一、已有关于中庸的研究综述

本书提出的中庸领导行为即拥有中庸思维的领导者表现出的行为风格特点，因而围绕着中庸这一核心构念，目前的相关文献主要来自于本土社会心理学家们的研究。从杨中芳和赵志裕1996年的研究开始，越来越多的学者进行了系统的钻研和整合（杨中芳，2009），但学者们对中庸的构念和定义并没有达成共识（杨中芳，2010；杨中芳，林升栋，2012）。目前的研究大多基于对古籍的解读，按照本土心理学或管理学的研究范式，从中找出一些可操作的维度对构念进行定义与测量，并应用于研究之中。已有中庸相关的构念可以分为以下几类：（1）界定为一套实践思维体系（杨中芳，赵志裕，1997）。将中庸视为人们在处理日常生活事件时，对"怎样做"的思考。这一体系涵盖的范围十分广泛，包括个人的价值观体系（"中庸理性"）、行动的终极目标（"中"）、处世时的行动方案（"用"）、以及具体的行动技巧（"术"）。（2）界定为一种处世信念或价值取向（如陈建勋，凌媛媛，刘松博，2010；杜旌，冉曼曼，曹平，2014；杜旌，姚菊花，2015；赵志裕，2000），定义为"基于全局的、辩证的认知环境，采用'执中'、适度而非偏激的方式，达到个体与环境的和谐"（杜旌等，2014：114）。其中最重要的核心价值取向是"中和"。（3）界定为一种处理具体事件的思维模式（如段锦云，凌斌，2011；李锐，田晓明，柳士顺；2015；吴家辉，林以正，2005；张光曦，古昕宇，2015；赵可汗，贾良定，蔡亚华，王秀月，李珏兴，2014），例如吴家辉和林以正（2005）将中庸作为一种整合意见分歧的思维模式，围绕"权"和"和"，将中庸定义为在面对团队中的不同意见时，"由多个角度来思考同一件事情，在详细地考虑不同看法之后，选择可以顾全自我与大局的行为方式"（p.25）。（4）界定为一种行动特色，尤其是解决人际冲突的行动特色（杨中芳，2010）。这一构念是中庸在行为上的反映，包括容忍、收放自如以及自己做主（杨中芳，2010）。

总体来看，目前使用最为广泛的两种关于中庸的构念是：赵志裕（2000）提出的三维度的中庸价值观：强调"中和"、顾全大局、执中—辞让；吴家辉、林以正（2005）提出的三维度中庸整合思维：多方思考、整合性、和谐性。虽然学者们对中庸定义的解读存在差异，但本土心理学的研究并不应拘泥于古籍，更为重要的是"看这些概念在当代人心理的运作，通过实证研究进行构念化，并让数据说明问题"（杨中芳，2010：6）。不少研究基于这一理念将中庸纳入了许多本土管理学的实证研究。但目前大多数的研究都是探讨基于员工个体层面的中庸思维对其行为的影响，领导力领域的研究较为稀少。

陈建勋等人（2010）指出中庸是一种高水平的整合冲突和矛盾、解决悖论的思考能力，他们发现高层管理者的中庸思维通过提升组织两栖导向（ambidexterity）对组织绩效产生积极作用，这一效应还受到员工的联结性和部门间相依性的调节。蒋文凯等人（2016）指出高中庸思维水平的个体会以整体、全局、和谐的观点处理人际关系，因而高中庸思维的团队主管会营造和谐、宽容的团队氛围，给予员工更多的指导和帮助。他们还发现团队主管的中庸思维会增强团队成员个体的中庸思维与领导成员交换关系之间的正向关系。魏江茹等人（魏江茹，孙悦，刘宁，2017）提出领导者中庸思维指"领导者不但能从事物发展的多方面认知、思考问题（多方思考），还会秉持和谐的行动准则（和谐性），积极与员工进行沟通，将自己的想法与员工的想法以及环境的变化相整合（整合性），寻找最优的构想或解决方案"（p.34）。他们提出了领导者的中庸思维通过影响员工知识共享而对员工创新行为产生积极作用的理论模型。何轩和李新春（2014）将中庸放在家族企业情境下进行了研究。因为家族企业实质上是家族（非理性组织）和企业（理性组织）的矛盾统一体，中庸所蕴含的独特的矛盾分析框架可以为研究家族企业治理提供有意义的借鉴。他们发现企业家的中庸理性调节了企业家的家族意图与家族持股以及经理人持股的关系。

基于以上回顾可以看到，现有关于中庸的构念研究大都将其作为一种思维模式；尤其在领导力领域的研究中，大部分都围绕着领导者中庸思维的作用展开，探讨其提高团队或组织等的整合矛盾、解决悖论的能力，以整体、全局、权变与和谐的方式处理冲突，兼顾组织的多方需求，从而使得领导者更好地分析、应对组织复杂的内外部矛盾，达到各复杂因素共生共荣。但实际上领导者的思维与现实的领导行为还存在较大差距（杨中芳，2010），领导者虽然可能有中庸思考方式但在实践上究竟会做出怎样的行为并不明确（杨中芳，2010）。事实上，中国传统哲学强调"诚意、正心、修身、齐家、治国、平天下"，知行合一（冯友兰，2014），中庸不仅是个人认识世界的思维模式，更是改造世界的行为方法。"中庸"即对"中"的具体应用，偏重于"行"，具有极强的现实应用价值，强调与具体情境结合，"因地制宜"（张钢，2017）。因而对中庸在领导行为上的反映这一问题的探讨也就成了重要的问题，并且行为是探讨领导者对组织或员工影响更为直接的视角。

基于以上研究回顾，本研究将中庸界定为个体在面对冲突和矛盾时，接纳矛盾双方共克共生的关系，多方搜集和分析信息，从大局出发做后果推演和全局思考，以时中、权变的方式在更高的维度上协同整合冲突的双方，力图达致各要素的和谐共荣（即多方思考、整合性、和谐性）。而目前研究最为集中的中庸思维是将中庸作为一种处理具体事件的思维模式，即个体对"如何做"的思考。本研究在此基础上进一步提出中庸领导行为的概念，即中庸思维在领导行为上的反映，在中庸思维影响下的"领导者如何做"的行动特色。这既丰富了中庸现有的构念探讨，也丰富了中国本土领导力理论的研究。接下来，我们首先以中庸思想、阴阳哲学和整体论为理论基础，探讨中庸领导行为的内涵和定义，并深入分析中庸领导行为对团队创新的影响。

二、中庸领导行为概念的界定

（1）中庸领导行为的理论基础

本土领导力的理论研究需要建立在严谨的对本土独特概念的捕捉和定义之上（曹仰锋，李平，2010）。中庸领导行为的研究需要对其哲学基础进行界定。中庸虽然源于《中庸》一书，实际上可谓是中国古代思想的集大成者（菜锦昌，2000）。无论是儒释道、诸子百家，甚至西方哲学，许多都以"中"为至道（杨中芳，2014）。为了更准确、具体、普遍性地阐释中庸领导行为这一构念的内涵，本书将以下三种哲学思想作为中庸领导行为的哲学基础。

①中庸哲学。中庸领导行为首先是扎根于中庸哲学的思想。孔子最早对中庸的定义主要包括过犹不及、恰到好处。"中"的思想经过后续发展融合了各传统学派的精髓，成为儒释道三家的至道、中国传统哲学的共识（杨少涵，2019）。中庸思想的核心围绕着"执两端而允中"，其蕴含着丰富的价值观和方法论。首先，在认识事物和理解问题时"以中为美"。任何事物都包含着两面性（"一体两面"），矛盾的元素既对立又相互依存（"共克共生"），所以需要全面地搜集信息、辩证地看待问题，了解事物的正反面，以整体视角和全局观念认识环境，即拿捏出合适的"度"。其次，在方法论上讲求"时中"。"执两端"并不是为了选择某一端，而是在更高的维度上协同与整合，矛盾的要素相互消长、可以达到动态的平衡。再次，后续重要的一点对"中"的补充是"权"，强调场依性和变通性，指依时间和环境等做出调整，在不同的环境中权衡自己的表现和行为，灵活地分析和应对矛盾。最后，在决策执行时充分考虑行动后果，秉持和谐性的准则，追求和而不同，包容多方面的观点，达到各矛盾要素的共生最优（陈春花，尹俊，杜运周，录用待刊）。总体而言，"整个中庸体系中，内心的中、外在的节以及最后结果的致中和，是最核心的概念"（吴佳辉、林以正，2005）。

②阴阳哲学。中庸领导行为还包含了阴阳哲学的思想。"一阴一阳谓之道"，其认为世界上所有的事物都由相反的两面构成，并且两者相互依存，不可分割，这是基本的规律（Fang，2012）。李平（2013）将阴阳哲学归结为三大规律性维度：整体性、动态性与对立统一性，这分别对应了中庸所强调的全

面性、整合性与和谐性。首先，根据阴阳哲学，矛盾是组织所固有的，并且矛盾的双方不可分割，不能通过割裂、孤立的方式处理矛盾，矛盾的双方都统一在世界的整体系统中，因此要接纳矛盾，并以全局、整体的眼光看待对立的双方。其次，阴阳双方此消彼长，可以达到动态的平衡，因此领导者应该根据组织的内外部环境积极调整，寻找矛盾双方协同整合的方法，在更高的维度上达到两者的共存和相容。再次，最终的目的是达到矛盾要素的和谐共荣，中庸追求"中和"，以阴阳并存、平衡为美。

③整体论。中庸领导行为还包含了整体论的哲学思想。以奎因（Quine, 1951）提出的整体论（Holism）为发端，这一理论指出外部世界是具有整体性和系统性的，整体不能简单地归结为其组成部分，同时，不能孤立地看待某一事物，而应该在更大的整体中认识事物之间的相互联系和作用。矛盾的双方相互依存不可分割，统一在更大的系统中（Reihlen, Klaas-Wissing, & Ringberg, 2007），需要从全局的观点出发才能找到双方动态共存的可能性。作为能动的个体（例如领导者），只有具备高水平的认知整合复杂性，通过整合性的、创造性的方案在矛盾双方之间寻求协同，才能有效地处理复杂的矛盾问题（Ambrose & Schminke, 2003）。

（2）中庸领导行为的内涵与结构

基于现有文献，本书将中庸领导行为定义为：源于中庸思维的，强调以大局为重，全面搜集并整合多方面的信息（尤其是相互冲突的信息），通过对矛盾双方平衡共存之"度"的拿捏，寻求不同要素共生共荣的方法，并注重人际和谐的领导行为。因而本书提出的中庸领导行为关注在中庸思维影响下，领导者在影响下属的具体行动方案选择与执行、以及人际关系处理等方面的行为特点。根据学者们前期研究积累，中庸领导行为可归属于具体行动层次，虽然学者们对这一层次的定义有所差别,但基本可以从三个方面进行探讨(基于目前学者们接受和使用范围最广的吴家辉和林以正(2005)的研究、杨中芳等学者的总结(杨中芳,2010;杨中芳,林升栋,2012):全面分析性相关行为,权变整合性相关行为,以及和谐共生性相关行为。这三方面分别对应择前审思、行动策略选择和执行方式三个行动步骤的特点。

全面分析性相关行为,即领导者强调在决策前充分收集信息,审时度势,从多个角度全面、动态地分析和处理信息,从顾全大局的角度决策和行动。中庸思维强调仔细观察事态的来龙去脉,"找出关键阴阳态势,从而就自己可能采取的行动向两极做沙盘推演(后果推衍)。把自己放在一个更大的空间及时间框架来审观形势变化"(杨中芳,2010:14)。相应地,中庸领导行为会向下属强调用多面、发展的眼光看待问题,鼓励下属搜集多种信息,思考问题的正反面,并不急于做决策,而是从更加全局和长远的角度搜集和分析信息。具体的行为例如领导者自身注重从全局的角度进行决策和行动,处理事务或人际关系时皆以团队或组织的整体目标为重,关注自身或下属的行为对全局的影响;激励下属从大局出发分析和解决问题、以整体动态的眼光捕捉环境的变化,鼓励下属积极建言献策,尤其希望听到多样化的、正反面皆有的看法。

权变整合性相关行为,即领导者会包容下属的多方观点(尤其是相互对立和冲突的观点),在此基础上整合多样化的信息和想法,兼顾多个方面,找到矛盾因素间相互连接或互补之处,达到平衡。中庸强调对多样性的包容和整合,过犹不及、执两用中、刚柔并济。同时这也暗含着一定的权变性,在整合矛盾双方时结合现实情况,因地制宜地调整,达到"时中",实现内外部、组织与情境等的动态平衡与整合。具体的行为例如,决策时既有自己的判断也结合下属的意见,在制定决策时既注重短期利益也注重长期目标,既注重稳定发展也注重变革创新，既注重利用现有资源也探索新机会，在冲突与矛盾中寻找在更高维度上协同、整合的方法，并且考虑环境的动态变化，适时调整、有所侧重。

和谐共生性相关行为，即领导者注重以和谐的方式处理冲突，"和而不同"，对于对立意见和冲突充分沟通、辨析、协作，兼容其合理因素、优化决策，鼓励下属尊重他人的不同意见，并以灵活和创造性的方式解决冲突，实现共生共荣。通过群言堂、百家争鸣，容许不同意见充分抒发和交锋，才能提高得"中"的可能性。具体的行为例如领导者以内外部和谐为行动准则；包容不同的下属、多样的观点，但并不是"和稀泥"或回避冲突，而是引导下属以信任、合作的方式达到任务完成和人际相处等的共赢，营造和谐的团队氛围等。

（3）中庸领导行为与类似概念的区分

本书提出的中庸领导行为与已有的一些相关领导行为的概念不同（具体的联系与区别请见表14）。可以看到悖论领导行为/双元领导行为与中庸领导行为的整合性维度较为类似，都强调矛盾双方的互相联系和共存。但非常重要的区别是，中庸领导行为遵循"非线性原理"，即矛盾的双方（例如个人需求和结构需求）对结果的影响并不是简单的两者皆有最佳，而是"适度"效果最好，即强调对"度"的拿捏。这种"度"的具体范围要依照条件进行调整。以个人需求和结构需求为例（如图15所示），悖论领导或双元领导认为最佳领导行为是同时满足两种需求的线性组合，而中庸领导行为强调通过求"中"实现"适度"，即通过全面分析性、和谐共生性、权变性等方面，关注全局和长远结果、注重环境变化和人际和谐等选择合适的"度"来整合矛盾的双方。另外，中庸领导行为与辩证领导行为也不同。辩证领导行为（黄鸣鹏，王辉，2017）源于辩证思维，主要关注的是矛盾的变化，强调矛盾的双方会演变成新的合成物，而后者也会促成新的对立因素的产生，因而强调通过动态的眼光来认识矛

表14 中庸领导行为与类似概念的区别与联系表

领导行为	理论基础	内涵	包含维度	对矛盾及资源的认识	主要适用范围	与中庸领导行为联系	与中庸领导行为区别
中庸领导行为	中庸思想；阴阳哲学；整体论	源于中庸思维的，强调以大局为重，全面搜集并整合多方面的信息（尤其是相互冲突的信息），通过对矛盾双方平衡共存之"度"的拿捏，寻求不同要素共生共来的方法，并注重人际和谐的领导行为。	①全面分析相关行为；②权变整合性相关行为；③和谐共生性相关行为	矛盾双方相互依存，统一于整体中；可以通过整合在更高的维度上达到和谐共生即"中"。虽然资源是稀缺的，但通过矛盾双方的协同可以创造新的资源，从而达成多个目标。	信息搜寻、决策以及人际关系处理		
悖论领导行为	阴阳哲学	领导者具备一系列看似相互对立、实则相互关联的行为来满足矛盾的工作和员工的需求	①既关注自我也关注他人；②既和下属保持距离又和下属保持紧密关系；③既要求下属整齐划一又允许下属发展个人特色；④既强调授权又允许下属自主性；⑤既保持控制又给予一定的自主权	同时关注多个矛盾，认为事实是多元的。矛盾是组织固有的，无法彻底消除。矛盾的双方相互依存，一定范围间此消彼长，最终达到阴阳平衡。资源是充足而非匮乏的，领导者可以通过开发、整合资源兼顾多种矛盾。	人员管理	都基于阴阳哲学，强调矛盾双方对立统一、不可分割，对立的事物在一定条件下可以相互转化。与中庸领导行为较为类似，都强调矛盾双方的互相联系和共存。	中庸领导行为调整体性以及各因素的"和而不同"，包含全面分析性、和谐共生性、权变性等方面，并且更为关注领导者的行为处理信息决策方面的内涵并发生的管理情境并不相同。

续表

领导行为	理论基础	内涵	包含维度	对矛盾及资源的认识	主要适用范围	与中庸领导行为联系	与中庸领导行为区别
双元领导行为	双元理论；权变领导理论	由两种差异互补的领导行为所构成的新型领导风格，以及目在二者之间转化。	二维结构，但具体的结构存在一定争议，主要包含以下几种：①开放型行为，闭合型行为；②变革型领导，交易型领导；③授权型领导，命令型领导；④运营型领导，创新型领导等。	关注某一对矛盾，认为实是双元的。资源是稀缺的，领导者可以通过资源的整合和重新配置达到平衡中的稳定。	企业学习与创新	都关注矛盾的双方，提倡创造性地兼容矛盾并达到平衡。	双元的构念以西方还原论哲学为基础，强调整体是部分之和，通过拆解与分离解决矛盾。而中庸认为矛盾存在是合理的，包容、整合各方矛盾的双方，达到矛盾要素的共生共荣。
辩证领导行为	辩证思维（变化原则、矛盾原则、联系原则）	以动态的眼光关注和分析环境中的变化和下属的差异，以全局观领导企业的协调、运作和发展，以统一和联系的思维灵活调整企业战略和对下属的领导方式。	①预判趋势；②适时调整；③因材施教；④权衡矛盾；⑤恩威并施；⑥推进协调；⑦全局管理	矛盾的双方是不断变化的，会消融在新的合成物中，而新的合成物也会促成新的合立因素的产生。要想有效应对矛盾的存在，接受矛盾的存在，通过动态平衡、变化发展，变化的眼光实现动和使用资源，产生新的资源。	企业战略管理	两者都关注矛盾的整体性，相互间的联系和动态变化。	辩证型领导管理者探讨如何应对复杂、多变和充满矛盾的环境，其内涵关注矛盾变化和发展。中庸领导行为关注如何引导团队全面地搜集信息，多方整合，处理矛盾关系和处，并注重人际和谐。

盾双方的形势变化，通过不断调整矛盾之间的关系来实现动态平衡。这一领导行为建立在辩证法之上，认为矛盾的双方可以并且应该向对方完全彻底并无条件的转化，强调新旧的必然替代关系，但中庸领导行为建立在这样的认识上：矛盾双方的转化只能是部分并且是在一定的条件下进行的，是"差异和合"，即各要素之间相互调和、协同或互补（何轩，李新春，2014；林毓生，1988）。

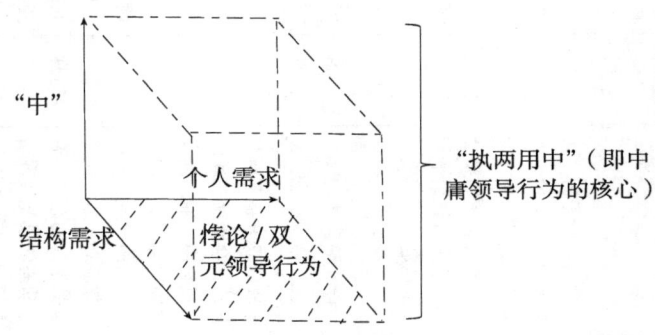

图15　中庸领导行为与类似概念区分的示意图

三、中庸与创新关系的研究现状

目前有部分研究探讨了中庸思维与创新的关系，但研究结果存在较大的不一致，可以分为正向和负向两大类研究结果：

（1）中庸思维提高创新或作为边界条件促进创新

主效应方面，廖冰和董文强（2015）指出中庸思维的"权变适中"有助于培养员工的动态思维，有利于员工根据环境变化找到新的解决方案，并且在"和"的前提下表达自己的观点，从而产生和谐的学习和交流氛围。他们发现中庸思维通过提升组织和谐激发员工的创新行为。杜旌和段承瑶（2017）发现员工的中庸价值取向通过影响员工的环境掌控感提高员工的渐进式创新（任务导向作用路径），通过建立良好的人际关系提高员工的帮助行为（关系导向作用路径）。张光曦和古昕宇（2015）提出创造力本身蕴含着矛盾，中庸的阴阳思想和对立转化可以帮助个体解决这一难题；中庸强调的整体性有利于个体广泛地搜集信息；中庸强调的整合性和多面性有利于创意的产生。他们发现中庸思维通过提升员工满意度对员工创造力带来正向影响。胡婉丽（2011）发现中庸提倡通过和谐的方式处理个体自身的内心冲突和人际冲突，因此要求个体通过创新的精神和灵活多变的方法和技巧解决问题，从而中庸对组织成员的创新意愿会产生正向的影响。周晖等人（周晖，夏格，邓舒，2017）指出高中庸思维的员工追求和而不同，并且更能够适应环境，因而高中庸思维的员工无论是在正向还是在负向的差错气氛中都会展现出高水平的创新行为。魏等人（Wei, Chen, Zhang, & Zhang, 2020）发现中庸增强企业家自我效能对工作满意度的正向作用，从而提高企业家的创新行为。

边界条件方面，姚艳虹和范盈盈（2014）提出中庸思维的多方思考、整合性、和谐性会促使员工展示积极行为、关注组织的目标并做出贡献。他们发现中庸思维强化个体需要—组织供给匹配、以及工作要求—个人能力匹配对员工创新行为的影响。

（2）中庸思维降低创新或作为边界条件抑制创新

主效应方面，李锐等人（李锐，田晓明，柳士顺，2015）指出高中庸倾向的个体在遇见意见不合时易于放弃自己的观点，并且运用自律来约束自我行为，因而在须打破规则、标新立异时表现出明显的保守型。他们发现中庸倾向对员工亲社会性规则违背行为（Pro Social Rule Breaking, PSRB）有显著负向影响，并且会减弱仁慈领导与员工PSRB的正向关系。

边界效应方面，姚等人（Yao, Yang, Dong, & Wang, 2010）指出高中庸思维的个体追求"折中"，所以不会最大化自己的收益、常常妥协，在遇到反对或冲突时为了和谐易于放弃自己观点。因此他们发现对于高中庸思维的个体来说，其创意（creativity）与创新行为（innovation behavior）无显著相关，而对低中庸思维的个体则显著相关。唐等（Tang, Ma, Naumann, & Xing, 2020）提出在环境不确定条件下，中庸思维会使得个体过于关注他人对自己行为的接受度，从而易于妥协和放弃，因此对于高中庸思维的个体，新冠病毒带来的不确定性会减少创新。

由此可见，中庸与创新的关系的研究结果非常不一致（总结见表15），原因可能包括：对中庸的定义、测量存在较大争议；实证研究中缺乏合理的理论基础和科学严谨的研究方法；另外，创新是极其复杂的过程（Anderson et al., 2014），需要深入探讨中庸对其产生影响的内在作用机制和边界条件，但目前大多数研究并没有进行细致的分析。

表15 中庸与创新关系研究的回顾表

学者	中庸与创新关系	中庸与创新关系的论据	文章类型
Yao, Yang, Dong和Wang（2010）	负向	追求"折中"，妥协，在冲突面前为了和谐放弃个性化	实证
胡婉丽（2011）	正向	通过和谐方式处理个体冲突，提升组织成员应对冲突的创新意愿	实证
姚艳虹和范盈盈（2014）	正向	思考多面性、决策整合性和执行和谐性，带来信任与合作的和谐状态，从而强化个体需要—组织供给匹配，以及工作要求—个人能力匹配提升员工创新行为	实证
李锐，田晓明和柳士顺（2015）	负向	遇见意见不合时易于放弃自己的观点，并运用自律来约束自我行为，因而在创新方面相对保守	实证

续表

学者	中庸与创新关系	中庸与创新关系的论据	文章类型
张光曦和古昕宇（2015）	正向	帮助个体解决创造力中蕴含的矛盾；整体性有利于个体广泛地搜集信息；整合性和多面性有利于创意的产生	实证
廖冰和董文强（2015）	正向	通过提升组织和谐激发员工创新行为	实证
杜旌和段承瑶（2017）	正向	通过影响环境掌控感提高员工的渐进式创新	实证
魏江茹，孙悦和刘宁（2017）	正向	通过提高知识共享促进员工创新行为	理论
周晖，夏格和邓舒（2017）	正向	追求和而不同，使员工更能够适应环境，展现出高水平的创新行为	实证

中庸领导行为将带领团队有效应对创新中蕴含的张力（见图16）。团队创新绩效包含多个方面，不仅涵盖创意的产生，还包括对创新实施的方法和资源的寻求，以及最终创新思想的推广和应用（Anderson et al, 2014）。团队创新蕴含着大量的冲突和矛盾，领导者如何带领团队应对这些矛盾的研究还比较稀少，中庸领导行为能对此做出一定的补充。首先，团队创新统一于组织的大目标之下，并要与外部环境相适应。中庸所强调的从整体出发、以全局的观点看待问题和寻求解决方案，正是对这一需求的回应。其次，团队创新思想的产生需要发散性的思维、搜寻和分析多样的信息，并通过团队成员的合作、整合各种备选方案，建立新旧连接。好的创意往往需要适当的团队冲突、思维的碰撞，兼顾新颖性与实用性、冒险精神以及与组织目标相符等矛盾的因素。中庸领导行为将引领团队全面搜集信息、从多个角度分析问题，搜寻、包容并积极分析相互冲突的视角，因此鼓励团队成员勇于分享不同的观点、听取他人意见，并在此基础上进行知识的连接和整合。此外，团队创意的实施也面临组织

资源、制度等的约束，在中庸领导行为的激励下，团队将多方面评估创新方案的优劣、适时调整。同时，中庸领导行为营造的和谐氛围将激励成员秉持和而不同的准则、建言献策，从而完善创新思想。这将提高创新方案与环境需求的匹配程度，提高对内外部环境的适应性，促进创意的成功施行。再者，团队创新蕴含的张力往往使得团队成员采取防御性的态度、产生冲突感和威胁感等压力（Miron-Spektor et al., 2010），中庸领导行为强调的和谐共生性行为将引导团队成员在充分抒发自己意见的同时，以开放和包容的心态听取和分析不同意见，减少其负面感受。本书接下来将在定义中庸领导行为的基础上，探讨其对团队创新的影响机制和边界条件。

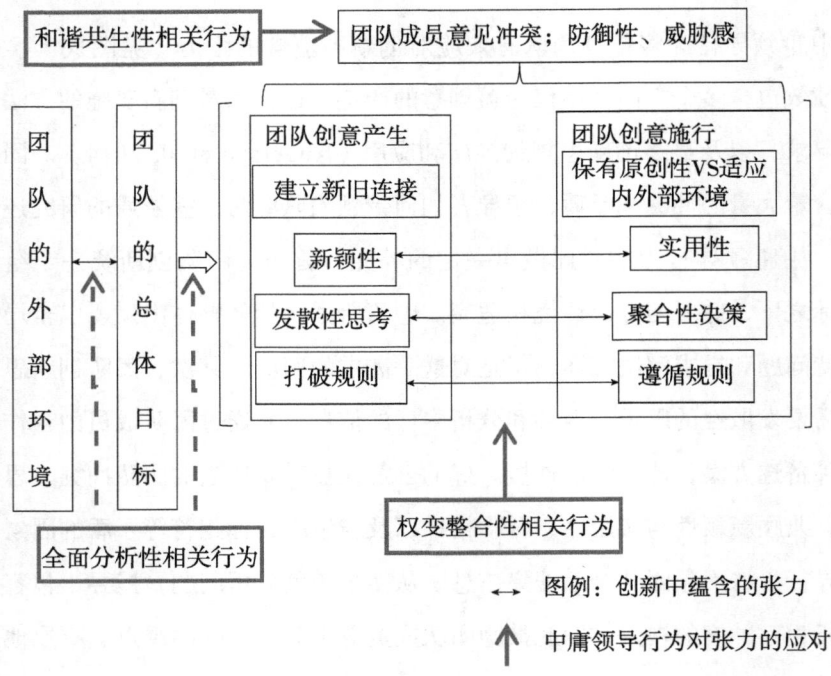

图16　中庸领导行为对团队创新中张力的应对图

第三节 中庸领导行为对团队创新影响的理论模型构建

一、动机性信息加工理论视角下的中庸领导行为与团队创新

从中庸领导行为的内涵来看，中庸领导行为不仅关注决策时的信息搜集和处理，还关注人际关系的和谐，因此中庸领导行为可以从多个角度影响团队过程。中庸领导行为在引导团队全面、整合性地处理信息的同时，能提升团队和谐性，兼顾了团队的任务完成和积极人际关系的建立，提高了团队处理复杂问题的能力，并激发团队对复杂问题的探索，这对引导团队有效应对创新所蕴含的矛盾具有重要的作用。根据动机性信息加工理论（De Dreu, Nijstad, & van Knippenberg, 2008），团队的信息处理和决策很大程度上受到情境激励线索的影响，而领导在其中扮演着非常关键的角色（Randall, Resick, & DeChurch, 2011）。团队在处理信息时有两大类动机：认知动机（epistemic motivation）和社交动机（social motivation）。认知动机指团队深入、多方面和准确地认识世界以更好地完成任务或解决问题，在其驱动下，团队将进行复杂精细的系统性信息加工（吴梦，白新文，2012）；社交动机指影响团队成员对团队中自己与他人关系的偏好，可以分为利己（proself，即个体关注自己的利益和福利）和利他（prosocial，即个体关注公平和集体共同的利益，力图达到和谐互赢）（De Dreu, Nijstad, & Van Knippenberg, 2008）。认知动机将促使团队花费较多的时间和精力在广泛的信息搜寻、思考和讨论多种解释和方案上，这使决策更加全面的同时也会延迟决策（De Dreu et al., 2008）。认知动机将使得团队对不同意见有更大的容忍度，建立平等、参与式的互动方式，因此有利于决策的全面性和创意的产生。社交动机方面，当团队成员偏向于利己时，会关注自己的利益和感受，提出自己的看法和建议等；而当团队成员偏向于利他时，往往会采取合作的态度，团队更容易达成共识。

本书提出中庸领导的全面分析性和权变整合性相关行为是影响团队认知动机的因素，会促使团队成员广泛、深入地搜集和处理多样的信息，适时调整并整合冲突的观点以找出最佳解决方案。中庸领导的和谐共生性相关行为是影响团队的社交动机因素，其强调"和而不同"，兼容个体和群体，以灵活和创造性的方式兼容并蓄，所以和谐共生性既引导团队成员的利己倾向，也会引导团队成员的利他倾向，为了达到团队整体的和谐积极沟通和合作。

二、中庸领导行为对团队创新绩效的作用机制

中庸领导行为能促进团队成员广泛搜集信息，尤其是对反面信息的搜寻（team search for disconfirmatory information）（Kray & Galinsky, 2003）。首先，中庸领导行为的全面分析性行为使得团队成员系统、广泛地搜集信息，并且时时观察内外部环境，从多角度思考和分析信息（陈建勋等，2010）。全面分析性意味着对矛盾对立面的观察和思考，做到正反兼顾，不仅要搜寻肯定现有观点的信息，也要积极搜寻潜在的反面意见和冲突的信息，并从全局出发思考事物的两面，这有利于团队发现问题并创造性地解决问题（Paletz & Peng, 2009）。其次，在中庸领导行为的权变整合性相关行为的影响下，团队成员将包容和整合多样的观点，因而团队成员也将积极搜寻和分享反面的信息或意见。此外，中庸领导行为的和谐共生性会提升团队成员间的良好人际关系、减少情绪冲突（陈岩等人，2017），使得使团队成员相互信任、坦诚地分享自

己的观点并充分考虑多方面意见,因而促进反面信息的搜寻与分享。所以我们提出:

命题1a:中庸领导行为正向影响团队反面信息搜寻。

中庸领导行为还将促进团队成员的行为整合(behavioral integration)(Simsek, Veiga, Lubatkin, & Dino, 2005)。团队行为整合指团队成员在多大程度上参与到集体互动和信息交换中,包括三个方面:合作行为,信息交换的数量和质量以及共同决策。首先,中庸领导行为强调的全面分析性将促进团队成员广泛地搜集信息并充分交流信息,营造宽容的氛围,提升员工建言的心理安全感,使得员工勇于提出不同的意见(蒋文凯等,2016)。团队成员对待各种信息,尤其是相互冲突和矛盾的信息将进行系统分析和思考,这将提高团队成员间信息交换的数量和质量,并促进团队成员间的相互合作。其次,中庸领导行为强调的权变整合性,即在信息分析和决策制定中整合多方观点,并根据情况变化适时调整,这将激励团队成员勇于发表意见、开放地倾听和分析对方的意见和寻求合作,提升团队成员的相互信任(陈岩等,2017),使得团队成员共同理性地考虑各种信息和意见,从而提高团队成员的行为整合。此外,中庸领导行为倡导的和谐共生性会激励团队成员包容多样性,尊重不同意见,在遇到冲突时利用灵活多变的技巧创造性解决问题和化解冲突,"和而不同",兼容并蓄,共同商讨和决策。因此我们提出:

命题1b:中庸领导行为正向影响团队行为整合。

以往研究指出反面信息的寻找将使得团队更加全面、准确地搜集和处理信息，避免团队成员片面处理信息、降低决策偏差（Kray & Galinsky, 2003）。决策全面性是一个重要的团队过程变量，是指在决策制定过程中，团队对决策完整性和全面性的追求程度（Fredrickson, 1984; Friedman, Carmeli, & Tishler, 2016）。其描述了团队在广泛搜集信息、考虑多种观点和行动方案，并采用多种标准评估和选择方案上所付出的努力程度（Fredrickson & Mitchell, 1984: Miller, Burke, & Glick, 1998）。决策全面性能够帮助团队作出周全的判断，给与决策者更多关于环境整体性的启发，对决策作出更为真实的评价（Tor & Bazerman, 2003）。首先，反面信息的积极搜寻将促成团队更深刻地分析决策环境，产生多元的想法和观点，全面地分析和解决问题，提高团队决策全面性。其次，通过反面信息的搜寻，团队成员能够看到相互矛盾或冲突的因素，积极地寻求理想、完善的方案来处理好张力（Miron-Spektor, Gino, & Argote, 2011）。再次，通过反面信息的搜寻，团队成员往往会产生冲突感（sense of conflict），迫使团队成员积极观测和适应环境、对新的信息更加敏感（Fong, 2006），摈弃先入为主等偏见，从而更加深入全面地处理信息（Miron-Spektor et al., 2011）。

命题2a：团队反面信息搜寻正向影响团队决策全面性。

高水平的团队行为整合会使得团队充分利用互补的资源和技能等，协调各种关系，增加团队有效的角色组合，提升信息沟通的质量和数量（张德胜，金耀基，陈海文等，2001），从而拓宽其决策的广度；这将提高团队处理和分析信息、应对复杂的外部环境等的心智能力，提高团队的认知复杂性（Yukl,

2002），也有利于提高其决策的全面性；同时，团队行为整合使得团队考虑环境变化等各种因素的影响，提高团队适应不同环境、灵活应对各种挑战的能力，从而提高其决策的全面性。最后，通过信息共享、相互合作和共同决策，团队成员更能够理解决策并为决策出谋划策，提升团队成员对决策的情感接受性，根据行为决策理论，决策参与者的态度、情感以及动机等会影响决策效果，团队成员的参与和合作将有助于产生完善的决策结果（Hambrick, 1994）。

命题2b：团队行为整合正向影响团队决策全面性。

团队决策全面性会正向影响团队创新绩效。已有研究发现团队决策全面性能够带来高水平的团队知识创造（Mitchell, Nicholas, & Boyle, 2009）和新产品开发（Slotegraaf & Atuahene-Gima, 2011）。首先，具有高水平的决策全面性的团队会从多方面搜寻信息、从多个角度思考问题和评估潜在的解决方案，不排斥相反的或相矛盾的信息，不断接触新信息，团队对模糊性的容忍程度和开放度较高，以往研究表明这会提升团队创意。例如，当团队内部出现少数不同观点时，这些异议可以得到充分的表达，激发团队更加深入、细致的讨论（De Dreu & West, 2001; Nijstad, Stroebe, & Lodewijkx, 2002）。不同视角的碰撞有利于创意的产生（Atuahene-Gima & Li, 2004; Slotegraaf & Atuahene-Gima, 2011）；同时，这会防止群体思维（group think），消除重要的降低创造力的障碍（Nemeth & Ormiston, 2007）。团队成员会积极提出新颖独特的见解，使得团队全面、客观地评估各种信息并积极整合各种视角（Sniezek, 1992），有利于提高团队创新。

其次，除了全面地搜集和评估信息，决策全面性会使得团队整合不同的观点、建立新的连接，而创新需要将看似不相关、甚至是矛盾的观点联系起来（Shalley, Gilson, & Blum, 2000）。团队会反复思考旧知识与新信息、不同备选方案的异同，在先前的经验、积累的知识和新环境之间建立联系，从而提高创意产生和施行的可能性（Friedman & Carmeli, 2018）。

更为关键的一点，也是以往文献较少涉及的方面，决策全面性能够平衡创新蕴含的矛盾，达到更好的创新效果。创新蕴含着新颖性与实用性，开发现有资源和探索新资源，打破规则和遵守规则等的矛盾（Atuahene-Gima, 2005; Jay, 2013; Miron-Spektor et al., 2011）。决策全面性的核心是高水平的包容性（inclusiveness），团队会将各矛盾因素都纳入考虑范围，兼容并蓄，通过提高团队全面处理复杂问题的能力，增加团队产生各种创意的可能性（Amabile, Barsade, Mueller, & Staw, 2005）。例如在设计新产品时，团队既会考虑产品的原创性、相较于现有产品的新颖性，也会考虑成本、企业或行业的现行准则和规定，从而产生高水平的团队创新绩效（Mitchell et al., 2009）。

命题3：团队决策全面性正向影响团队创新绩效。

根据以上命题，我们进一步提出中庸领导行为依次通过团队过程（团队反面信息搜寻和行为整合），以及团队决策（团队决策全面性）影响团队创新绩效。团队创新是一个蕴含着矛盾和冲突的复杂过程，需要团队成员积极有效地通过与他人互动等处理创新蕴含的张力，创造性地解决问题。总体来说，团队领导的中庸领导行为会使得团队成员留意自己的行为是否符合"和"的标准，这包括与外部环境的"和"，因此需要全面、多角度观测外部环境并适时调整，整合张力的双方，灵活积极地应对环境中的矛盾，做到阴阳平衡，这使得团队产生高水平的认知动机（Dereu et al., 2008）。这一过程中对矛盾双方的辩证思考（Paletz & Peng, 2009）、整合多样性等（Weingart, Todorova, & Cronin, 2008）会促进创意的产生，这实质上提升了团队的认知整合（cognitive integration）（Weingart et al., 2008）；另外，这还包括团队内部的"和"，即团队成员既利己又利他的社交动机（Dereu et al., 2008），在面对冲突和独特的观点时尊重对方、考虑对方的不同视角或利益，既接受个体的独特性也以团队共同目标为指导，达到"和而不同"，灵活、创造性地解决分歧，各种观点的交流与碰撞也将促进团队创新（De Dreu, 2006; Farh, Lee, & Farh, 2010），这实质上提升了团队的情感整合（affective integration）。认知整合和情感整合都有利于团队有效运转并创新（Weingart et al., 2008）。

命题4：中庸领导行为依次通过团队过程（团队反面信息搜寻和行为整合），以及团队决策（团队决策全面性）对团队创新绩效产生正向影响。

但这是否意味着中庸领导行为在任何情况下都会带来高水平的团队创新绩效？中庸领导行为对团队创新绩效的影响效果，还取决于一些重要的边界条件，我们将进一步探讨这一问题。

三、中庸领导行为对团队创新绩效影响的边界条件

中庸领导行为强调通过对信息全面、深入的搜寻和分析，拿捏"度"，兼顾个人目标和集体目标，这一方面可以充分获取和利用团队成员的资源，但另一方面需要花费大量的时间和团队精力，并且依赖现有的信息和环境。根据动机性信息加工理论（De Dreu et al., 2008），团队的认知动机和社交动机对决策

的影响还受到两方面因素的调节：团队成员投入的不可或缺性（member input indispensability）和任务紧急性（task urgency）。团队成员投入的不可或缺性意味着需要广泛、深入和仔细考虑所有团队成员的投入和建议，才能做出高水平的决策。因而当团队成员投入的不可或缺性高时，认知动机对团队决策的影响更加重要；同时社交动机中的利己和利他都更加有利于完善团队决策，一方面利己使得团队成员勇于提出不同的意见，另一方面利他使得团队成员们积极合作、整合不同视角，共同寻找解决方案。而任务紧迫性意味着团队成员需要快速决策，此时认知动机反而会产生不利的影响，因为广泛、深入和细致的信息搜寻和处理不利于团队快速决策，延迟时间、错失机会（Tschan, Semmer, Gautschi, Hunziker, Spychiger, & Marsch, 2006; Zacarro, Gualtieri, & Minionis, 1995）。

　　随着组织面临的环境越发多变和不确定，团队需要适应环境，积极面对新技术、需求变化等带来的挑战和机遇。所以不同于以往研究局限在团队自身的任务特点，我们将探讨团队所面临的环境特点如何影响其信息处理的过程和决策。我们选取环境不确定性作为重要的边界条件。同时，鉴于以往对环境不确定性的来源和影响存在一定争议，我们遵循Atuahene-Gima和Li（2004），进一步把环境不确定性分为技术不确定性和需求不确定性。

　　不同来源的环境不确定性对团队决策会产生不同的信息处理的要求。首先，技术不确定性给予了团队创新的机会，但这一机会有可能会迅速消失，因为技术的更新换代十分迅速、已有的技术可能会很快过时（Atuahene-Gima & Li, 2004）。因此技术不确定性与动机性信息加工理论中所指出的任务紧迫性相契合，技术不确定性越高，团队任务的迫切性越强。而决策全面性往往是以牺牲决策速度为代价的，决策全面性越高意味着团队会进行广泛系统的信息搜寻，这将降低决策的进程，以往研究也指出团队决策全面性本质上是一个缓慢的过程（Fedrickson, 1984）。其次，技术不确定性使得变化层出不穷并难以预料，组织难以进行全面的预测或反应（Atuahene-Gima & Li, 2004）。技术不确定性的相关信息往往是模棱两可的，具有高度的模糊性，经常可以进行多种解读，难以进行系统和完善的分析（Daft & Macintosh, 1981）。在实践中，大多数管理者也认为技术不确定性是难以通过全面分析进行应对的，此时试错（trial-and-error）的决策而非全面的决策会更加有效（Daft & Weick, 1984）。因而技术不确定性会削弱决策全面性对团队创新绩效的正向影响。

命题5a：技术不确定性负向调节团队决策全面性对团队创新绩效的正向影响。

结合上文所论述的中庸领导行为通过提升团队反面信息搜寻和团队行为整合，增强团队决策全面性进而提升团队创新绩效的命题，我们提出技术不确定性会削弱中庸领导行为对团队创新绩效的正向影响。首先，中庸领导行为在增强团队决策全面性的同时会降低决策速度，这在技术不确定高时反而会产生负面影响。其次，当技术不确定性高时，中庸领导行为带来团队决策全面性的积极影响会大大降低，因为此时技术带来的不确定性是难以通过系统的分析来应对的，此时不需要团队成员的广泛投入和参与决策。此外，中庸领导行为强调场依性（杨中芳，2010），高度依存于情境，倡导随具体情境不同而变化（杜旌，段承瑶，2017），但技术变革往往会打破与现有环境的和谐，用破坏性方法和力量以产生突破性的创新和思想（Leifer, 2000），与中庸领导行为倡导的执中、适度相悖。以往研究也指出中庸倾向于激励平缓改良的渐进式创新，而非颠覆性的激进型创新（杜旌，段承瑶，2017），而技术不确定性往往带来的是更具变革性甚至是破坏性的创新，与中庸求"中"求"和"的行为导向并不一致。

命题5b：技术不确定性负向调节中庸领导行为对团队创新绩效的影响。具体而言，技术不确定性水平越高，中庸领导行对团队创新绩效的正向影响越弱。

需求不确定性的调节作用则相反。需求不确定性与动机性信息加工理论中所指出的团队成员投入的不可或缺性相契合，需要团队成员广泛参与分析和决策。虽然顾客的需求存在不确定性，但顾客需求和偏好的改变很少与现有的需求存在巨大幅度的偏差（Chistensen & Bower, 1996），并且用户、特别是一些领先用户（lead users）会提出帮助团队开发新产品的看法和意见（Wheelwright & Clark, 1992）。因此团队可以通过详细的调研和分析而做出预测与应对（Atuahene-Gima & Li, 2004）。不同于技术不确定性，顾客需求不确定性较少出现跳跃式的巨大改变（Christnsen & Bower, 1996），因此团队可以通过全面决策进行应对。以往研究发现决策全面性在需求不确定性高时更能提高决策质量和新产品的最终绩效（Atuahene-Gima & Li, 2004）。所以决策全面性能够帮助团队通过完善的分析而开发满足客户需求的产品，从而带来高水平的新产品质量和绩效。因此我们提出在高需求不确定性的情况下，决策全面性会对团队创新绩效产生更强的正向影响。所以，

命题6a：需求不确定性正向调节团队决策全面性对团队创新绩效的正向影响。

进一步的，中庸领导行为所强调的充分收集信息，从多个角度全局、动态地认知环境、评估和分析多方信息和观点、兼容并蓄，这将有利于团队通过反面信息搜寻和行为整合提高决策全面性，从而进一步增强团队创新。在需求不确定性高时，这对于团队创新绩效更加重要，因为其更加有利于团队获取和分析客户需求的相关信息，开发出新颖实用的产品和服务。

命题6b：需求不确定性正向调节中庸领导行为对团队创新绩效的影响。具体而言，需求不确定性水平高越高，中庸领导行为对团队创新绩效产生的正向影响越强。

本书的理论模型如图17所示。

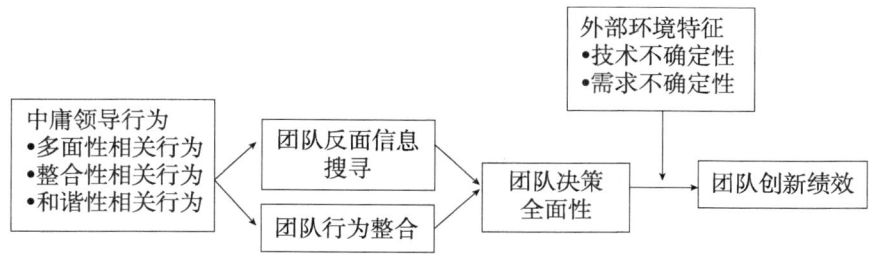

图17 中庸领导行为对团队创新影响的理论模型图

第四节 讨 论

一、理论意义

这一章节的理论意义主要体现在以下几方面：

第一，目前国内外管理学界均注意到了组织所面临的处理矛盾和相互冲突需求的管理情境，针对这一新管理情境的研究正在兴起，然而相关理论构建和实证检验仍然缺乏。同时，学者们也发现传统的西方管理理论并非能够完美地解决组织面对的复杂和矛盾问题，越来越多的学者呼吁关注东方的传统哲学思想。这一章节正是回应了这一呼吁，基于东方哲学思想精髓探索性地研究了中庸领导行为解决复杂矛盾的独特特点，为应对组织矛盾提供了新的视角。目前主流的西方领导力理论以简单、线性的方式应对冲突和矛盾。例如变革型领导行为虽然可以通过愿景激励、心智激发等对员工创新产生积极的影响，但并没有对创新中蕴含的变异增加（variance increasing activities，例如探索）和变异减少（variance decreasing activities，例如开发）双重需求的响应，对员工行为仍然是单一、线性的影响（Rosing, 2011）。权变领导行为理论虽然强调依环境而改变，但特定时期只聚焦某一个领导行为。西方领导力理论的哲学基础是二元管理哲学（陈春花等，录用待刊；Zheng et al., 2018），即矛盾是不合理的，管理者将矛盾进行二维拆解，通过"非此即彼"的方式解决其中的一方从而消除矛盾。不同于这一理论，这一章节提出的中庸领导行为以复杂的、多维的方式应对矛盾，引导团队成员辨析环境中的对立元素和力量，找出可以兼容各种矛盾元素和力量的方法，使各种元素和力量能产生互推、并济和共生的动力，最后达致和谐平衡的状态，为应对组织矛盾并促进创新产生了新的启示。

第二，虽然目前有类似的领导力理论提出以"两者/都"的方式在接纳和包容矛盾的基础上，以复杂的领导行为应对内外部环境的多变性和不确定性，这一章节提出的中庸领导理论具备一定的超越之处。双元领导行为和悖论领导行为都指出了领导者需要以复杂的行为方式兼顾矛盾的需求。如图1所示，虽然这两种领导行为理论也强调灵活性，即在看似相互矛盾的行为之间转换、随时变化，但其并不包含通过对"度"的拿捏实现"中"这一考量。中庸领导行为会向下属强调顾全大局，从更加全局和长远的角度做后果推演，鼓励下属搜集多种信息，思考问题的正反面，即"择前审思"，这是其他类似的领导行为所没有关注的。其次，中庸领导者对事物间复杂的互动关系非常敏感，追求各要素的和谐共荣，在人际互动上包容不同意见和冲突，通过掌握适度原则，寻求矛盾要素的协同促进，因而对"中和"的强调也是其独特之处。

第三，这一章节基于中国传统文化和中国企业管理实践，结合国内外已有的领导力研究，首次提出了中庸领导行为这一概念，丰富了本土领导力研究。"中国传统哲学与西方哲学对中国本土管理研究都必要，但二者的重要性是非对称的，中国本土管理研究应以中国传统哲学为主"（李平，2013：1250），并且要与西方哲学与现代科学相对话。响应这一倡议，这一章节以东方的中庸思想、阴阳哲学和西方的整体论为基础提出了中庸领导行为这一概念，其既有典型的中国传统思维的特点，是"中国式管理"研究与实践的一个总结，也与西方哲学有相通之处，具有普世性。改革开放40多年来，中国特色的管理实践得到了越来越多学者和实践者的关注。如何基于全球视野开展中国本土领导力研究，为增进人类的管理知识做出中国的贡献，已成为海内外管理学者共同关心的重大问题（曹仰锋，李平，2010）。这一章节提出的中庸领导行为正是对这一号召的响应，能为未来更深入、系统的本土化研究提供借鉴。此外，虽然大量的研究强调了中西方文化影响下的个体思维方式的差异（Nisbett et al., 2001），中庸领导行为所蕴含的整体观、整合复杂性等信息搜集和处理方式具有普适意义，因而对西方管理者同样具有启示意义。

第四，这一章节从较为新颖的视角——团队动机性信息加工理论，深入地探讨了中庸领导行为对团队创新的作用机制和边界条件，拓展了对团队创新的研究。团队创新是一个复杂的过程，需要对矛盾或悖论的有效解决，中庸领导行为引导团队成员兼容并蓄、和而不同，解决和利用矛盾，从而灵活、有创造性地解决问题，提升团队创新绩效。值得提出的一点是，在边界条件方面，这一章节提出了团队面临的技术不确定性和需求不确定性两个新颖的调节变量。虽然二者都反映了环境多变和模糊性对团队的挑战，但二者蕴含着不同的对团队信息处理的要求，对未来团队创新的相关研究也提供了新的启示。

二、实践意义

这一章节的实践意义主要体现在以下几个方面：

第一，梳理出了中国情境下中庸领导行为的内涵和表现形式，有利于我们深入理解和应用本土的领导经验。对中庸领导行为这一既源于中国传统哲学智慧，又反映当今中国企业管理的领导力理论进行科学分析，将有利于中国特色的管理经验的提炼和传播，对指导管理实践具有十分重要的意义。第二，对中庸领导行为的作用机制和边界条件的研究，将有助于企业选拔和培训领导者，并帮助领导者适时调整。基于本书揭示的中庸领导行为影响的边界条件和作用机制，领导者和员工可以更加全面地认识中庸领导行为的优缺点，进行灵活的调整。第三，对提升团队创新也有一定的启示。通过揭示中庸领导行为如何通过影响团队的信息处理和决策从而对团队创新带来影响，将帮助组织和领导者认识如何处理创新蕴含的张力和矛盾，从而带来高水平的团队创新绩效。

三、局限及未来的研究方向

这一章节的内容还有一些局限之处。首先，中庸领导行为与现有相关领导行为构念的区别和联系还有待系统的研究和分析。现有研究提出的悖论领导行为（Zhang et al., 2015），双元领导行为（Jansen et al., 2009），辩证领导行为（黄鸣鹏，王辉，2017）等构念，其哲学基础（包括阴阳哲学、辩证哲学等）与中庸哲学有许多相似之处，因此这些构念与中庸领导行为是包含被包含的关系，还是互相补充的关系，需要进一步分析和明确，这既需要从构念的哲学基础层面进行规范研究，也可以通过典型案例的定性分析来探究这些构念之间的根本差异。其次，中庸领导行为的前因、后果还有待进一步挖掘，究竟什么样的因素会导致中庸领导行为，中庸领导行为是特质相关还是后天习得的，中庸领导行为对其他的组织结果的影响如何，这些都有待更深入的研究。

因此，未来的研究可以在以下几个方面做出贡献。一是中庸领导行为的构念开发。本书从全面分析性相关行为、权变整合性相关行为、和谐共生性相关行为三个维度对中庸领导行为的内涵进行了阐述，未来需要通过严谨的构念开发方法对中庸领导行为的维度、测量条目等进行细化。当然，由于中庸哲学的复杂性和悖论特征，中庸领导行为的构念开发是极有挑战的。张等（Zhang et al., 2015）使用双边设计测量题目（double-barreled item design）来测量悖论领导行为的方法是一个值得借鉴的方式，即在同一个题目中表述一对看似矛盾的短语，这种设计体现了全面、整合等中庸哲学的特征，是一次突破性的探索。二是对中庸领导行为的前因分析。可能探讨的前因包括文化、个体特征、思维方式、价值观等，比如西方文化中崇尚"二元对立"，而东方文化崇尚"对立统一"，崇尚避免极端的选择，崇尚"以和为贵"的理念，这些都是中庸领导行为的核心特征。三是开展中庸领导行为对其他组织结果的实证检验，这类研究既可以包括基于典型案例的定性研究，也可以包括基于主客观数据的定量研究，以此验证和丰富中庸领导行为对团队和组织结果的作用机制与边界条件。

第五节 中庸对两种调节焦点交互的启示

在以上论述的基础上，本书进一步提出CEO的中庸领导行为能够带来高水平的高管团队的促进型调节焦点和防御型调节焦点，而两者的交互能够带来高水平的企业创新绩效。但这一关系受到环境不确定性（分为需求不确定性和技术不确定性）的调节。变量之间关系的模型如图18所示：

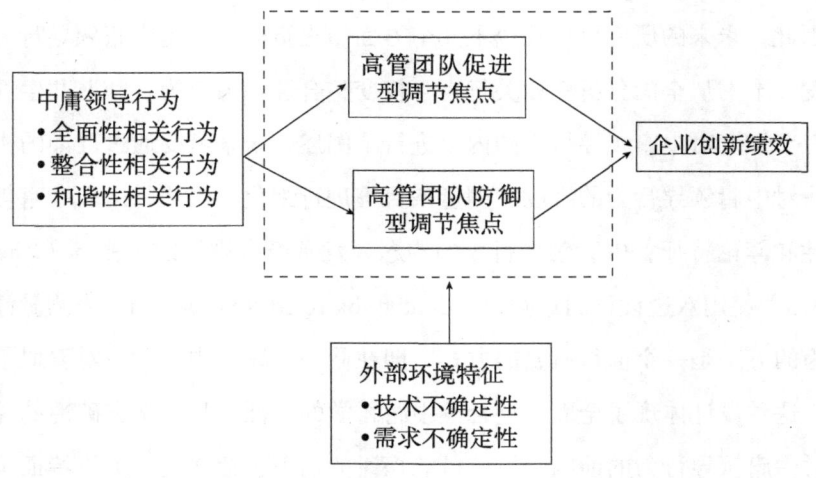

图18 中庸领导行为对两种调节焦点交互的作用模型图

具体而言，当高层管理者既具备高水平的促进型调节焦点，又具备高水平的防御型调节焦点时，企业的创新绩效最强。

首先，创新绩效（creative performance）不仅包含创意（creativity）的产生，还包含创意的成功施行（Eisenbeiss, Van Knippenberg, & Boerner, 2008; Hülsheger, Anderson, & Salgado, 2009）。虽然促进型调节焦点有利于创意的产生，但在成功施行创意，将创意转化为市场接受的创新产品和服务的过程中，防御型调节焦点也能发挥积极的作用。高层管理者的防御型调节焦点引导企业和员工关注企业内部和行业的规范、关注创意的合规性和可操作性，从而较好地对备选方案进行筛选，提高创意的施行和成功的可能性，从而全面提高团队创新绩效。事实上，以往学者指出了团队的决策过程是将信息和主意转化为创新性的产品和服务的关键过程（De Dreu & West, 2001）。因此，既有高水平的促进型调节焦点，又有高水平的防御型调节焦点的高层管理者最有可能带来高水平的创新绩效。

具体而言，CEO的中庸领导行为可以通过以下两种方式提高高管团队的两种调节焦点。首先，CEO可以作为榜样（Graen & Scandura, 1987; Shamir, House, Arthur, 1993），向高管团队成员展示如何接受并包容复杂环境中出现的矛盾（Fang, 2005），开拓创新与注重规则并重。CEO通过中庸领导行为强调既开拓创新，引领下属积极探索和尝试，提高高管团队成员的促进型调节焦点；又注重稳定和规避风险，避免不必要的失误，提高高管团队成员的防御型调节焦点。高管团队成员通过扩大他们对工作要求的整体理解，识别新出现的工作需求以及应对不断变化的工作环境，学会对挑战和可能性持开放态度（Detert & Burris, 2007）。因此，高管团队成员将更有可能适应矛盾、接受矛盾和冲突，并积极追求通过整合而非隔离的方式追求各方需求的"共赢"。通过对相互竞争的不同需求进行全面的分析和权衡，从而追求动态的平衡与和谐。领导者需要示范如何进行持久的学习，使用新的视角来对待看似不相容的复杂矛盾，追求超越现状的长期进步。通过中庸领导行为，CEO可以向高管团队成员展示如何在履行职责和遵守规则时保持灵活性（Parker, Williams, & Turner, 2006）。通过角色示范，CEO可以向追随者展示如何以开放、学习为导向，灵活熟练、适应性地接受、分析并整合矛盾。因此，CEO的中庸领导行为将为高管团队树立榜样，提高其促进型调节焦点和防御型调节焦点。

其次，CEO的中庸领导行为将创造既有约束力又给予下属发挥自主性的工作环境，从而提高其促进型调节焦点和防御型调节焦点。中庸领导行为一方面会建立约束下属的工作环境，强调规章制度和行为准则；与下属保持距离，对待员工一视同仁，明确结构性角色；建立高工作要求，保持决策控制，扮演好自身的结构性角色。约束工作环境强调规范及标准，高管团队成员据此了解他们的工作角色与责任，这将会带来高水平的高管团队的防御型调节焦点。同时，CEO通过中庸领导行为给予高管团队成员自由裁量权并包容多样性，积极听取不同意见、希望看到高管团队成员们多样化的观点，允许他们成为产生影响的焦点人物并追求团队的和谐，从而更好地利用他们的个人优势及能力，同时赋予他们权力以提高他们的自我激励（Srivastava, Bartol, & Locke, 2006）。当CEO把这些做法结合起来时，高管团队成员就会了解自己应该做什么（防御型调节焦点），也会清楚如何按照自己的想法以及为了团队的成功而做得更好（促进型调节焦点）。他们可以灵活自主地对待工作，相信他们可以变通规则及偶尔犯错，从而创造性地解决问题、提高企业绩效。因而在中庸领导行为的影响下，高管团队成员将学会满足复杂矛盾的要求，从而变得更具适应性（De Jong & de Ruyter, 2004），既积极开拓创新，也脚踏实地地施行创意，保证创新产品或服务兼具新颖性和实用性，从而有利于提高企业创新绩效。但如果CEO只强调结构层面、固守规章制度，高管团队成员可能只会严格遵守规则，墨守成规（高水平的防御型调节焦点，低水平的促进型调节焦点），无法适应任务的变化，最终不利于企业创新绩效的提升。而如果CEO只强调个性和随意性，随之而来的高管团队成员一味追求个性和冒险（高水平的促进型调节焦点，低水平的防御型调节焦点），也会对企业创新绩效产生负面影响。

简而言之，通过中庸领导行为，CEO将率领高管团队成员接受两面性要求，既具备高水平的促进型调节焦点，又具备高水平的防御型调节焦点，从而有利于提升企业创新绩效。中庸领导行为将带领高层管理团队有效应对创新中蕴含的张力（见图16），企业创新蕴含着大量的冲突和矛盾，高层领导者如何带领团队应对这些矛盾的研究还比较稀少，中庸领导行为能对此做出一定的补充。

此外，本书进一步提出以上关系受到外部环境特征的调节。高管团队面临的技术不确定性和需求不确定性是两个重要的描述其面临的外部环境的变量，二者都反映了环境多变性和模糊性对团队的挑战，但二者蕴含着不同的对团队信息处理的要求（详细论述见第八章第三节）。其中，技术不确定性要求团队迅速决策，并打破与现有环境的依存和联系，进行突破性地实验，这与中庸强调的"择前审思"和"因地制宜"相悖，因而会削弱中庸领导行为通过提高高管团队成员两种调节焦点从而对企业创新绩效的积极影响；而需求不确定性需要团队广泛的信息搜集和全面决策，其会加强中庸领导行为通过提高高管团队成员两种调节焦点从而对企业创新绩效的积极影响。当然，这一理论模型还需要进一步的实证证据来进行验证，并在实践中进一步的完善。

参考文献

中文文献

白重恩, 路江涌, 陶志刚.（2006）. 国有企业改制效果的实证研究. 经济研究,（8）, 4–13.

曹元坤, 徐红丹.（2017）. 调节焦点理论在组织管理中的应用述评. 管理学报, 14（8）, 1254–1262.

曹仰锋, 李平.（2010）. 中国领导力本土化发展研究: 现状分析与建议. 管理学报, 7（11）, 1704–1709.

陈建勋, 凌媛媛, 刘松博.（2010）. 领导者中庸思维与组织绩效: 作用机制与情境条件研究. 南开管理评论, 13（2）, 132–141.

陈强.（2010）. 高级计量经济学及 Stata 应用. 北京: 高等教育出版社.

陈岩, 陈忠卫, 蒋兵.（2017）. 中庸思维能够提升创业团队决策效果吗？——行为整合的中介作用. 科学决策,（7）, 85–104.

党兴华, 贺利平, 王雷.（2008）. 基于典型相关的风险企业控制权结构与企业成长能力的实证研究. 软科学, 22（4）, 136–139.

杜旌, 段承瑶.（2017）. 中庸影响个体的作用机制: 基于任务和关系视角的研究. 珞珈管理评论,（1）, 77–90.

杜旌, 冉曼曼, 曹平.（2014）. 中庸价值取向对员工变革行为的情景依存作用. 心理学报, 46（1）, 113–124.

杜旌, 姚菊花.（2015）. 中庸结构内涵及其与集体主义关系的研究. 管理学报, 12（5）, 638–646.

段锦云, 凌斌.（2011）. 中国背景下员工建言行为结构及中庸思维对其的影响. 心理学报, 43（10）, 1185–1197.

冯友兰.（2014）. 新世训: 生活方法新论. 北京: 北京大学出版社.

巩见刚, 胡子康, 卫玉涛. (2018). 传统文化与本土管理研究——对李鑫教授相关观点的一点思考. 管理学报, 15 (11), 1621-1628+1646.

何轩, 李新春. (2014). 中庸理性影响下的家族企业股权配置: 中国本土化的实证研究. 管理工程学报, 28 (1), 1-9.

黄金兰, Chung, C. K., Hui, N., 林以正, 谢亦泰, Lam, B. C. P., 程威铨, Bond, M. H., Pennebaker, J. W. (2012). 中文版［语文探索与字词计算］词典之建立. 中华心理学刊, 54 (2), 185-201.

黄鸣鹏, 王辉. (2017). 高层管理者的辩证领导行为: 一项探索性研究. 经济科学, (3), 115-128.

蒋文凯, 贾良定, 刘德鹏. (2016). 领导成员交换关系: 中庸思维和高承诺工作系统的影响研究. 珞珈管理评论, (1), 1-17.

郎艺, 王辉. (2022) 最大化收益还是最小化损失? CEO调节焦点的影响因素——基于中国上市公司面板数据的实证分析. 管理评论, 录用待刊.

郎艺, 尹俊. (2021). 中庸不利于创新吗? 中庸领导行为对团队创新影响的理论建构. 中国人力资源开发, 38 (6), 24-42.

雷星晖, 单志汶, 苏涛永, 杨元飞. (2015). 谦卑型领导行为对员工创造力的影响研究. 管理科学, 28 (2), 115-125.

李华香. (2005). 人际冲突中的中庸行动研究 (硕士学位论文). 广州: 中山大学心理学系.

李磊, 尚玉钒. (2011). 基于调节焦点理论的领导对下属创造力影响机理研究. 南开管理评论, 14 (5), 4-11.

李平. (2013). 中国本土管理研究与中国传统哲学. 管理学报, 10 (9), 1249-1261.

李锐, 田晓明, 柳士顺. (2015). 仁慈领导会增加员工的亲社会性规则违背吗? 心理学报, 47 (5), 637-652.

廖冰, 董文强. (2015). 知识型员工中庸思维、组织和谐与个体创新行为关系研究. 科技进步与对策, 32 (7), 150-154.

刘瑞明, 石磊. (2010). 国有企业的双重效率损失与经济增长. 经济研究, 45 (1), 127-137.

罗瑾琏, 赵莉, 韩杨, 钟竞, 管建世. (2016). 双元领导研究进展述评. 管理学报, 13 (12), 1882-1889.

毛畅果. (2017). 调节焦点理论: 组织管理中的应用. 心理科学进展, 25 (4), 682–690.

彭坚, 尹奎, 侯楠, 邹艳春, 聂琦. (2020). 如何激发员工绿色行为? 绿色变革型领导与绿色人力资源管理实践的作用. 心理学报, 52 (9), 1105–1120.

彭璐珞, 孙鲁平, 彭泗清. (2012). "减价30%" 还是 "打7折"? 一个基于调节匹配理论的促销框架效应. 营销科学学报, 8, 99–114.

尚玉钒, 李磊. (2015). 领导行为示范, 工作复杂性, 工作调节焦点与创造力. 科学学与科学技术管理, 36 (6), 147–158.

魏江茹, 孙悦, 刘宁. (2017). 领导者中庸思维, 知识共享和员工创新行为的关系——研究综述与理论分析框架. 领导科学, (7Z), 33–35.

魏江茹, 孙悦, 刘宁. (2017). 领导者中庸思维、知识共享和员工创新行为的关系——研究综述与理论分析框架. 领导科学, (20), 33–35.

吴斌, 刘灿辉, 史建梁. (2011). 政府背景, 高管人力资本特征与风险投资企业成长能力: 基于典型柑关方法的中小板市场经验证据. 会计研究, (7), 78–84.

吴佳辉, 林以正. (2005). 中庸思维量表的编制. 本土心理学研究, (24), 247–300.

吴嵩, 金盛华, 蔡颋, 李绍颛. (2012). 基于语言内容的谎言识别. 心理科学进展, 20 (3), 457–466.

夏绪梅, 纪晓阳. (2017). 辱虐管理对员工创新行为的影响——心理授权的中介作用. 西安财经学院学报, 30 (2), 62–67.

许灏颖, 杜晨朵, 王震. (2014). 道德领导对员工越轨行为的影响: 道德调节焦点和道德认同的作用. 中国人力资源开发, (11), 38–45.

许晟. (2018). 调节焦点视角员工追随选择分化: 前因与后果的影响机制. 心理科学进展, 26 (3), 400–410.

杨瑞龙, 王元, 聂辉华. (2013). "准官员" 的晋升机制: 来自中国央企的证据. 管理世界, (3), 23–33.

杨少涵. (2019). 佛道回流, 还是经学势然?——《中庸》升经再论. 文史哲, (3), 62–73+166–167.

杨中芳, 林升栋. (2012). 中庸实践思维体系构念图的建构效度研究. 社会学研究, 27 (4), 167–186+245.

杨中芳, 赵志裕. (1997, 5月). 中庸实践思维初探. 第四届华人心理与行为科际学术研讨会论文, 台北, 中国.

杨中芳.（2009）.传统文化与社会科学结合之实例：中庸的社会心理学研究.中国人民大学学报，23（3），53-60.

杨中芳.（2010）.中庸实践思维体系探研的初步进展.本土心理学研究，（34），3-96.

姚琦，乐国安.（2009）.动机理论的新发展：调节定向理论.心理科学进展，17（6），1264-1273.

姚艳虹，范盈盈.（2014）.个体-组织匹配对创新行为的影响——中庸思维与差序氛围的调节效应.华东经济管理，28（11），123-127.

尹俊，裴学成，李冬昕.（2013）.领导者的内隐成就动机，冒险倾向与企业国际化的关系.南京师大学报，（2），53-59.

张德胜，金耀基，陈海文，陈健民，杨中芳，赵志裕，伊莎白.（2001）.论中庸理性：工具理性，价值理性和沟通理性之外.社会学研究，（2），33-48.

张光曦，古昕宇.（2015）.中庸思维与员工创造力.科研管理，36（S1），251-257.

张宏宇，李文，郎艺.（2019）.矛盾视角下调节焦点在领导力领域的应用.心理科学进展，27（4），711-725.

张晓燕，高定国，傅华.（2011）.辩证思维降低攻击性倾向.心理学报，43（1），42-51.

赵红丹，郭利敏.（2017）.组织中的双面娇娃：双元领导的概念结构与作用机制.中国人力资源开发，34（4），55-65.

赵可汗，贾良定，蔡亚华，王秀月，李珏兴.（2014）.抑制团队关系冲突的负效应：一项中国情境的研究.管理世界，（3），119-130.

赵志裕.（2000）.中庸思维的测量：一项跨地区研究的初步结果.香港社会科学学报，（18），33-54.

郑雯，汪玲，方平，李迪斯.（2015）.如何道歉更有效：调节聚焦与信息框架的作用.心理科学，38（1），166-171.

周晖，夏格，邓舒.（2017）.差错管理气氛对员工创新行为的影响——基于中庸思维作为调节变量的分析.商业研究，（4），115-121.

周晖，夏格，邓舒.（2017）.差错管理气氛对员工创新行为的影响——基于中庸思维作为调节变量的分析.商业研究，（4），115-121.

朱颖俊，张渭，廖建桥，王雪婷（2019）.鱼与熊掌可以兼得：悖论式领导的概念、测量与影响机制.中国人力资源开发，36（8），31-46.

外文文献

Aaker, J. L., Benet-Mart´ınez, V., & Garolera, J. 2001. Con- sumption symbols as carriers of culture: A study of Japanese and Spanish brand personality constructs. *Journal of Personality and Social Psychology*, 81: 492–508.

Abebe, M. A., Angriawan, A., & Liu, Y. 2011. CEO power and organizational turnaround in declining firms: Does environment play a role? *Journal of Leadership & Organizational Studies*, 18: 260-273.

Abrahamson, E., & Park, C. 1994. Concealment of negative organizational outcomes: An agency theory perspective. *Academy of Management Journal*, 37(5): 1302-1334.

Adler, P. S., Goldoftas, B., & Levine, D. I. (1999). Flexibility versus efficiency? A case study of model changeovers in the Toyota production system. *Organization Science*, *10*(1), 43–68.

Adomako, S., Opoku, R. A., & Frimpong, K. (2017). The moderating influence of competitive intensity on the relationship between CEOs' regulatory foci and SME internationalization. *Journal of International Management*, *23*(3), 268–278.

Agle, B. R., Nagarajan, N. J., Sonnenfeld, J. A., & Srinivasan, D. 2006. Does CEO charisma matter? An empirical analysis of the relationships among organizational performance, environmental uncertainty, and top management team perceptions of CEO charisma. *Academy of Management Journal*, 49: 161–174.

Aguilera, R. V., Desender, K., Bednar, M. K., & Lee, J. H. 2015. Connecting the dots: Bringing external corpo- rate governance into the corporate governance puzzle. *Academy of Management Annals*, 9: 483–573.

Ahmadi, S., Khanagha, S., Berchicci, L., & Jansen, J. J. (2017). Are managers motivated to explore in the face of a new technological change? The role of regulatory focus, fit, and complexity of decision-making. *Journal of Management Studies*, *54*(2), 209–237.

Aiken, L. S., & West, S. G. 1991. Multiple regression: testing and interpreting interactions - Institute for Social and Economic Research (ISER). *Journal of the Operational Research Society*, 45: 119-120.

Aiken, L. S., & West, S. G. 1994. Multiple regression: Testing and interpreting interactions. *Journal of the Operational Research Society*, 45(1): 119-120.

Akinola, M., Martin, A. E., & Phillips, K. W. 2018. To delegate or not to delegate: Gender differences in affective associations and behavioral responses to delegation. *Academy of Management Journal*, 61(4): 1467-1491.

Aldrich, H. E., & Pfeffer, J. 1976. Environment of organizations. *Annual Review of Sociology*, 2: 79-105.

Ali, A., Wang, H., & Johnson, R. E. 2020. Empirical analysis of shared leadership promotion and team creativity: An adaptive leadership perspective. *Journal of Organizational Behavior*, 41(5): 405-423.

Allison, P. D. 1978. Measures of inequality. *American Sociological Review*, 43: 865-880.

Alvarez, S. A., & Barney, J. B. 2007. The entrepreneurial theory of the firm. *Journal of Management Studies*, 44(7): 1057-1063.

Amabile, T. M., Barsade, S. G., Mueller, J. S., &Staw, B. M. 2005. Affect and creativity at work. *Administrative Science Quarterly*, 50(3): 367-403.

Amernic, J., & Craig, R. 2006. *CEO-speak: The language of corporate leadership*. London: McGill-Queen's Press-MQUP.

Amit, R., &Schoemaker, P. J. H. 1993. Strategic assets and organizational rent. *Strategic Management Journal*, 14(1): 33-46.

Anderson, N., Potočnik, K., & Zhou, J. 2014. Innovation and creativity in organizations: A state-of-the-science review, prospective commentary, and guiding framework. *Journal of Management*, 40(5): 1297-1333.

Andriopoulos, C., & Lewis, M. W. 2009. Exploitation-exploration tensions and organizational ambidexterity: Managing paradoxes of innovation. *Organization Science*, 20(4): 696-717.

Apodaca, S., McIntyre, A. L., Park, P., &Godbey, J. N. 2012. A meta-analysis of the regulatory focus nomological network: Work-related antecedents and consequences. *Journal of*

Vocational Behavior, 80(1): 160-172.

Arendt, L. A., Priem, R. L., &Ndofor, H. A. 2005. A CEO- adviser model of strategic decision making. *Journal of Management*, 31: 680–699.

Ariss, A. A., Cascio, W. F., & Paauwe, J. 2014. Talent management: Current theories and future research directions. *Journal of World Business*, 49(2): 173-179.

Arvey, R. D., Li, W. D., & Wang, N. 2016. Genetics and organizational behavior. *Annual Review of Organi- zational Psychology and Organizational Behavior*, 3: 167–190.

Ashforth, B. E., &Mael, F. 1989. Social identity theory and the organization. *Academy of Management Review*, 14: 20–39.

Atuahene-Gima, K., & Li, H. 2004. Strategic decision comprehensiveness and new product development outcomes in new technology ventures. *Academy of Management Journal*, 47(4): 583-597.

Aryee, S., &Hsiung, H. H. 2016. Regulatory focus and safety outcomes: An examination of the mediating influence of safety behavior. *Safety Science*, 86, 27–35.

Ashforth, B. E., &Reingen, P. H. 2014. Functions of dysfunction: Managing the dynamics of an organizational duality in a natural food cooperative. *Administrative Science Quarterly*, *59*(3), 474–516.

Auh, S., &Menguc, B. 2005. Balancing exploration and exploitation: The moderating role of competitive intensity. *Journal of Business Research*, 58(12), 1652–1661.

Bandiera, O., Prat, A., &Sadun, R. 2013. *Managerial capi- tal at the top: Evidence from the time use of CEOs*. Working Paper, The London School of Economics and Political Science, London. Retrieved from http: //www.hbs.edu/faculty/Pages/item.aspx?num545037.

Bantel, K. A., & Jackson, S. E. 1989. Top management and innovations in banking - does the composition of the top team make a difference. *Strategic Management Journal*, 10(S1): 107-124.

Barker, V. L., &Mone, M. A. 1998. The mechanistic structure shift and strategic reorientation in declining firms attempting turnarounds. *Human Relations*, 51(10): 1227-1258.

Barker, V. L., & Mueller, G. C. 2002. CEO characteristics and firm R & D spending. *Management Science*, 48(6): 782-801.

Barker, V. L., III, & Mueller, G. C. 2002. CEO characteristics and firm R&D spending.

Management Science, 48: 782–801.

Barnard C I 1938. *The functions of the executive*. Cambridge, MA: Harvard University.

Barney, J. 1991. Firm resources and sustained competitive advantage. *Journal of Management*, 17(1): 99-120.

Barnir, A., Gallaugher, J. M., & Auger, P. 2003. Business process digitization, strategy, and the impact of firm age and size: the case of the magazine publishing industry. *Journal of Business Venturing*. 18(6): 789-814.

Baron, R. A. 2008. The role of affect in the entrepreneurial process. *Academy of Management Review*, 33: 328–340.

Baron, R. A., & Tang, J. 2011. The role of entrepreneurs in firm-level innovation: Joint effects of positive affect, creativity, and environmental dynamism. *Journal of Business Venturing*, 26(1): 49–60.

Barr, P. S., Stimpert, J. L., & Huff, A. S. 1992. Cognitive change, strategic action, and organizational renewal. *Strategic Management Journal*, 13: 15-36.

Barr, P. S., Stimpert, J. L., & Huff, A. S. 1992. Cognitive change, strategic action, and organizational renewal. *Strategic Management Journal*, 13: 15–36.

Barrick, M. R., Mount, M. K., & Gupta, R. 2003. Meta- analysis of the relationship between the five-factor model of personality and Holland's occupational types. *Personnel Psychology*, 56: 45–74.

Barrick, M. R., Stewart, G. L., & Piotrowski, M. 2002. Personality and job performance: test of the mediating effects of motivation among sales representatives. *Journal of Applied Psychology*, 87: 43-51.

Bartel, C. A. 2001. Social comparison in boundary- spanning work: Effects of community outreach on members' organizational identity and identification. *Administrative Science Quarterly*, 46: 379–413.

Bass, B. M. 1985. *Leadership and performance beyond expectation*. New York: Free Press.

Bass, B. M., Avolio, B. J., Jung, D. I., &Berson, Y. 2003. Predicting unit performance by assessing trans- formational and transactional leadership. *Journal of Applied Psychology*, 88: 207–218.

Baum, J. R., & Locke, E. A. 2004. The relationship of entre- preneurial traits, skill, and motivation to subsequent venture growth. *Journal of Applied Psychology*, 89: 587.

Baum, J. R., Locke, E. A., & Kirkpatrick, S. A. 1998. A lon- gitudinal study of the relation of vision and vision communication to venture growth in entrepreneurial firms. *Journal of Applied Psychology*, 83: 43–54.

Beckman, C. M. 2006. The influence of founding team company affiliations on firm behavior. *Academy of Management Journal,* 49(4): 741-758.

Bednar, M. K. 2012. Watchdog or lapdog? A behavioral view of the media as a corporate governance mecha- nism. *Academy of Management Journal*, 55: 131– 150.

Beech, N., Burns, H., de Caestecker, L., MacIntosh, R., & MacLean, D. 2004. Paradox as invitation to act in problematic change situations. *Human Relations*, *57*(10), 1313–1332.

Benner, M. J., & Tushman, M. L. 2003. Exploitation, exploration, and process management: The productivity dilemma revisited. *Academy of Management Review*, 28(2): 238-256.

Bergami, M., &Bagozzi, R. P. 2000. Self-categorization, affective commitment and group self-esteem as dis- tinct aspects of social identity in the organization. *British Journal of Social Psychology*, 39: 555–577.

Berman, F. E., & Miner, J. B. 1985. Motivation to manage at the top executive level: A test of the hierarchic role-motivation theory. *Personnel Psychology*, 38(2): 377-391.

Berson, Y., Oreg, S., &Dvir, T. 2008. CEO values, organi- zational culture and firm outcomes. *Journal of Or- ganizational Behavior*, 29: 615–633.

Bluhm, D. J., Harman, W., Lee, T. W., & Mitchell, T. R. 2011. Qualitative research in management: A decade of prog- ress. *Journal of Management Studies*, 48: 1866–1891.

Boal, K. B., &Hooijberg, R. 2000. Strategic leadership research: Moving on. *The Leadership Quarterly*, *11*(4), 515–549.

Boddy, C. R. 2017. Psychopathic leadership a case study of a corporate psychopath CEO. *Journal of Business Ethics*, 145(1): 141–156.

Boehm, S. A., Dwertmann, D. J. G., Bruch, H., & Shamir, B. 2015. The missing link? Investigating organizational identity strength and transformational leadership climate as mechanisms that connect CEO charisma with firm performance. *The Leadership Quarterly*, 26(2): 156-171.

Boehm, S. A., Dwertmann, D. J., Bruch, H., & Shamir, B. 2015. The missing link? Investigating organizational identity strength and transformational leadership climate as mechanisms that connect CEO charisma with firm performance. *The Leadership Quarterly*, 26: 156–171.

Boeker, W. 1997. Strategic change: The influence of managerial characteristics and organizational growth. *Academy of Management Journal*, 40: 152-170.

Boivie, S., Lange, D., McDonald, M. L., & Westphal, J. D. 2011. Me or we: The effects of CEO organizational identification on agency costs. *Academy of Man- agement Journal*, 54: 551–576.

Boone, C., Brabander, B., &Witteloostuijn, A. 1996. CEO locus of control and small firm performance: An in- tegrative framework and empirical test. *Journal of Management Studies*, 33: 667–700.

Boone, C., De Brabander, B., &Hellemans, J. 2000. Re- search note: CEO locus of control and small firm per- formance. *Organization Studies*, 21: 641–646.

Bouchard, T. J., Jr. 2004. Genetic influence on human psychological traits: A survey. *Current Directions in Psychological Science*, 13: 148–151.

Bourgeois, L. J. 1981. On the measurement of organizational slack. *Academy of Management Review*, 6(1): 29-39.

Bowman, E. H. 1984. Content analysis of annual reports for corporate strategy and risk. *Interfaces*, 14(1): 61-71.

Brockner, J., & Higgins, E. T. 2001. Regulatory focus theory: Implications for the study of emotions at work. *Organizational Behavior and Human Decision Processes*, 86(1): 35-66.

Brockner, J., Higgins, E. T., & Low, M. B. 2004. Regulatory focus theory and the entrepreneurial process. *Journal of Business Venturing*, 19(2): 203-220.

Burgelman, R. A., Floyd, S. W., Laamanen, T., Mantere, S., Vaara, E., & Whittington, R. 2018. Strategy processes and practices: Dialogues and intersections. *Strategic Management Journal*, 39: 531–558.

Burgess, R. G. 2000. Some issues and problems in cross- cultural case study research. In C. J. Pole & R. G. Burgess (Eds.), *Cross-cultural case study* (studies in qualita- tive methodology), vol. 6: 43–52. Bingley, UK: Emer- ald Group Publishing Limited.

Burke, D. M., & Light, L. L. 1981. Memory and aging: The role of retrieval processes. *Psychological Bulletin*, 90(3): 513-546.

Burke, D. M., & Mackay, D. G. 1997. Memory, language, and ageing. *Philosophical Transactions of the Royal Society of London Series B-Biological Sciences*, 352(1363): 1845-1856.

Cameron, K., & Lavine, M. 2006. *Making the impossible possible: Leading extraordinary performance: The Rocky Flats story*. London: Berrett-Koehler Publishers.

Cannella, A. A., Jr., Park, J. H., & Lee, H. U. 2008. Top management team functional background diversity and firm performance: Examining the roles of team member colocation and environmental uncertainty. *Academy of Management Journal*, 51(4): 768–784.

Cao, Q., Simsek, Z., & Zhang, H. 2010. Modelling the joint impact of the CEO and the TMT on organizational ambidexterity. *Journal of Management Studies*, 47(7): 1272-1296.

Carmeli, A., & Halevi, M. Y. 2009. How top manage- ment team behavioral integration and behavioral com- plexity enable organizational ambidexterity: The moderating role of contextual ambidexterity. *The Leadership Quarterly*, 20: 207–218.

Carmeli, A., Schaubroeck, J., &Tishler, A. 2011. How CEO empowering leadership shapes top management team processes: Implications for firm performance. *The Leadership Quarterly*, 22(2): 399-411.

Carmeli, A., Schaubroeck, J., &Tishler, A. 2011. How CEO empowering leadership shapes top management team processes: Implications for firm performance. *The Leadership Quarterly*, 22(2): 399-411.

Carpenter, M. A., Geletkanycz, M. A., & Sanders, W. G. 2004. Upper echelons research revisited: Anteced- ents, elements, and consequences of top management team composition. *Journal of Management*, 30: 749–778.

Carpenter, M. A., Sanders, W. G., &Gregersen, H. B. 2001. Bundling human capital with organizational context: The impact of international assignment experience on multinational firm performance and CEO pay. *Academy of Management Journal*, 44: 493–511.

Carton, A. M., Murphy, C., & Clark, J. R. 2014. A (blurry) vision of the future: How leader rhetoric about ultimate goals influences performance. *Academy of Management Journal*, 57(6): 1544-1570.

Carver, C. S., &Scheier, M. F. 2001. *On the self-regulation of behavior*. Cambridge: Cambridge University Press.

Cesario, J., Grant, H., & Higgins, E. T. 2004. Regulatory fit and persuasion: Transfer from" feeling right. *Journal of Personality and Social Psychology*, 86(3): 388-404.

Cha, S. E., & Edmondson, A. C. 2006. When values backfire: Leadership, attribution, and disenchantment in a values-driven organization. *The Leadership Quarterly*, 17(1): 57-78.

Chadwick, C., Super, J. F., & Kwon, K. 2015. Resource orchestration in practice: CEO emphasis on SHRM, commitment-based HR systems, and firm perfor- mance. *Strategic Management Journal*, 36: 360–376.

Chatterjee, A., & Hambrick, D. C. 2007. It's all about me: Narcissistic chief executive officers and their effects on company strategy and performance. *Administra- tive Science Quarterly*, 52: 351–386.

Chatterjee, A., & Hambrick, D. C. 2007. It's all about me: Narcissistic chief executive officers and their effects on company strategy and performance. *Administrative Science Quarterly*, 52(3): 351-386.

Chatterjee, A., & Hambrick, D. C. 2011. Executive person- ality, capability cues, and risk taking how narcissistic CEOs react to their successes and stumbles. *Admin- istrative Science Quarterly*, 56: 202–237.

Chaturvedi, S., Zyphur, M. J., Arvey, R. D., Avolio, B. J., & Larsson, G. 2012. The heritability of emergent lead- ership: Age and gender as moderating factors. *The Leadership Quarterly*, 23: 219–232.

Chen, G., & Hambrick, D. C. 2012. CEO replacement in turnaround situations: Executive (mis)fit and its performance implications. *Organization Science*, 23: 225–243.

Chen, G., Crossland, C., & Huang, S. 2016. Female board representation and corporate acquisition intensity. *Strategic Management Journal*, 37: 303–313.

Chen, G., Crossland, C., & Luo, S. 2015. Making the same mistake all over again: CEO overconfidence and cor- porate resistance to corrective feedback. *Strategic Management Journal*, 36: 1513–1535.

Chen, G., Hambrick, D. C., & Pollock, T. G. 2008. Puttin' on the Ritz: Pre-IPO enlistment of prestigious affiliates as deadline-induced remediation. *Academy of Man- agement Journal*, 51: 954–975.

Chen, M. J., & Hambrick, D. C. 1995. Speed, stealth, and selective attack: how small firms differ from large firms in competitive behavior. *Academy of Management Journal*, 38(2): 453-482.

Chen, Y., Wen, Z., & Ye, M. 2017. Exploring profiles of work regulatory focus: A person-centered approach. *Personality and Individual Differences*, *116*(1), 16–21.

Chin, M. K., Hambrick, D. C., &Treviño, L. K. 2013. Polit- ical ideologies of CEOs the influence of executives' values on corporate social responsibility. *Adminis- trative Science Quarterly*, 58: 197–232.

Chiu, C. C., Owens, B. P., &Tesluk, P. E. 2016. Initiating and utilizing shared leadership in teams: the role of leader humility, team proactive personality, and team performance capability. *Journal of Applied Psychology*, *101*(12), 1705–1720.

Cho, S. Y., Arthurs, J. D., Townsend, D. M., Miller, D. R., & Barden, J. Q. 2016. Performance deviations and ac- quisition premiums: The impact of CEO celebrity on managerial risk-taking. *Strategic Management Journal*, 37(13): 2677–2694.

Cho, T. S., & Hambrick, D. C. 2006. Attention as the mediator between top management team characteristics and strategic change: The case of airline deregulation. *Organization Science*, 17(4): 453-469.

Christensen, C. M., & Bower, J. L. 1996. Customer power, strategic investment, and the failure of leading firms. *Strategic Management Journal*, 17(3): 197-218.

Chung, C. N., & Luo, X. R. 2013. Leadership succession and firm performance in an emerging economy: Successor origin, relational embeddedness, and legitimacy. *Stra- tegic Management Journal*, 34: 338–357.

Cialdini, R. B., Trost, M. R., & Newsom, J. T. 1995. Preference for consistency: The development of a valid measure and the discovery of surprising behavioral implications. *Journal of Personality and Social Psychology*, 69(2): 318-328.

Cohen, W. M., & Levinthal, D. A. 1990. Absorptive capacity: A new perspective on learning and innovation. *Administrative Science Quarterly*, 35(1): 128-152.

Collins, C. J., & Clark, K. D. 2003. Strategic human resource practices, top management team social networks, and firm performance: The role of human resource prac- tices in creating organizational competitive advan- tage. *Academy of Management Journal*, 46(6): 740–751.

Collins, J. C. 2001. *Good to great: Why some companies make the leap... and others don't*. New York: Random House.

Combs, J. G., Ketchen, D. J., Perryman, A. A., & Donahue, M. S. 2007. The moderating effect of CEO power on the board composition–firm performance relationship. *Journal of Management Studies*, 44(8): 1299-1323.

Cooper, J. 2007. *Cognitive dissonance: Fifty years of a classic theory*. Thousand Oaks, CA: Sage.

Cravens, K. S., &Guilding, C. 1999. Examining brand valuation from a management accounting perspec- tive. *Advances in Management Accounting*, 8: 113– 138.

Cronin, M. A., Bezrukova, K., Weingart, L. R., & Tinsley, C. H. 2011. Subgroups within a team: The role of cognitive and affective integration. *Journal of Organizational Behavior*, 32(6): 831-849.

Crossland, C., & Hambrick, D. C. 2007. How national sys- tems differ in their constraints on corporate execu- tives: A study of CEO effects in three countries. *Strategic Management Journal*, 28: 767–789.

Crossland, C., & Hambrick, D. C. 2011. Differences in managerial discretion across countries: How nation- level institutions affect the degree to which CEOs matter. *Strategic Management Journal*, 32: 797–819.

Crossland, C., Zyung, J., Hiller, N. J., & Hambrick, D. C. 2014. CEO career variety: Effects on firm-level strategic and social novelty. *Academy of Management Journal*, 57(3): 652-674.

Crossland, C., Zyung, J., Hiller, N. J., & Hambrick, D. C. 2014. CEO career variety: Effects on firm-level strate- gic and social novelty. *Academy of Management Journal*, 57: 652–674.

Crowe, E., & Higgins, E. T. 1997. Regulatory focus and strategic inclinations: Promotion and prevention in decision-making. *Organizational Behavior and Human Decision Processes*, 69(2): 117-132.

Daft, R. L., & Macintosh, N. B. 1981. A tentative exploration into the amount and equivocality of information processing in organizational work units. *Administrative Science Quarterly*, 26(2): 207-224.

Daft, R. L., & Weick, K. E. 1984. Toward a model of orga- nizations as interpretation systems. *Academy of Man- agement Review*, 9: 284–295.

Daft, R. L., & Weick, K. E. 1984. Toward a model of organizations as interpretation systems. *Academy of Management Review*, 9(2): 284-295.

Dahl, M. S., Dezso¨, C. L., & Ross, D. G. 2012. Fatherhood and managerial style how a male CEO's children affect the wages of his employees. *Administrative Science Quarterly*, 57:

669–693.

Daily, C. M., Certo, S. T., & Dalton, D. R. 2000. International experience in the executive suite: The path to pros- perity? *Strategic Management Journal*, 21: 515–523.

Dalton, D. R., & Dalton, C. M. 2011. Integration of micro and macro studies in governance research: CEO duality, board composition, and financial performance. *Jour- nal of Management*, 37: 404–411.

Dalton, D. R., &Kesner, I. F. 1985. Organizational performance as an antecedent of inside/outside chief executive succession: An empirical assessment. *Academy of Management Journal*, 28(4): 749-762.

Daly, J. P., Pouder, R. W., &Kabanoff, B. 2004. The effects of initial differences in firms' espoused values on their postmerger performance. *The Journal of Applied Behavioral Science*, 40(3): 323-343.

Das, T. K., & Kumar, R. 2011. Regulatory focus and opportunism in the alliance development process. *Journal of Management Studies*, 37(3): 682-708.

Datta, D. K., & Rajagopalan, N. 1998. Industry structure and CEO characteristics: An empirical study of succession events. *Strategic Management Journal*, 19: 833–852.

D'aveni, R. A. 1989. The aftermath of organizational decline: A longitudinal study of the strategic and managerial characteristics of declining firms. *Academy of Management Journal*, 32(3): 577-605.

D'aveni, R. A., & Macmillan, I. C. 1990. Crisis and the content of managerial communications: A study of the focus of attention of top managers in surviving and failing firms. *Administrative Science Quarterly*, 35(4): 634-657.

De Dreu, C. K. 2006. When too little or too much hurts: Evidence for a curvilinear relationship between task conflict and innovation in teams. *Journal of Management*, 32(1): 83-107.

De Dreu, C. K. W., Nijstad, B. A., & Van Knippenberg, D. 2008. Motivated information processing in group judgment and decision making. *Personality and Social Psychology Review*, 12(1): 22-49.

Dechow, P. M., & Sloan, R. G. 1991. Executive incentives and the horizon problem: An empirical investigation. *Journal of Accounting & Economics*, 14(1): 51-89.

DeJoy, D. M. 1992. An examination of gender differences in traffic accident risk perception.

Accident Analysis & Prevention, 24: 237–246.

De Jong, A., & de Ruyter, K. 2004. Adaptive versus proactivebehavior in service recovery: The role of selfmanagingteams. *Decision Sciences, 35*, 457–491.

De Jong, K., & De Goede, M. 2015. Why do some therapists not deal with outcome monitoring feedback? A feasibility study on the effect of regulatory focus and person–organization fit on attitude and outcome. *Psychotherapy Research*, 25(6), 661–668.

Delaney, J. T., &Huselid, M. A. 1996. The impact of human resource management practices on perceptions of or- ganizational performance. *Academy of Management Journal*, 39: 949–969.

Delegach, M., Kark, R., Katz-Navon, T., & Van Dijk, D. 2017. A focus on commitment: the roles of transformational and transactional leadership and self-regulatory focus in fostering organizational and safety commitment. *European Journal of Work and Organizational Psychology*, 26(5), 724–740.

Delgado-Garc´ıa, J. B., La Fuente-Sabate´, D., & Manuel, J. 2010. How do CEO emotions matter? Impact of CEO affective traits on strategic and performance confor- mity in the Spanish banking industry. *Strategic Management Journal*, 31: 562–574.

Denison, D. R., & Mishra, A. K. 1995. Toward a theory of organizational culture and effectiveness. *Organiza- tion Science*, 6: 204–223.

Denison, D. R., Hooijberg, R., & Quinn, R. E. 1995. Paradox and performance: Toward a theory of behavioral complexity in managerial leadership. *Organization Science*, 6(5): 524-540.

Detert, J. R., & Burris, E. R. 2007. Leadership behaviorand employee voice: Is the door really open? *Academyof Management Journal, 50*, 869–884.

Dezso, C. L., & Ross, D. G. 2012. Does female representation in top management improve firm performance? A panel data investigation. *Strategic Management Journal*, 33(9): 1072–1089.

Dickson, P. H., & Weaver, K. M. 1997. Environmental determinants and individual-level moderators of alliance use. *Academy of Management Journal*, 40(2): 404-425.

DiMaggio, P., & Powell, W. 1983. The iron cage revisited: Institutional isomorphism and collective rationality in organizational fields. *American Sociological Re- view*, 48: 147–160.

Dinh, J. E., Lord, R. G., Gardner, W. L., Meuser, J. D., Liden, R. C., & Hu, J. 2014. Leadership theory and research in the new millennium: Current theoretical trends and changing perspectives. *The Leadership Quarterly*, 25: 36–62.

Dixon, W. J. 1960. Simplified estimation from censored normal samples. *The Annals of Mathematical Statistics*, 31(2): 385-391.

Dodge, H. R., & Robbins, J. E. 1992. An empirical investigation of the organizational life cycle. *Journal of Small Business Management*, 30(1): 27-37.

Dukerich, J. M., Golden, B. R., &Shortell, S. M. 2002. Beauty is in the eye of the beholder: The impact of organizational identification, identity, and image on the cooperative behaviors of physicians. *Adminis- trative Science Quarterly*, 47: 507–533.

Duncan, R. B. 1976. The ambidextrous organization: Designing dual structures for innovation. *The Management of Organization*, 1, 167–188.

Duriau, V. J., Reger, R. K., &Pfarrer, M. D. 2007. A content analysis of the content analysis literature in organization studies: Research themes, data sources, and methodological refinements. *Organizational Research Methods*, 10(1): 5-34.

Dutton, J. E., &Heaphy, E. D. 2003. The power of high-quality connections. *Positive Organizational Scholarship: Foundations of a New Discipline*, 3: 263-278.

Dutton, J. E., & Jackson, S. E. 1987. Categorizing strategic issues: Links to organizational action. *Academy of Management Review*, 12(1): 76-90.

Dutton, J. E., Dukerich, J. M., &Harquail, C. V. 1994. Or- ganizational images and member identification. *Ad- ministrative Science Quarterly*, 39(2): 239–263.

Eckel, C. C., & Grossman, P. J. 2008. Men, women and risk aversion: Experimental evidence. *Handbook of Experimental Economics Results*, 1: 1061–1073.

Eisenbeiss, S. A., van Knippenberg, D., & Boerner, S. 2008. Transformational leadership and team innovation: Integrating team climate principles. *Journal of Applied Psychology, 93*(6), 1438–1446.

Eggers, J. P., & Kaplan, S. 2009. Cognition and renewal: Comparing CEO and organizational effects on incumbent adaptation to technical change. *Organization Science*, 20(2): 461-477.

Eggers, J. P., & Kaplan, S. 2009. Cognition and renewal: Comparing CEO and organizational effects on in- cumbent adaptation to technical change. *Organiza- tion Science*, 20: 461–477.

Eggers, J. P., & Kaplan, S. 2013. Cognition and capabilities: A multi-level perspective. *The Academy of Man- agement Annals*, 7: 295–340.

Eisenbeiss, S. A., van Knippenberg, D., & Boerner, S. 2008. Transformational leadership and team innovation: Integrating team climate principles. *Journal of Applied Psychology, 93*(6), 1438–1446.

Eisenbeiss, S. A., van Knippenberg, D., &Fahrbach, C. M. 2015. Doing well by doing good? Analyzing the relationship between CEO ethical leadership and firm performance. *Journal of Business Ethics*, 128: 635–651.

Eisenhardt, K. M. 1989. Building theories from case study research. *Academy of Management Review*, 14: 532–550.

Eisenhardt, K. M., & Bourgeois, L. J. 1988. Politics of stra- tegic decision making in high-velocity environments: Toward a midrange theory. *Academy of Manage- ment Journal*, 31: 737–770.

Eisenhardt, K. M., &Graebner, M. E. 2007. Theory building from cases: Opportunities and challenges. *Academy of Management Journal*, 50: 25–32.

Eisenhardt, K. M., & Martin, J. A. 2000. Dynamic capabilities: what are they? *Strategic Management Journal*, (21): 1105-1121.

Eisenhardt, K. M., & Westcott, B. J. 1988. Paradoxical demands and the creation of excellence: The case of just-in-time manufacturing. In R. E. Quinn & K. S. Cameron (Eds.), *Paradox and transformation: Toward a theory of change in organization and management*: 169-193. Hagerstown, MD: Ballinger Publishing Co/Harper & Row Publishers.

Elder, G. H. 1975. Age differentiation and the life course. *Annual Review of Sociology*, 11: 165-190.

Elliot, A. J., & Thrash, T. M. 2010. Approach and avoidance temperament as basic dimensions of personality. *Journal of Personality*, 78(3): 865-906.

Engelen, A., Neumann, C., & Schmidt, S. 2016. Should entrepreneurially oriented firms have narcissistic CEOs? *Journal of Management*, 42: 698–721.

Faccio, M., & Parsley, D. C. 2009. Sudden deaths: Taking stock of geographic ties. *Journal of Financial and Quantitative Analysis*, 44: 683–718.

Fang, T. 2005. From "onion" to "ocean" paradox andchange in national cultures. *International Studiesof Management and Organization, 35*, 71–90.

Fang, T. 2012. Yin Yang: A new perspective on culture. *Management and Organization Review*, 8(1): 25-50.

Farh, J. L., Lee, C., &Farh, C. I. 2010. Task conflict and team creativity: A question of how much and when. *Journal of Applied Psychology*, 95(6): 1173-1180.

Festinger, L. (1957). *A theory of cognitive dissonance*. Evanston. IL: Row, Peterson.

Finkelstein, S. 1992. Power in top management teams: Dimensions, measurement, and validation. *Academy of Management journal*, 35: 505–538.

Finkelstein, S., & Boyd, B. K. 1998. How much does the CEO matter? The role of managerial discretion in the setting of CEO compensation. *Academy of Manage- ment Journal*, 41: 179–199.

Finkelstein, S., &D'aveni, R. A. 1994. CEO duality is double-edged sword: How boards of directors balance entrenchment avoidance and unity command. *Academy of Management Journal*, 37(5): 1079-1108.

Finkelstein, S., & Hambrick, D. C. 1990. Top-management- team tenure and organizational outcomes: The mod- erating role of managerial discretion. *Administrative Science Quarterly*, 35: 484–503.

Finkelstein, S., & Hambrick, D. C. 1996. *Strategic leadership: Top executives and their effects on organizations*. St. Paul, MN: South-Western Pub.

Finkelstein, S., Hambrick, D. C., & Cannella, A. A. 2009. *Strategic leadership: Theory and research on executives, top management teams, and boards*. Oxford: Oxford University Press.

Finkelstein, S., Hambrick, D., & Cannella, A., Jr. 2009. *Strategic leadership: Theory and research on ex- ecutives, top management teams, and boards*. Ox- ford: Oxford University Press.

Fisher, G., Kotha, S., &Lahiri, A. 2016. Changing with the times: An integrated view of identity, legitimacy, and new venture life cycles. *Academy of Management Review*, 41: 383–409.

Fitza, M.A. 2014. The use of variance decomposition in the investigation of CEO effects: How large must the CEO effect be to rule out chance?.*Strategic Management Journal*, 35(12): 1839–1852.

Florida, R. 2003. Cities and the creative class. *City & Community*, 2(1): 3-19.

Fombrun, C., & Shanley, M. 1990. What's in a name? Reputation building and corporate strategy. *Academy of Management Journal*, 33: 233–258.

Fondas, N., & Wiersema, M. 1997. Changing of the guard: The influence of CEO socialization on strategic change. *Journal of Management Studies*, 34(4): 561-584.

Fong, C. T. 2006. The effects of emotional ambivalence on creativity. *Academy of Management Journal*, 49(5): 1016-1030.

Förster, J., Higgins, E. T., & Bianco, A. T. 2003. Speed/accuracy decisions in task performance: Built-in trade-off or separate strategic concerns? *Organizational Behavior and Human Decision Processes*, 90(1): 148-164.

Francis, J., Huang, A. H., Rajgopal, S., & Zang, A. Y. 2008. CEO reputation and earnings quality. *Contemporary Accounting Research*, 25: 109–147.

Fransen, M. L., &terHoeven, C. L. 2013. Matching the message: The role of regulatory fit in negative managerial communication. *Communication Research*, 40(6), 818–837.

Fredrickson, J. W. 1984. The comprehensiveness of strategic decision processes: Extension, observations, future directions. *Academy of Management Journal*, 27(3): 445-466.

Fredrickson, J. W., & Mitchell, T. R. 1984. Strategic decision processes: Comprehensiveness and performance in an industry with an unstable environment. *Academy of Management Journal*, 27(2): 399-423.

Fredrickson, J. W., Hambrick, D. C., &Baumrin, S. 1988. A model of CEO dismissal. *Academy of Management Review*, 13(2): 255-270.

Freeman, R. E., Harrison, J. S., Wicks, A. C., Parmar, B. L., & De Colle, S. 2010. *Stakeholder theory: The state of the art*. Cambridge: Cambridge University Press.

Freeman, D., & Siegfried, R. L. (2015). Entrepreneurial Leadership in the Context of Company Start-Up and Growth. *Journal of Leadership Studies*, 8(4), 35–39.

Freitas, A. L., & Higgins, E. T. 2002. Enjoying goal-directed action: The role of regulatory fit. *Psychological Science*, 13: 1-6.

Freitas, A. L., Liberman, N., Salovey, P., & Higgins, E. T. 2002. When to begin? Regulatory focus and initiating goal pursuit. *Personality and Social Psychology Bulletin*, 28(1): 121-130.

Friedland, R., & Alford, R. R. 1991. Bringing society back in: Symbols, practices, and institutional contradic- tions. In W. W. Powell & P. J. DiMaggio (Eds.), *The new institutionalism in organizational analysis*: 232–263. Chicago, IL: University of Chicago Press.

Friedman, R. S., &Förster, J. 2001. The effects of promotion and prevention cues on creativity. *Journal of Personality and Social Psychology*, 81(6): 1001-1013.

Friedman, Y., &Carmeli, A. 2018. The influence of decision comprehensiveness on innovative behaviors in small entrepreneurial firms: the power of connectivity. *Innovation*, 20(1): 61-83.

Friedman, Y., Carmeli, A., &Tishler, A. 2016. How CEOs and TMTs build adaptive capacity in small entrepreneurial firms. *Journal of Management Studies*, 53(6): 996-1018.

Frydman, C., &Jenter, D. 2010. CEO compensation. *An- nual Review of Finance*, 2: 75–102.

Gada, V. P., Goyal, L., &Popli, M. (2018). Earnouts in acquisitions: the impact of CEO regulatory focus. Social Science Electronic Publishing.

Gaim, M., &Wåhlin, N. (2016). In search of a creative space: a conceptual framework of synthesizing paradoxical tensions. *Scandinavian Journal of Management*, 32(1), 33–44.

Galasso, A., & Simcoe, T. S. 2011. CEO overconfidence and innovation. *Management Science*, 57: 1469–1484.

Galinsky, A. D., Leonardelli, G. J., Okhuysen, G. A., &Mussweiler, T. 2005. Regulatory focus at the bargaining table: Promoting distributive and integrative success. *Personality and Social Psychology Bulletin*, 31(8): 1087-1098.

Gamache, D. L., Mcnamara, G., Mannor, M. J., & Johnson, R. E. 2015. Motivated to acquire? The impact of CEO regulatory focus on firm acquisitions. *Academy of Management Journal*, 58(4): 1261-1282.

García-Granero, A., Fernández-Mesa, A., Jansen, J. J. P., & Vega-Jurado, J. In press. Top management team diversity and ambidexterity: the contingent role of shared responsibility and CEO cognitive trust. *Long Range Planning*.

Gebert, D., Boerner, S., & Kearney, E. 2010. Fostering team innovation: Why is it important to combine opposing action strategies? *Organization Science*, 21(3), 593–608.

Geiger, S. W., &Makri, M. 2006. Exploration and exploitation innovation processes: The role of organizational slack in R & D intensive firms. *The Journal of High Technology Management Research*, 17(1): 97-108.

Geletkanycz, M. A. 1997. The salience of 'culture's consequences': The effects of cultural values on top executive commitment to the status quo. *Strategic Management Journal*, 18(8): 615-634.

Geletkanycz, M. A., & Hambrick, D. C. 1997. The external ties of top executives: Implications for strategic choice and performance. *Administrative Science Quarterly*, 42(4): 654-681.

Geletkanycz, M. A., & Hambrick, D. C. 1997. The external ties of top executives: Implications for strategic choice and performance. *Administrative Science Quar- terly*, 42(4): 654–681.

Georgakakis, D., &Ruigrok, W. 2017. CEO succession ori- gin and firm performance: A multilevel study. *Journal of Management Studies*, 54: 58–87.

George, G. 2005. Slack resources and the performance of privately held firms. *Academy of Management Journal*, 48(4): 661-676.

Gerstner, W. C., Ko¨nig, A., Enders, A., & Hambrick, D. C. 2013. CEO narcissism, audience engagement, and organizational adoption of technological disconti- nuities. *Administrative Science Quarterly*, 58: 257–291.

Ghauri, P. 2004. Designing and conducting case studies in international business research. In R. Marschan- Piekkari& C. Welch (Eds.), *Handbook of qualitative research methods for international business*: 109–124. Cheltenham, UK: Edward Elgar.

Ghoshal, S., & Bartlett, C. A. 1994. Linking organizational context and managerial action: The dimensions of quality of management. *Strategic Management Journal*, 15: 91-112.

Gibson, C. B., &Birkinshaw, J. (2004). The antecedents, consequences, and mediating role of organizational ambidexterity. *Academy of Management Journal*, 47(2), 209–226.

Gooding, R. Z., & Wagner, J. A. 1985. A meta-analytic review of the relationship between size and performance: The productivity and efficiency of organizations and their subunits. *Administrative Science Quarterly*, 30(4): 462-481.

Goodman, R. 1980. Annual reports serving a dual marketing function-Report of a survey. *Public Relations Quarterly*, 24: 21-24.

Gorman, C. A., Meriac, J. P., Overstreet, B. L., Apodaca, S., McIntyre, A. L., Park, P., &Godbey, J. N. 2012. A meta-analysis of the regulatory focus nomological network: Work-related antecedents and consequences. *Journal of Vocational Behavior*, 80(1), 160–172.

Gosling, S. D., Ko, S. J., Mannarelli, T., & Morris, M. E. 2002. A room with a cue: Personality judgments based on offices and bedrooms. *Journal of Personality and Social Psychology*, 82: 379–398.

Govindarajan, V. 1989. Implementing competitive strategies at the business unit level - implications of matching managers to strategies. *Strategic Management Journal*, 10(3): 251-

269.Graen, G. B., &Scandura, T. 1987. Toward a psychologyof dyadic organizing. *Research in OrganizationalBehavior*, *9*, 175–208.

Graffin, S. D., Wade, J. B., Porac, J. F., & McNamee, R. C. 2008. The impact of CEO status diffusion on the eco- nomic outcomes of other senior managers. *Organi- zation Science*, 19: 457–474.

Gringart, E., Helmes, E., &Speelman, C. 2013. Development of a measure of stereotypical attitudes towards older workers. *Australian Psychologist*, 48(2): 110-118.

Gruenfeld, D. H., Thomas-Hunt, M. C., & Kim, P. H. 1998. Cognitive flexibility, communication strategy, and integrative complexity in groups: Public versus private reactions to majority and minority status. *Journal of Experimental Social Psychology*, 34(2): 202-226.

Gupta, A. K., & Govindarajan, V. 1986. Resource sharing among SBUs: Strategic antecedents and administra- tive implications. *Academy of Management Journal*, 29: 695–714.

Hale, J. R., & Fields, D. L. 2007. Exploring servant leader- ship across cultures: A study of followers in Ghana and the USA. *Leadership*, 3: 397–417.

Haleblian, J., & Finkelstein, S. 1993. Top management team size, CEO dominance, and firm performance: The moderating roles of environmental turbulence and discretion. *Academy of Management Journal*, 36(4): 844-863.

Haleblian, J., & Finkelstein, S. 1993. Top management team size, CEO dominance, and firm performance: The moderating roles of environmental turbulence and discretion. *Academy of Management Journal*, 36(4): 844–863.

Halevi, M. Y., Carmeli, A., &Brueller, N. N. 2015. Ambidexterity in SBUs: TMT behavioral integration and environmental dynamism. *Human Resource Management*, *54*(S1), 223–238.

Hall, R. H., & Tittle, C. R. 1966. A note on bureaucracy and its "correlates". *American Journal of Sociology*, 72(3): 267-272.

Hambrick, D. C. 1994. Top management groups: A conceptual integration and reconsideration of the "team" label. *Research in Organizational Behavior*, 16: 171-171.

Hambrick, D. C. 1995. Fragmentation and the other prob- lems CEOs have with their top management teams. *California Management Review*, 37: 110–127.

Hambrick, D. C. 2007a. The field of management's devotion to theory: Too much of a good thing? *Academy of Management Journal*, 50(6): 1346-1352.

Hambrick, D. C. 2007b. Upper echelons theory: An update. *Academy of Management Review*, 32(2): 334-343.

Hambrick, D. C., & Abrahamson, E. 1995. Assessing managerial discretion across industries: A multimethod approach. *Academy of Management Journal*, 38: 1427–1441.

Hambrick, D. C., &D'aveni, R. A. 1988. Large corporate failures as downward spirals. *Administrative Science Quarterly*, 33(1): 1-23.

Hambrick, D. C., & Finkelstein, S. 1987. Managerial dis- cretion: A bridge between polar views of organiza- tions. In L. L. Cummings & B. M. Staw (Eds.), *Research in organizational behavior*, vol. 9: 369–406. Green- wich, CT: JAI Press.

Hambrick, D. C., &Fukutomi, G. D. S. 1991. The seasons of CEO's tenure. *Academy of Management Review Academy of Management*, 16(4): 719-742.

Hambrick, D. C., & Mason, P. A. 1984. Upper Echelons - The Organization as a Reflection of Its Top Managers. *Academy of Management Review*, 9: 193-206.

Hambrick, D. C., & Quigley, T. J. 2014. Toward more ac- curate contextualization of the CEO effect on firm performance. *Strategic Management Journal*, 35: 473–491.

Hambrick, D. C., Geletkanycz, M. A., & Fredrickson, J. W. 1993. Top executive commitment to the status quo: Some tests of its determinants. *Strategic Management Journal*, 14(6): 401-418.

Hannan, M. T., & Freeman, J. 1977. The population ecology of organizations. *American Journal of Sociology*, 82: 929–964.

Hamstra, M. R., Sassenberg, K., Van Yperen, N. W., &Wisse, B. 2014. Followers feel valued- When leaders' regulatory focus makes leaders exhibit behavior that fits followers' regulatory focus. *Journal of Experimental Social Psychology*, 51, 34–40.

Hamstra, M. R., Van Yperen, N. W., Wisse, B., &Sassenberg, K. 2014. On the perceived effectiveness of transformational–transactional leadership: The role of encouraged strategies and followers' regulatory focus. *European Journal of Social Psychology*, 44(6), 643–656.

Harreld, J. B., O'reilly, C. A., & Tushman, M. L. 2007. Dynamic capabilities at IBM: Driving strategy into action. *California Management Review*, 49(4): 21-43.

Hatch, M. J. 1997. Irony and the social construction of contradiction in the humor of a management team. *Organization Science*, 8(3), 275–288.

Hayward, M. L, Rindova, V. P, & Pollock, T. G. 2004. Be- lieving one's own press: The causes and consequences of CEO celebrity. *Strategic Management Journal*, 25: 637–653.

Hayward, M. L. A., & Hambrick, D. C. 1997. Explaining the premiums paid for large acquisitions: Evidence of CEO hubris. *Administrative Science Quarterly*, 42: 103-127.

Hayward, M. L., & Hambrick, D. C. 1997. Explaining the premiums paid for large acquisitions: Evidence of CEO hubris. *Administrative Science Quarterly*, 42: 103–127.

Heaphy, E. D., & Dutton, J. E. 2008. Positive social inter- actions and the human body at work: Linking organi- zations and physiology. *Academy of Management Review*, 33: 137–162.

Heavey, C., &Simsek, Z. 2015. Transactive memory sys- tems and firm performance: An upper echelons per- spective. *Organization Science*, 26: 941–959.

Heine, S. J., &Buchtel, E. E. 2009. Personality: The universal and the culturally specific. *Annual Review of Psychology*, 60(1), 369–394.

Helfat, C. E., &Peteraf, M. A. 2015. Managerial cognitive capabilities and the microfoundations of dynamic capabilities. *Strategic Management Journal*, 36(6): 831-850.

Helfat, C. E., &Peteraf, M. A. 2015. Managerial cognitive capabilities and the microfoundations of dynamic capabilities. *Strategic Management Journal*, 36(6): 831–850.

Henderson, A. D., Miller, D., & Hambrick, D. C. 2006. How quickly do CEOs become obsolete? Industry dyna- mism, CEO tenure, and company performance. *Stra- tegic Management Journal*, 27: 447–460.

Henriques, I., &Sadorsky, P. 1999. The relationship between environmental commitment and managerial perceptions of stakeholder importance. *Academy of Management Journal*, 42: 87-99.

Herrmann, P., & Datta, D. K. 2002. CEO successor charac- teristics and the choice of foreign market entry mode: An empirical study. *Journal of International Busi- ness Studies*, 33(3): 551–569.

Herrmann, P., & Datta, D. K. 2006. CEO experiences: Effects on the choice of FDI entry mode. *Journal of Man- agement Studies*, 43: 755–778.

Herrmann, P., & Nadkarni, S. 2014. Managing strategic change: The duality of CEO personality. *Strategic Management Journal*, 35(9): 1318-1342.

Herrmann, P., & Nadkarni, S. 2014. Managing strategic change: The duality of CEO personality.

Strategic Management Journal, 35: 1318–1342.

Higgins, E. T. 1997. Beyond pleasure and pain. *The American Psychologist*, 52(12): 1280-1300.

Higgins, E. T. 1998. Promotion and prevention: Regulatory focus as a motivational principle. *Advances in Experimental Social Psychology*, 30: 1-40.

Higgins, E. T. 2000. Making a good decision: Value from fit. *The American Psychologist*, 55: 1217-1230.

Higgins, E. T. 2001. *Promotion and prevention experiences: Relating emotions to nonemotional motivational states.* In J. P. Forgas (Ed.), Handbook of affect and social cognition (pp. 186–211). Mahwah, NJ: Erlbaum.

Higgins, E. T., & Spiegel, S. 2004. Promotion and prevention strategies for self-regulation: A motivated cognition perspective. In R. F. Baumeister & K. D. Vohs (Eds.), *Handbook of self-regulation: Research, theory, and applications*: 171-187. New York, NY: Guilford Press.

Higgins, E. T., Friedman, R. S., Harlow, R. E., Idson, L. C., Ayduk, O. N., & Taylor, A. 2001. Achievement orientations from subjective histories of success: Promotion pride versus prevention pride. *European Journal of Social Psychology*, 31(1): 3-23.

Higgins, E. T., Roney, C. J. R., Crowe, E., &Hymes, C. 1994. Ideal versus ought predilections for approach and avoidance distinct self-regulatory systems. *Journal of Personality and Social Psychology*, 66(2): 276-286.

Higgins, E. T., Shah, J. Y., & Friedman, R. 1997. Emotional responses to goal attainment: Strength of regulatory focus as moderator. *Journal of Personality and Social Psychology*, 72: 515-525.

Higgins, M. C. 2005. *Career imprints: Creating leaders across an industry*. San Francisco, CA: John Wiley & Sons.

Hiller, N. J., & Hambrick, D. C. 2005. Conceptualizing executive hubris: The role of (hyper-) core self- evaluations in strategic decision-making. *Strategic Management Journal*, 26: 297–319.

Hitt, M. A., & Tyler, B. B. 1991. Strategic decision models: Integrating different perspectives. *Strategic Man- agement Journal*, 12: 327–351.

Hitt, M. A., Beamish, P. W., Jackson, S. E., & Mathieu, J. E. 2007. Building theoretical and empirical bridges across levels: Multilevel research in management. *Academy of Management Journal*, 50: 1385–1399.

Hmieleski, K. M., & Baron, R. A. 2008. Regulatory focus and new venture performance: A study of entrepreneurial opportunity exploitation under conditions of risk versus uncertainty. *Strategic Entrepreneurship Journal*, 2(4): 285-299.

Hodgkinson, G. P., & Healey, M. P. 2011. Psychological foundations of dynamic capabilities: Reflexion and reflection in strategic management. *Strategic Man- agement Journal*, 32(13): 1500–1516.

Hofer, C. W., & Schendel, D. 1978. *Strategic formulation: Analytical concepts, St.* Paul, MN: West.

Hoffman, A. J., & Ocasio, W. 2001. Not all events are attended equally: Toward a middle-range theory of industry attention to external events. *Organization Science*, 12: 414–434.

Holcomb, T. R., Holmes, R. M., Jr., & Connelly, B. L. 2009. Making the most of what you have: Managerial ability as a source of resource value creation. *Strategic Man- agement Journal*, 30: 457–485.

Holsti, O. R. 1969. *Content analysis for the social sciences and humanities*. Reading, MA: Addison-Wesley Pub. Co.

Hooks, L. M. 2003. The impact of firm size on bank debt use. *Review of Financial Economics*, 12(2): 173-189.

Hoskisson, R. O., & Johnson, R. A. 1992. Research notes and communications corporate restructuring and strategic change: The effect on diversification strategy and R & D intensity. *Strategic Management Journal*, 13(8): 625-634.

Huff, A. S. 1990. *Mapping strategic thought*. Chichester, UK: John Wiley & Sons.

Huff, A. S., &Schwenk, C. 1990. Bias and sensemaking in good times and bad. In A.S. Huff (Ed.), *Mapping Strategic Thought*: 89-108. New York, NY: John Wiley.

Hutzschenreuter, T., Kleindienst, I., &Greger, C. 2012. How new leaders affect strategic change following a succession event: A critical review of the literature. *Leadership Quarterly*, 23(5): 729-755.

Huy, Q. N. 2002. Emotional balancing of organizational continuity and radical change: The contribution of middle managers. *Administrative Science Quarterly*, 47: 31-69.

Hülsheger, U. R., Anderson, N., & Salgado, J. F. (2009). Team-level predictors of innovation at work: a comprehensive meta-analysis spanning three decades of research. *Journal of*

Applied psychology, *94*(5), 1128-1145.

IJzerman, H., Leung, A. K. Y., & Ong, L. S. 2014. Perceptual symbols of creativity: Coldness elicits referential, warmth elicits relational creativity. *Acta Psychologica*, 148, 136-147.

Ireland, R. D., &Hitt, M. A. 1999. Achieving and maintaining strategic competitiveness in the 21st century: The role of strategic leadership. *The Academy of Management Executive*, 13: 43-57.

Isabella, L. A. 1990. Evolving interpretations as a change unfolds: How managers construe key organizational events. *Academy of Management Journal*, 33: 7–41.

Jackson, S. E., Schuler, R. S., & Jiang, K. 2014. Strategic HRM: A review and framework. *Academy of Man- agement Annuals*, 8: 1–56.

Jansen, J. J. P., George, G., van den Bosch, F. A. J., &Volberda, H. W. 2008. Senior team attributes and organizational ambidexterity: The moderating role of transformational leadership. *Journal of Management Studies*, 45: 982–1007.

Jansen, J. J., Vera, D., &Crossan, M. 2009. Strategic leadership for exploration and exploitation: The moderating role of environmental dynamism. *The Leadership Quarterly*, 20(1): 5-18.

Jayaraman, N., Khorana, A., Nelling, E., &Covin, J. 2000. CEO founder status and firm financial performance. *Strategic Management Journal*, 21: 1215–1224.

Jin, X., Wang, L., & Dong, H. 2016. The relationship between self-construal and creativity - regulatory focus as moderator. *Personality & Individual Differences*, 97, 282–288.

Jiang, Y., & Chen, C. C. 2018. Integrating knowledge activities for team innovation: Effects of transformational leadership. *Journal of Management*, 44(5): 1819-1847.

Jiang, W., Wang, L., Chu, Z., & Zheng, C.2020. How does CEO regulatory focus matter? The impacts of CEO promotion and prevention focus on firm strategic change. *Group & Organization Management*, 45(3), 386-416.

Johnson, J. D. 2016. Tensions between teams and their leaders. *Journal of Technology Management & Innovation*, *11*(3), 117–126.

Johnson, R. E., Chang, C. H., & Lord, R. G. 2006. Moving from cognition to behavior: What the research says. *Psychological Bulletin*, *132*(3), 381–415.

Johnson, R. E., Chang, C. H., Meyer, T., Lanaj, K., & Way, J. 2013. Approaching success or avoiding failure? Approach and avoidance motives in the work domain. *European Journal of Personality*, *27*(5), 424–441.

Johnson, R. E., King, D. D., Lin, S. H. J., Scott, B. A., Walker, E. M. J., & Wang, M. 2017. Regulatory focus trickle-down: How leader regulatory focus and behavior shape follower regulatory focus. *Organizational Behavior and Human Decision Processes, 140*, 29–45.

Johnson, R. E., Lin, S. H. J., Kark, R., Van Dijk, D., King, D. D., &Esformes, E. 2017. Consequences of regulatory fit for leader–follower relationship quality and commitment. *Journal of Occupational and Organizational Psychology, 90*(3), 379–406.

Johnson, P. D., Shull, A., & Wallace, J. C. 2011. Regulatory focus as a mediator in goal orientation and performance relationships. *Journal of Organizational Behavior*, 32(5): 751-766.

Johnson, R. E., & Steinman, L. 2009. Use of implicit measures for organizational research: An empirical example. *Canadian Journal of Behavioural Science*, 41(4): 202-212.

Johnson, R. E., Chang, C. H., & Lord, R. G. 2006. Moving from cognition to behavior: What the research says. *Psychological Bulletin*, 132(3): 381-415.

Johnson, R. E., Chang, C. H., & Yang, L. 2010. Commitment and motivation at work: The relevance of employee identity and regulatory focus. *Academy of Management Review*, 35(2): 226-245.

Johnson, R. E., Chang, C. H., Meyer, T., Lanaj, K., & Way, J. 2013. Approaching success or avoiding failure? Approach and avoidance motives in the work domain. *European Journal of Personality*, 27(5): 424-441.

Johnson, R. E., Lanaj, K., Tan, J. A. 2012. Putting our trust in fairness: Justice and regulatory focus as triggers of trust and cooperation. In L. L. Neider& C. A. Schriesheim (Eds.), *Research in management*: 1-28. Hartford, CT: Information Age Publishing.

Johnson, W. B., Magee, R. P., Nagarajan, N. J., & Newman, H. A. 1985. An analysis of the stock price reaction to sudden executive deaths: Implications for the mana- gerial labor market. *Journal of Accounting and Eco- nomics*, 7: 151–174.

Judge, T. A., &Ilies, R. 2002. Relationship of personality to performance motivation: A meta-analytic review. *Journal of Applied Psychology*, 87: 797–807.

Judge, T. A., & Zapata, C. P. 2015. The person-situation debate revisited: Effect of situation strength and trait activation on the validity of the big five personality traits in predicting job performance. *Academy of Management Journal*, 58: 1149–1179.

Judge, T. A., Erez, A., Bono, J. E., &Thoresen, C. J. 2003. The core self-evaluations scale:

Development of a measure. *Personnel Psychology*, 56(2): 303-331.

Judge, T. A., Locke, E. A., & Durham, C. C. 1997. The dis- positional causes of job satisfaction: A core evalua- tions approach. *Researchin Organizational Behavior*, 19: 151–188.

Judge, W. Q., & Miller, A. 1991. Antecedents and outcomes of decision speed in different environmental context. *Academy of Management Journal*, 34: 449–463.

Kahneman, D. 2003. Maps of bounded rationality: Psychology for behavioral economics. *American Economic Review*, 93(5): 1449-1475.

Kammerlander, N., Burger, D., Fust, A., &Fueglistaller, U. 2015. Exploration and exploitation in established small and medium-sized enterprises: The effect of CEOs' regulatory focus. *Journal of Business Venturing*, 30(4): 582-602.

Kaplan, R. S., & Norton, D. P. 2008. *The execution premium: Linking strategy to operations for competitive advantage*. Boston, MA: Harvard Business Press.

Kaplan, S. 2008. Cognition, capabilities, and incentives: Assessing firm response to the fiber-optic revolution. *Academy of Management Journal*, 51(4): 672–695.

Kaplan, S. 2008. Framing contests: Strategy making under uncertainty. *Organization Science*, 19(5): 729-752.

Kaplan, S. N., Klebanov, M. M., & Sorensen, M. 2012. Which CEO characteristics and abilities matter?.*The Journal of Finance*, 67(3): 973–1007.

Kark, R., & Van Dijk, D. 2007. Motivation to lead, motivation to follow: The role of the self-regulatory focus in leadership processes. *Academy of Management Review*, 32(2): 500-528.

Kark, R., Dijk, D. V., &Vashdi, D. R. 2018. Motivated or demotivated to be creative: the role of self-regulatory focus in transformational and transactional leadership processes. *Applied Psychology*, 67(1), 186–224.

Katsikeas, C. S., Samiee, S., &Theodosiou, M. 2006. Strategy fit and performance consequences of international marketing standardization. *Strategic Management Journal*, 27(9): 867-890.

Katz, D., & Kahn, R. L. 1978. *The social psychology of organizations*. York, NY: Wiley.

Keller, J., & Bless, H. 2006. Regulatory fit and cognitive performance: the interactive effect of chronic and situationally induced self-regulatory mechanisms on test performance. *European Journal of Social Psychology*, 36(3), 393–405.

Kesner, I. F., Victor, B., & Lamont, B. T. 1986. Board composition and the commission of illegal acts: An investigation of fortune 500 companies. *Academy of Management Journal*, 29: 789-799.

Khavul, S., Benson, G. S., & Datta, D. K. 2010. Is interna- tionalization associated with investments in HRM? A study of entrepreneurial firms in emerging markets. *Human Resource Management*, 49: 693–713.

Khazanchi, S., Lewis, M. W., & Boyer, K. K. 2007. Innovation-supportive culture: The impact of organizational values on process innovation. *Journal of Operations Management*, 25(4), 871–884.

Kiesler, S., &Sproull, L. 1982. Managerial response to changing environments: Perspectives on problem sensing from social cognition. *Administrative Science Quarterly*, 27: 548-570.

Kilduff, M., Angelmar, R., & Mehra, A. 2000. Top management-team diversity and firm performance: Examining the role of cognitions. *Organization Sci- ence*, 11: 21–34.

Kim, E. H., & Lu, Y. 2011. CEO ownership, external governance, and risk-taking. *Journal of Financial Economics*, 102(2): 272-292.

Kimberly, J. R., &Evanisko, M. J. 1981. Organizational in- novation: The influence of individual, organizational, and contextual factors on hospital adoption of tech- nological and administrative innovations. *Academy of Management Journal*, 24: 689–713.

Klarner, P., &Raisch, S. (2013). Move to the beat-Rhythms of change and firm performance. *Academy of Management Journal*, 56(1), 160–184.

Klein, K. J., & House, R. J. 1995. On fire: Charismatic leadership and levels of analysis. *The Leadership Quarterly*, 6: 183–198.

Kouame´, S., & Langley, A. 2018. Relating microprocesses to macro-outcomes in qualitative strategy process and practice research. *Strategic Management Journal*, 39: 559–581.

Kraaijenbrink, J., Spender, J. C., & Groen, A. J. 2010. The resource-based view: A review and assessment of its critiques. *Journal of Management*, 36(1): 349-372.

Krause, R., Semadeni, M., & Cannella, A. A. 2014. CEO Duality: A review and research agenda. *Journal of Management*, 40(1): 252-282.

Kray, L. J., & Galinsky, A. D. 2003. The debiasing effect of counterfactual mind-sets: Increasing the search for disconfirmatory information in group decisions. *Organizational Behavior and Human Decision Processes*, 91(1): 69-81.

Kunda, Z. 1990. The case for motivated reasoning. *Psychological Bulletin*, 108: 480-498.

Lam, T. W. H., & Chiu, C. Y. 2002. The motivational function of regulatory focus in creativity. *The Journal of Creative Behavior*, 36(2): 138-150.

Lanaj, K., Chang, C. H., & Johnson, R. E. 2012. Regulatory focus and work-related outcomes: a review and meta-analysis. *Psychological Bulletin*, 138(5): 998-1034.

Lavie, D., &Rosenkopf, L. (2006). Balancing exploration and exploitation in alliance formation. *Academy of Management Journal*, 49(4), 797–818.

Landy, F. J., & Farr, J. L. 1980. Performance rating. *Psy- chological Bulletin*, 87: 72–107.

Larcker, D. F., McCall, A. L., &Tayan, B. 2013. Separation anxiety: The impact of CEO divorce on shareholders. *Case study no. CGRP-36 in Stanford University closer look series*. Retrieved from https: //www.gsb.stanford.edu/sites/gsb/files/publication-pdf/cgri-closer-look-36-ceo- divorce.pdf.

Lawrence, P. R., & Lorsch, J. W. 1967. Differentiation and integration in complex organizations. *Administrative Science Quarterly*, 12: 1-47.

Lee, A. Y., Aaker, J. L., & Gardner, W. L. 2000. The pleasures and pains of distinct self-construals: the role of interdependence in regulatory focus. *Journal of Personality and Social Psychology*, 78(6): 1122-1134.

Lee, D. Y. 1997. The impact of poor performance on risk-taking attitudes: A longitudinal study with a PLS causal modeling approach. *Decision Sciences*, 28(1): 59-80.

Lee, P. M., & James, E. H. 2007. She'-e-os: Gender effects and investor reactions to the announcements of top ex- ecutive appointments. *Strategic Management Journal*, 28: 227–241.

Leifer, R., McDermott, C. M., O'connor, G. C., Peters, L. S., Rice, M. P., & Veryzer Jr, R. W. 2000. InR. Leifer (Ed.), *Radical Innovation: How Mature Companies Can Outsmart Upstarts*. Cambridge, MA: Harvard Business Press.

Lempiälä, T., Vanharanta, O., Lempiälä, T., &Vanharanta, O. 2017. Rethinking the control–freedom paradox in innovation: toward a multifaceted understanding of creative freedom. *Journal of Applied Behavioral Science, 54*, 62–87.

Levinthal, D. A., & March, J. G. 1993. The myopia of learning. *Strategic Management Journal*, 14(2): 95-112.

Lewin, A. Y., & Stephens, C. U. 1994. CEO attitudes as determinants of organization design: An integrated model. *Organization Studies* 15, 183–212.

Lewis, B. W., Walls, J. L., & Dowell, G. W. S. 2014. Difference in degrees: CEO characteristics and firm environmental disclosure. *Strategic Management Journal*, 35(5): 712-722.

Lewis, M. W. 2000. Exploring paradox: Toward a more comprehensive guide. *Academy of Management Review*, 25(4): 760-776.

Lewis, M. W., & Smith, W. K. 2014. Paradox as a metatheoretical perspective: Sharpening the focus and widening the scope. *The Journal of Applied Behavioral Science*, 50(2), 127–149.

Li, G., Liu, H., Shang, Y., & Xi, Y. (2014). Leader feedback and knowledge sharing: A regulatory focus theory perspective. *Journal of Management & Organization*, 20(6), 749–763.

Li, J. T., & Tang, Y. 2010. CEO Hubris and firm risk taking in China: The moderating role of managerial discretion. *Academy of Management Journal*, 53(1): 45-68.

Li, J., & Hambrick, D. C. 2005. Factional groups: A new vantage on demographic faultlines, conflict, and dis- integration in work teams. *Academy of Management Journal*, 48: 794–813.

Li, J., & Tang, Y. I. 2010. CEO hubris and firm risk taking in China: The moderating role of managerial discretion. *Academy of Management Journal*, 53: 45–68.

Li, V., Mitchell, R., & Boyle, B. 2016. The divergent effects of transformational leadership on individual and team innovation. *Group & Organization Management*, 41(1): 66-97.

Liu, D., Fisher, G., & Chen, G. (2018). CEO attributes and firm performance: A sequential mediation process model. *Academy of Management Annals*, 12(2), 789-816.

Liberman, N., Idson, L. C., Camacho, C. J., & Higgins, E. T. 1999. Promotion and prevention choices between stability and change. *Journal of Personality and Social Psychology*, 77(6): 1135-1145.

Liden, R. C., Wayne, S. J., Zhao, H., & Henderson, D. 2008. Servant leadership: Development of a multidi- mensional measure and multi-level assessment. *The Leadership Quarterly*, 19: 161–177.

Lieberson, S., & O'Connor, J. F. 1972. Leadership and organizational performance: A study of large corpo- rations. *American Sociological Review*, 37(2): 117–130.

Ling, Y., Simsek, Z., Lubatkin, M. H., &Veiga, J. F. 2008. Transformational leadership's role in promoting corpo- rate entrepreneurship: Examining the CEO-TMT in- terface. *Academy of*

Management Journal, 51: 557–576.

Ling, Y., Simsek, Z., Lubatkin, M. H., Veiga, J. F. 2008. Transformational leadership's role in promoting corporate entrepreneurship: Examining the CEO-TMT interface. *Academy of Management Journal*, 51(3): 557-576.

Ling, Y., Zhao, H., & Baron, R. A. 2007. Influence of founder-CEOs' personal values on firm performance: Moderating effects of firm age and size. *Journal of Management: Official Journal of the Southern Management Association*, 33(5): 673-696.

Lockwood, P., Jordan, C. H., &Kunda, Z. 2002. Motivation by positive or negative role models: regulatory focus determines who will best inspire us. *Journal of Personality and Social Psychology*, 83: 854-864.

Lubatkin, M. H., Simsek, Z., Ling, Y., &Veiga, J. F. 2006. Ambidexterity and performance in small-to medium- sized firms: The pivotal role of top management team behavioral integration. *Journal of management*, 32: 646–672.

Luo, X. M., Kanuri, V. K., & Andrews, M. 2014. How does CEO tenure matter? The mediating role of firm-employee and firm-customer relationships. *Strategic Management Journal*, 35(4): 492-511.

Lüscher, L. S., & Lewis, M. W. 2008. Organizational change and managerial sensemaking: Working through paradox. *Academy of Management Journal*, 51: 221-240.

Ma, S., &Seidl, D. 2018. New CEOs and their collaborators: Divergence and convergence between the strategic leadership constellation and the top management team. *Strategic Management Journal*, 39: 606–638.

Maccoby, M. 2003. *The productive narcissist: The promise and peril of visionary leadership*. New York, NY: Broadway.

Malmendier, U., & Tate, G. 2009. Superstar CEOs. *The Quarterly Journal of Economics*, 124: 1593–1638.

Marcel, J. J., Barr, P. S., &Duhaime, I. M. 2011. The influence of executive cognition on competitive dynamics. *Strategic Management Journal*, 32(2): 115-138.

March, J. G. 1991. Exploration and exploitation in organizational learning. *Organization Science*, 2(1): 71-87.

March, J. G., & Herbert, A. S. 1958. Organization. New York, NY: Wiley.

March, J.G., & Simon, H.A. 1958. *Organizations*. Oxford, UK: Wiley.

Margolis, J. D., & Walsh, J. P. 2003. Misery loves companies: Rethinking social initiatives by business. *Administrative Science Quarterly*, 48(2): 268-305.

Marquis, C., & Battilana, J. 2009. Acting globally but thinking locally? The enduring influence of local communities on organizations. *Research in Organizational Behavior*, 29: 283-302.

Marquis, C., &Tilcsik, A. 2013. Imprinting: Toward amultileveltheory. *Academy of Management Annals*, 7: 195–245.

Matta, E., & Beamish, P. W. 2008. The accentuated CEO career horizon problem: Evidence from international acquisitions. *Strategic Management Journal*, 29(7): 683-700.

Matta, E., & Beamish, P. W. 2008. The accentuated CEO career horizon problem: Evidence from international acquisitions. *Strategic Management Journal*, 29: 683–700.

Mazutis, D. D. 2013. The CEO effect: A longitudinal, mul- tilevel analysis of the relationship between executive orientation and corporate social strategy. *Business &Society*, 52: 631–648.

Mcclelland, D. C. 1951. Measuring motivation in phantasy: The achievement motive. In H. Guetzkow (Ed.), *Groups, leadership and men*: 191-205. Oxford: Carnegie Press.

Mcclelland, P. L., Barker, V. L., & Oh, W. Y. 2012. CEO career horizon and tenure: Future performance implications under different contingencies. *Journal of Business Research*, 65(9): 1387-1393.

Mcclelland, P. L., Liang, X., & Barker, V. L. 2010. CEO commitment to the status quo: Replication and extension using content analysis. *Journal of Management*, 36(5): 1251-1277.

McWilliams, A., & Siegel, D. 1997. Event studies in man- agement research: Theoretical and empirical issues. *Academy of Management Journal*, 40: 626–657.

Memmert, D., Plessner, H., Hüttermann, S., Froese, G., Peterhänsel, C., &Unkelbach, C. 2015. Collective fit increases team performances: extending regulatory fit from individuals to dyadic teams. *Journal of Applied Social Psychology*, 45(5), 274–281.

Meyer, M. W. 1975. Leadership and organizational struc- ture. *American Journal of Sociology*, 81: 514–542.

Meyer, R. D., Dalal, R. S., &Bonaccio, S. 2009. A meta- analytic investigation into the moderating effects of situational strength on the conscientiousness- performance relationship. *Journal of Organiza- tional Behavior*, 30: 1077–1102.

Meyer, R. D., Dalal, R. S., &Hermida, R. 2010. A review and synthesis of situational strength in the organizational sciences. *Journal of Management*, 36: 121–140.

Michel, J. G., & Hambrick, D. C. 1992. Diversification posture and top management team characteristics. *Academy of Management Journal*, 35(1): 9-37.

Mihalache, O. R., Jansen, J. J., Van den Bosch, F. A., &Volberda, H. W. 2014. Top management team shared leadership and organizational ambidexterity: A mod- erated mediation framework. *Strategic Entrepre- neurship Journal*, 8: 128–148.

Miller, C. C., Burke, L. M., & Glick, W. H. 1998. Cognitive diversity among upper-echelon executives: Implications for strategic decision processes. *Strategic Management Journal*, 19(1): 39-58.

Miller, D. 1983. The correlates of entrepreneurship in three types of firms. *Management Science*, 29: 770–791.

Miller, D. 1991. Stale in the saddle: CEO tenure and the match between organization and environment. *Management Science*, 37(1): 34-52.

Miller, D. 1991. Stale in the saddle: CEO tenure and the match between organization and environment. *Man- agement Science*, 37: 34–52.

Miller, D., & Breton-Miller, L. 2011. Governance, social identity, and entrepreneurial orientation in closely held public companies. *Entrepreneurship Theory and Practice*, 35: 1051–1076.

Miller, D., Breton-Miller, L., & Lester, R. H. 2011. Family and lone founder ownership and strategic behavior: Social context, identity, and institutional logics. *Journal of Management Studies*, 48: 1–25.

Miller, D., De Vries, M. F. K., & Toulouse, J. M. 1982. Top executive locus of control and its relationship tostrategy-making, structure, and environment. *Acad- emy of Management Journal*, 25: 237–253.

Miller, D., Xu, X., & Mehrotra, V. 2015. When is human capital a valuable resource? The performance effects of Ivy League selection among celebrated CEOs. *Strategic Management Journal*, 36(6): 930-944.

Minbashian, A., Wood, R. E., & Beckmann, N. 2010. Task-contingent conscientiousness as a unit of personality at work. *Journal of Applied Psychology*, 95(5): 793.

Miron-Spektor, E., Erez, M., &Naveh, E. 2011. The effect of conformist and attentive-to-detail members on team innovation: Reconciling the innovation paradox. *Academy of Management Journal*, 54(4): 740-760.

Miron-Spektor, E., Gino, F., &Argote, L. 2011. Paradoxical frames and creative sparks: Enhancing individual creativity through conflict and integration. *Organizational Behavior and Human Decision Processes*, 116(2): 229-240.

Mischel, W. 1977. The interaction of person and situation. In D. Magnusson & N. S. Endler (Eds.), *Personality at the crossroads: Current issues in interactional psy- chology*: 333–352. Hillsdale, NJ: Erlbaum.

Mischel, W. 1999. Implications of person-situation in- teraction: Getting over the field's borderline person- ality. *European Journal of Personality*, 13: 455–461.

Mitchell, R., Nicholas, S., & Boyle, B. 2009. The role of openness to cognitive diversity and group processes in knowledge creation. *Small Group Research*, 40(5): 535-554.

Mitchell, T. R., & James, L. R. 2001. Building better theory: Time and the specification of when things happen. *Academy of Management Review*, 26: 530–547.

Mitchell, T. R., Burch, T. C., & Lee, T. W. 2014. The need to consider time, level, and trends: A turnover per- spective. *Journal of Organizational Behavior*, 35: 296–300.

Miyazaki, K. 1994. Search, learning and accumulation of technological competences; the case of optoelectronics. *Industrial and Corporate Change*, 3(3): 631-654.

Mizruchi, M. S. 1983. Relations among large American corporations, 1904-1974. *Social Science History*, 7(2): 165-182.

Morgeson, F. P. 2005. The external leadership of self- managing teams: Intervening in the context of novel and disruptive events. *Journal of Applied Psychol- ogy*, 90: 497.

Morgeson, F. P., &DeRue, D. S. 2006. Event criticality, urgency, and duration: Understanding how events disrupt teams and influence team leader intervention. *The Leadership Quarterly*, 17: 271–287.

Morgeson, F. P., Mitchell, T. R., & Liu, D. 2015. Event systems theory: An event-oriented approach to the organizational sciences. *Academy of Management Review*, 40: 515–537.

Mowery, D. C., Oxley, J. E., & Silverman, B. S. 1996. Strategic alliances and interfirm knowledge transfer. *Strategic Management Journal*, 17: 77-91.

Murnighan, J. K., & Conlon, D. E. 1991. The dynamics of intense work groups: A study of British string quartets. *Administrative Science Quarterly*, 165-186.

Murray, A. I. 1989. Top management group heterogeneity and firm performance. *Strategic Management Journal*, 10: 125-141.

Na, J., Grossmann, I., Varnum, M. E., Karasawa, M., Cho, Y., Kitayama, S., & Nisbett, R. E. 2020. Culture and personality revisited: Behavioral profiles and within-person stability in interdependent (vs. independent) social orientation and holistic (vs. analytic) cognitive style. *Journal of Personality*, 88(5): 908-924.

Nadkarni, S., & Barr, P. S. 2008. Environmental context, managerial cognition, and strategic action: An integrated view. *Strategic Management Journal*, 29(13): 1395-1427.

Nadkarni, S., & Chen, J. H. 2014. Bridging yesterday, today, and tomorrow: CEO temporal focus, environmental dynamism, and rate of new product introduction. *Academy of Management Journal*, 57(6): 1810-1833.

Nadkarni, S., & Herrmann, P. O. L. 2010. CEO personality, strategic flexibility, and firm performance: The case of the Indian business process outsourcing industry. *Academy of Management Journal*, 53(5): 1050-1073.

Nadkarni, S., & Herrmann, P. O. L. 2010. CEO personality, strategic flexibility, and firm performance: The case of the Indian business process outsourcing industry. *Academy of Management Journal*, 53: 1050–1073.

Nauta, A., De Dreu, C. K., & Van Der Vaart, T. 2002. Social value orientation, organizational goal concerns and interdepartmental problem-solving behavior. *Journal of Organizational Behavior*, 23(2): 199-213.

Nederhof, A. J. 1985. Methods of coping with social de- sirability bias: A review. *European Journal of Social Psychology*, 15: 263–280.

Nelson, R., & Winter, S. 1982. *An evolutionary theory of the firm*. Cambridge, MA: Harvard University Press.

Nelson, T. 2003. The persistence of founder influence: management, ownership, and performance effects at initial public offering. *Strategic Management Journal*, 24(8): 707-724.

Nemeth, C. J., & Ormiston, M. 2007. Creative idea generation: Harmony versus stimulation.

European Journal of Social Psychology, 37(3): 524-535.

Neubert, M. J., Kacmar, K. M., Carlson, D. S., Chonko, L. B., & Roberts, J. A. 2008. Regulatory focus as a mediator of the influence of initiating structure and servant leadership on employee behavior. *Journal of Applied Psychology*, 93(6): 1220-1233.

Ng, T. W., & Feldman, D. C. 2009. How broadly does edu- cation contribute to job performance? *Personnel Psychology*, 62: 89–134.

Nohria, N., & Gulati, R. 1996. Is slack good or bad for innovation? *Academy of Management Journal*, 39(5): 1245-1264.

Norburn, D., & Birley, S. 1988. The top management team and corporate performance. *Strategic Management Journal*, 9(3): 225-237.

Nutt, P. C. 1976. Models for decision making in organizations and some contextual variables which stipulate optimal use. *Academy of Management Review*, 1(2): 84-98.

O'Reilly, C. A., & Chatman, J. A. 1996. Culture as social control: Corporations, cults, and commitment. *Re- search in Organizational Behavior*, 18: 157–200.

O'Reilly, C. A., Caldwell, D. F., Chatman, J. A., &Doerr, B. 2014. The promise and problems of organizational culture CEO personality, culture, and firm performance. *Group & Organization Management*, 39: 595–625.

O'Reilly, C. A., Caldwell, D. F., Chatman, J. A., Lapiz, M., & Self, W. 2010. How leadership matters: The effects of leaders' alignment on strategy implementation. *The Leadership Quarterly*, 21: 104–113.

Oakley, J. G. 2000. Gender-based barriers to senior man- agement positions: Understanding the scarcity of fe- male CEOs. *Journal of Business Ethics*, 27: 321–334.

O'mahony, S., &Bechky, B. A. 2006. Stretchwork: Managing the career progression paradox in external labor markets. *Academy of Management Journal*, 49(5): 918-941.

Ou, A. Y., Seo, J. J., Choi, D., &Hom, P. W. 2017. Whencan humble top executives retain middle managers? The moderating role of top management team faultlines. *Academy of Management Journal*, 60: 1915–1931.

Ou, A. Y., Tsui, A. S., Kinicki, A. J., Waldman, D. A., Xiao, Z., & Song, L. J. 2014. Humble chief executive officers' connections to top management team integration and middle managers' responses. *Administrative Science Quarterly*, 59(1): 34-72.

Ou, A. Y., Tsui, A. S., Kinicki, A. J., Waldman, D. A., Xiao, Z., & Song, L. J. 2014. Humble chief executive officers' connections to top management team integration and middle managers' responses. *Administrative Science Quarterly*, 59: 34–72.

Ou, A. Y., Waldman, D. A., & Peterson, S. J. 2018. Do humble CEOs matter? An examination of CEO hu- mility and firm outcomes. *Journal of Management*, 44: 1147–1173.

Owens, B. P., Johnson, M. D., & Mitchell, T. R. 2013. Expressed humility in organizations: Implications for performance, teams, and leadership. *Organization Science*, 24: 1517–1538.

Paletz, S. B., & Peng, K. 2009. Problem finding and contradiction: Examining the relationship between naive dialectical thinking, ethnicity, and creativity. *Creativity Research Journal*, 21(2-3): 139-151.

Park, J. H., Kim, C., Chang, Y. K., Lee, D. H., & Sung, Y. D. 2018. CEO hubris and firm performance: Exploring the moderating roles of CEO power and board vigilance. *Journal of Business Ethics*, 147: 919–933.

Park, T. Y., Kim, S., & Sung, L. K. (2017). Fair pay dispersion: A regulatory focus theory view. *Organizational Behavior and Human Decision Processes*, *142*(1), 1–11.

Parker, S. K., Williams, H. M., & Turner, N. 2006. Modelingthe antecedents of proactive behavior at work.*Journal of Applied Psychology, 91*, 636–652.

Pathan, S. 2009. Strong boards, CEO power and bank risk-taking. *Journal of Banking & Finance*, 33(7): 1340-1350.

Peng, K., & Nisbett, R. E. 1999. Culture, dialectics, and reasoning about contradiction. *American Psychologist*, 54(9): 741-754.

Peng, M. W., Zhang, S., & Li, X. 2007. CEO duality and firm performance during China's institutional transitions. *Management and Organization Review*, 3(2): 205-225.

Pennebaker, J. W., Mehl, M. R., &Niederhoffer, K. G. 2003. Psychological aspects of natural language use: Our words, our selves. *Annual Review of Psychology*, 54: 547–577.

Peteraf, M. A. 1993. The cornerstones of competitive advantage: A resource-based view. *Strategic Management Journal*, 14(3): 179-191.

Peterson, R. S., Smith, D. B., Martorana, P. V., & Owens, P. D. 2003. The impact of chief executive officer per- sonality on TMT dynamics: One mechanism by which leadership affects organizational performance. *Jour- nal of Applied Psychology*, 88: 795–808.

Peterson, S. J., Galvin, B. M., & Lange, D. 2012. CEO ser- vant leadership: Exploring executive characteristics and firm performance. *Personnel Psychology*, 65: 565–596.

Petrenko, O. V., Aime, F., Ridge, J., & Hill, A. 2016. Cor- porate social responsibility or CEO narcissism? CSR motivations and organizational performance. *Strate- gic Management Journal*, 37: 262–279.

Phillips, M. E. 1994. Industry mindsets: Exploring the cultures of two macro-organizational settings. *Organization Science*, 5(3): 384-402.

Pillemer, D. B. 2001. Momentous events and the life story.*Review of General Psychology*, 5: 123.

Plambeck, N., & Weber, K. 2010. When the glass is half full and half empty: CEOs' ambivalent interpretations of strategic issues. *Strategic Management Journal*, 31: 689–710.

Podolny, J. M. 2005. CEO as Change Agent? In J. L. Bower &C. G. Gilbert (Eds.), *From resource allocation to strat- egy*, p. 427.

Polderman, T. J., Benyamin, B., De Leeuw, C. A., Sullivan, P. F., Van Bochoven, A., Visscher, P. M., &Posthuma, D. 2015. Meta-analysis of the heritability of human traits based on fifty years of twin studies. *Nature Ge- netics*, 47: 702–709.

Poole, M. S., & Van de Ven, A. H. (1989). Using paradox to build management and organization theories. *Academy of Management Review*, 14(4), 562–578.

Porter, M. E., & Kramer, M. R. 2011. Creating shared value. *Harvard Business Review*, 89: 62–77.

Portoghese, I., Galletta, M., Battistelli, A., & Leiter, M. P. 2015. A multilevel investigation on nursing turnover intention: The cross-level role of leader-member exchange. *Journal of Nursing Management*, 23(6): 754-764.

Powell, W. W., &Colyvas, J. A. 2008. Microfoundations of institutional theory. In R. Greenwood, C. Oliver, K. Sahlin& R. Suddaby (Eds.), *The SAGE handbook of organizational institutionalism*: 276–298. Thousand Oaks, CA: Sage.

Priem, R. L., & Butler, J. E. 2001a. Is the resource-based "view" a useful perspective for strategic management research? *Academy of Management Review*, 26(1): 22-40.

Priem, R. L., & Butler, J. E. 2001b. Tautology in the resource-based view and the implications of externally determined resource value: Further comments. *Academy of Management Review*, 26(1): 57-66.

Putnam, L. L., Fairhurst, G. T., & Banghart, S. 2016. Contradictions, dialectics, and paradoxes in organizations: A constitutive approach. *Academy of Management Annals*, 10(1): 65-171.

Qiu, J., Donaldson, L., & Luo, B. N. (2012). The benefits of persisting with paradigms in organizational research. *The Academy of Management Perspectives*, 26(1), 93–104.

Quigley, T. J., &Graffin, S. D. 2017. Reaffirming the CEO effect is significant and much larger than chance: A comment on Fitza (2014). *Strategic Management Journal*, 38(3): 793–801.

Quigley, T. J., & Hambrick, D. C. 2015. Has the "CEO effect" increased in recent decades? A new explanation for the great rise in America's attention to corporate leaders. *Strategic Management Journal*, 36(6): 821–830.

Quigley, T. J., Crossland, C., & Campbell, R. J. 2017. Shareholder perceptions of the changing impact of CEOs: Market reactions to unexpected CEO deaths, 1950–2009. *Strategic Management Journal*, 38: 939–949

Quine, W. V. 1951. Main trends in recent philosophy: Two dogmas of empiricism. *The Philosophical Review*, 60(1): 20-43.

Raisch, S., &Birkinshaw, J. 2008. Organizational ambidexterity: Antecedents, outcomes, and moderators. *Journal of Management*, 34(3): 375-409.

Rajagopalan, N., & Datta, D. K. 1996. CEO characteristics: Does industry matter? *Academy of Management Journal*, 39: 197–215.

Rampa, R., &Agogué, M. 2021. Developing radical innovation capabilities: Exploring the effects of training employees for creativity and innovation. *Creativity and Innovation Management*, 30(1): 211-227.

Randall, K. R., Resick, C. J., &DeChurch, L. A. 2011. Building team adaptive capacity: The roles of sensegiving and team composition. *Journal of Applied Psychology*, 96(3): 525-540.

Resick, C. J., Whitman, D. S., Weingarden, S. M., & Hiller, N. J. 2009. The bright-side and the dark-side of CEO personality: Examining core self-evaluations, narcis- sism, transformational leadership, and strategic in- fluence. *Journal of Applied Psychology*, 94: 1365.

Reuber, A. R., & Fischer, E. 1997. The influence of the management team's international experience on the internationalization behaviors of SMEs. *Journal of International Business Studies*, 28(4): 807-825.

Revelle, W., & Scherer, K. R. 2009. Personality (and emo- tion). In D. Sander & K. R. Scherer (Eds.), *Oxford companion to emotion and the affective sciences*: 304–306. Oxford, UK:

Oxford University Press.

Richard, H. 1972. *Organizations: Structure and process*. Englewood Cliffs, NJ: Prentice-Hall.

Riketta, M. 2005. Organizational identification: A meta- analysis. *Journal of Vocational Behavior*, 66: 358–384.

Robert Mitchell, J., Shepherd, D. A., &Sharfman, M. P. 2011. Erratic strategic decisions: when and why managers are inconsistent in strategic decision mak- ing. *Strategic Management Journal*, 32(7): 683–704.

Roll, R. 1986. The hubris hypothesis of corporate take- overs. *Journal of Business*, 59: 197–216.

Rosing, K., Frese, M., & Bausch, A. 2011. Explaining the heterogeneity of the leadership-innovation relationship: Ambidextrous leadership. *The Leadership Quarterly*, 22(5): 956-974.

Roundy, P. T., Dai, Y., Bayer, M. A., & Byun, G. (2016). Motivated to change? TMT regulatory focus and strategic change. *Management Research Review*. 39(7): 803-829.

Sacramento, C. A., Fay, D., & West, M. A. 2013. Workplace duties or opportunities? Challenge stressors, regulatory focus, and creativity. *Organizational Behavior and Human Decision Processes*, *121*(2), 141–157.

Saeidipour, B., Kazemi, S. M. M., Mohamadabadi, A. J., & Azizi, M. 2016. The Study of the Relationship between Transformative Leadership and Individual Creativity of Staff in Organizations. *Mediterranean Journal of Social Sciences*, 7(4S1), 234–241.

Salancik, G. R., &Meindl, J. R. 1984. Corporate attributions as strategic illusions of management control. *Administrative Science Quarterly*, 29: 238-254.

Salancik, G. R., & Pfeffer, J. 1974. The bases and use of power in organizational decision making: The case of a university. *Administrative Science Quarterly*, 19: 453-473.

Samimi, M., Cortes, A. F., Anderson, M. H., & Herrmann, P. 2020. What is strategic leadership? Developing a framework for future research. *The Leadership Quarterly*, 101353.

Sapir, E. 1944. Grading, a study in semantics. *Philosophy of Science*, 11(2): 93-116.

Schad, J., Lewis, M. W., Raisch, S., & Smith, W. K. 2016. Paradox research in management science: Looking back to move forward. *Academy of Management Annals*, *10*(1), 5–64.

Schmidt, W. H., & Posner, B. Z. 1983. *Managerial values in perspective*. New York, NY: AMA Membership Publications Division, American Management Associations.

Schminke, M., Ambrose, M. L., &Neubaum, D. O. 2005. The effect of leader moral development on ethical climate and employee attitudes. *Organizational Be- havior and Human Decision Processes*, 97: 135–151.

Schmitt, A., &Raisch, S. 2013. Corporate turnarounds: The duality of retrenchment and recovery. *Journal of Management Studies*, 50(7), 1216–1244.

Schneider, K. J. 1990. *The paradoxical self: Toward an understanding of our contradictory nature.* New York: Insight Books.

Scholer, A. A., & Higgins, E. T. 2008. Distinguishing levels of approach and avoidance: An analysis using regulatory focus theory. In A. J. Elliot (Ed.), *Handbook of approach and avoidance motivation*: 489-503. New York, NY: Psychology Press.

Schuh, S. C., Van Quaquebeke, N., Göritz, A. S., Xin, K. R., De Cremer, D., & van Dick, R. 2016. Mixed feelings, mixed blessing? How ambivalence in organizational identification relates to employees' regulatory focus and citizenship behaviors. *Human Relations*, 69(12), 2224–2249.

Schulz-Hardt, S., Frey, D., Lüthgens, C., & Moscovici, S. 2000. Biased information search in group decision making. *Journal of Personality and Social Psychology*, 78(4): 655-669.

Scott, W. R. 1992. *Organisations: Rational, natural and open systems.* Englewood Cliffs, NJ: Prentice Hall.

Senior, C., Lee, N., & Butler, M. 2011. Perspective- Organizational cognitive neuroscience. *Organization Science*, 22: 804–815.

Serfling, M. A. 2014. CEO age and the riskiness of corporate policies. *Journal of Corporate Finance*, 25: 251–273.

Shacklock, K., Fulop, L., &Hort, L. 2007. Managing older worker exit and re-entry practices: A 'revolving door'? *Asia Pacific Journal of Human Resources*, 45(2): 151-167.

Shah, J., Higgins, T., & Friedman, R. S. 1998. Performance incentives and means: how regulatory focus influences goal attainment. *Journal of Personality and Social Psychology*, 74(2): 285-293.

Shalley, C. E., Gilson, L. L., & Blum, T. C. 2000. Matching creativity requirements and the work environment: Effects on satisfaction and intentions to leave. *Academy of Management Journal*, 43(2): 215-223.

Shamir, B., House, R. J., & Arthur, M. B. 1993. The motivational effects of charismatic leadership:

A self-concept based theory. *Organization science*, 4(4), 577-594.

Sharfman, M. P., Wolf, G., Chase, R. B., &Tansik, D. A. 1988. Antecedents of organizational slack. *Academy of Management Review*, 13(4): 601-614.

Sharma, S. 2000. Managerial interpretations and organizational context as predictors of corporate choice of environmental strategy. *Academy of Management Journal*, 43(4): 681-697.

Shen, W., & Cannella, A. A. 2002. Revisiting the perfor- mance consequences of CEO succession: The impacts of successor type, postsuccession senior executive turnover, and departing CEO tenure. *Academy of Management Journal*, 45: 717–733.

Sheremata, W. A. 2000. Centrifugal and centripetal forces in radical new product development under time pressure. *Academy of Management Review*, 25(2): 389-408.

Shin, Y., Kim, M., Choi, J. N., & Lee, S. H. (2016). Does team culture matter? Roles of team culture and collective regulatory focus in team task and creative performance. *Group & Organization Management*, 41(2), 232–265.

Short, J. C., Payne, G. T., Brigham, K. H., & Lumpkin, J. C. 2009. Family firms and entrepreneurial orientation in publicly traded firms a comparative analysis of the S&P 500. *Family Business Review*, 22: 9-24.

Simmons, S. A., Carr, J. C., Hsu, D. K., & Shu, C. 2016. The regulatory fit of serial entrepreneurship intentions. *Applied Psychology: An International Review*, 65(3), 603–627.

Sims, H. P., &Gioia, D. A. 1986. *The thinking organiza- tion*. San Francisco, CA: Jossey-Bass.

Simsek, Z. 2007. CEO tenure and organizational perfor- mance: An intervening model. *Strategic Manage- ment Journal*, 28: 653–662.

Simsek, Z., Heavey, C., &Veiga, J. J. F. 2010. The impact of CEO core self-evaluation on the firm's entrepreneurial orien- tation. *Strategic Management Journal*, 31: 110–119.

Simsek, Z., Veiga, J. F., Lubatkin, M. H., & Dino, R. N. 2005. Modeling the multilevel determinants of top management team behavioral integration. *Academy of Management Journal*, 48(1): 69-84.

Simsek, Z., Veiga, J. F., Lubatkin, M. H., & Dino, R. N. 2005. Modeling the multilevel determinants of top man- agement team behavioral integration. *Academy of Management Journal*, 48: 69–84.

Singh, J. V. 1986. Performance, slack, and risk taking in organizational decision making. *Academy* of *Management Journal*, 29(3): 562-585.

Slotegraaf, R. J., &Atuahene-Gima, K. 2011. Product development team stability and new product advantage: The role of decision-making processes. *Journal of Marketing*, 75(1): 96-108.

Slovin, M. B., Johnson, S. A., & Glascock, J. L. 1992. Firm size and the information content of bank loan announcements. *Journal of Banking & Finance*, 16(3): 1057-1071.

Smith, K. G., Mitchell, T. R., & Summer, C. E. 1985. Top level management priorities in different stages of the organizational life cycle. *Academy of Management Journal*, 28(4): 799-820.

Smith, W. K. 2014. Dynamic decision making: A model of senior leaders managing strategic paradoxes. *Academy of Management Journal*, 57(6): 1592-1623.

Smith, W. K., & Lewis, M. W. 2011. Toward a theory of paradox: A dynamic equilibrium model of organizing. *Academy of Management Review*, 36: 381-403.

Smith, W. K., & Tushman, M. L. 2005. Managing strategic contradictions: A top management model for managing innovation streams. *Organization Science*, 16(5): 522-536.

Smith, W. K., Binns, A., & Tushman, M. L. 2010. Complex business models: Managing strategic paradoxes simultaneously. *Long Range Planning*, 43(2-3): 448-461.

Sniezek, J. A. 1992. Groups under uncertainty: An examination of confidence in group decision making. *Organizational Behavior and Human Decision Processes*, 52(1): 124-155.

Song, Z., Gu, Q., & Cooke, F. L. 2020. The effects of high-involvement work systems and shared leadership on team creativity: A multilevel investigation. *Human Resource Management*, 59(2): 201-213.

Song, Z., Li, W., &Arvey, R. D. 2011. Associations between dopamine and serotonin genes and job satisfaction: Preliminary evidence from the add health study. *Journal of Applied Psychology*, 96: 1223.

Sonnentag, S. 2012. Time in organizational research: Catching up on a long neglected topic in order to improve theory. *Organizational Psychology Review*, 2: 361–368.

Spencer-Rodgers, J., Boucher, H. C., Mori, S. C., Lei, W., & Peng, K. 2009. The dialectical self-concept: Contradiction, change, and holism in East Asian cultures. *Personality and Social Psychology Bulletin*, 35(1): 29-44.

Spencer-Rodgers, J., Peng, K., Wang, L., & Hou, Y. B. 2004. Dialectical self-esteem and East-West differences in psychological well-being. *Personality and Social Psychology Bulletin*,

30(11): 1416-1432.

Spencer-Rodgers, J., Williams, M. J., & Peng, K. 2010. Cultural differences in expectations of change and tolerance for contradiction: A decade of empirical research. *Personality and Social Psychology Review*, 14(3): 296-312.

Srivastava, A., Bartol, K. M., & Locke, E. A. 2006. Empoweringleadership in management teams: Effectson knowledge sharing, efficacy, and performance.*Academy of Management Journal*, 49, 1239–1251.

Stam, D. A., Van Knippenberg, D., &Wisse, B. 2010. The role of regulatory fit in visionary leadership. *Journal of Organizational Behavior*, *31*(4), 499–518.

Staw, B. M., & Ross, J. 1980. Commitment in an experimenting society: A study of the attribution of leadership from administrative scenarios. *Journal of Applied Psychology*, 65(3): 249-260.

Staw, B. M., Sandelands, L. E., & Dutton, J. E. 1981. Threat rigidity effects in organizational behavior: A multilevel analysis. *Administrative Science Quarterly*, 501–524.

Steier, L. 2003. Variants of agency contracts in family-financed ventures as a continuum of familial altruistic and market rationalities. *Journal of Business Venturing*, 18(5): 597-618.

Steinbach, A. L., Holcomb, T. R., Holmes, R. M., Devers, C. E., & Cannella, A. A. 2017. Top management team incentive heterogeneity, strategic investment behavior, and performance: A contingency theory of incentive alignment. *Strategic Management Journal*, 38: 1701–1720.

Stevens, J. M., Beyer, J. M., & Trice, H. M. 1978. Assessing personal, role, and organizational predictors of managerial commitment. *Academy of Management Journal*, 21(3): 380-396.

Stryker, S., & Burke, P. J. 2000. The past, present, and future of an identity theory. *Social Psychology Quarterly*, 63: 284–297.

Sun, P., Mellahi, K., Wright, M., & Xu, H. 2015. Political tie heterogeneity and the impact of adverse shocks on firm value. *Journal of Management Studies*, 52: 1036–1063.

Suedfeld, P., Tetlock, P. E., &Streufert, S. 1992. *Conceptual/integrative complexity*. In C. P. Smith (Ed.), Motivation and personality: Handbook of thematic content analyses (pp. 393–400). New York: Cambridge University Press.

Sundaramurthy, C., & Lewis, M. 2003. Control and collaboration: Paradoxes of governance. *Academy of Management Review*, 28(3): 397-415.

Sunder, J., Sunder, S. V., & Zhang, J. 2017. Pilot CEOs and corporate innovation. *Journal of Financial Econom- ics*, 123: 209–224.

Swann, W. B., Jr., Rentfrow, P. J., & Gosling, S. D. 2003. The precarious couple effect: verbally inhibited men+ critical, disinhibited women=bad chemistry. *Journal of Personality and Social Psychology*, 85(6): 1095-1106.

Tang, C., Ma, H., Naumann, S. E., & Xing, Z. 2020. Perceived work uncertainty and creativity during the COVID-19 pandemic: The roles of Zhongyong and creative self-efficacy. *Frontiers in Psychology*, 11, 3008-3017.

Tang, J., Crossan, M., & Rowe, W. G. 2011. Dominant CEO, deviant strategy, and extreme performance: The moderating role of a powerful board. *Journal of Management Studies*, 48(7): 1479-1503.

Tang, J., Crossan, M., & Rowe, W. G. 2011. Dominant CEO, deviant strategy, and extreme performance: The moderating role of a powerful board. *Journal of Management Studies*, 48: 1479–1503.

Tang, Y., Li, J., & Yang, H. 2015a. What I see, what I do: How executive hubris affects firm innovation. *Journal of Management*, 41: 1698–1723.

Tang, Y., Mack, D. Z., & Chen, G. 2018. The differential effects of CEO narcissism and hubris on corporate social responsibility, forthcoming. *Strategic Man- agement Journal*.

Tang, Y., Qian, C., Chen, G., & Shen, R. 2015b. How CEO hubris affects corporate social (ir) responsibility. *Strategic Management Journal*, 36: 1338–1357.

Tantalo, C., &Priem, R. L. 2016. Value creation through stakeholder synergy. *Strategic Management Journal*, 37: 314–329.

Teece, D. J. 2006. Reflections on "profiting from innovation". *Research Policy*, 35(8), 1131–1146.

Thompson, J. D. 1967. *Organizations in action: Social science bases of administrative theory*. New York, NY: Transaction publishers.

Thornton, P. H., & Ocasio, W. 1999. Institutional logics and the historical contingency of power in organizations: Executive succession in the higher education pub- lishing industry, 1958–1990. *American Journal of Sociology*, 105: 801–843.

Tilcsik, A., & Marquis, C. 2013. Punctuated generosity: How mega-events and natural disasters affect corpo- rate philanthropy in US communities. *Administra- tive Science Quarterly*, 58:

111–148.

Tor, A., & Bazerman, M. H. 2003. Focusing failures in competitive environments: Explaining decision errors in the Monty Hall game, the acquiring a company problem, and multiparty ultimatums. *Journal of Behavioral Decision Making*, 16(5): 353-374.

Tosi, H. L., Misangyi, V. F., Fanelli, A., Waldman, D. A., &Yammarino, F. J. 2004. CEO charisma, compensation, and firm performance. *The Leadership Quarterly*, 15: 405–420.

Trethewey, G. E. A., & Ashcraft, K. L. 2004. Special issue introduction: Practicing disorganization: The development of applied perspectives on living with tension. *Journal of Applied Communication Research*, 32(2): 81-88.

Tschan, F., Semmer, N. K., Gautschi, D., Hunziker, P., Spychiger, M., &Marsch, S. U. 2006. Leading to recovery: Group performance and coordinative activities in medical emergency driven groups. *Human Performance*, 19(3): 277-304.

Tu, Y., Lu, X., Choi, J. N., & Guo, W. 2019. Ethical leadership and team-level creativity: Mediation of psychological safety climate and moderation of supervisor support for creativity. *Journal of Business Ethics*, 159(2): 551-565.

Tuan Pham, M., & Chang, H. H. 2010. Regulatory focus, regulatory fit, and the search and consideration of choice alternatives. *Journal of Consumer Research*, 37(4), 626–640.

Tuncdogan, A., Bosch, F. V. D., &Volberda, H. 2015. Regulatory focus as a psychological microfoundation of leaders' exploration and exploitation activities. *Leadership Quarterly*, 26(5), 838–850.

Tung, F. C. (2016). Does transformational, ambidextrous, transactional leadership promote employee creativity? Mediating effects of empowerment and promotion focus. *International Journal of Manpower*, 37(8), 1250–1263.

Turkheimer, E. 2000. Three laws of behavior genetics and what they mean. *Current Directions in Psychological Science*, 9: 160–164.

Tushman, M. L., &O'reilly, C. A. 1996. The ambidextrous organizations: Managing evolutionary and revolutionary change. *California Management Review*, 38(4): 8-30.

Tushman, M. L., O'Reilly, C., Fenollosa, A., Kleinbaum, A. M., & McGrath, D. 2007. Relevance and rigor: Executive education as a lever in shaping practice and research. *Academy of Management Learning & Education*, 6(3), 345–362.

Tushman, M., Smith, W. K., Wood, R. C., Westerman, G., & O'Reilly, C. A. 2010. Organizational designs and innovation streams. *Industrial and Corporate Change*, 19(5): 1331-1366.

Van den Berg, P. T., &Wilderom, C. P. 2004. Defining, mea- suring, and comparing organisational cultures. *Applied Psychology*, 53: 570–582.

van Knippenberg, D., &Sitkin, S. B. 2013. A critical as- sessment of charismatic–transformational leadership research: Back to the drawing board? *The Academy of Management Annals*, 7: 1–60.

Vandellen, M. R., & Hoyle, R. H. 2010. Regulatory accessibility and social influences on state self-control. *Personality and Social Psychology Bulletin*, 36(2): 251-263.

Vazire, S., & Gosling, S. D. 2004. e-Perceptions: Personality impressions based on personal websites. *Journal of Personality and Social Psychology*, 87: 123–132.

Venkatraman, N., &Ramanujam, V. 1986. Measurement of business performance in strategy research: A comparison of approaches. *Academy of Management Review*, 11(4): 801-814.

Vera, D., &Crossan, M. 2004. Strategic leadership and organizational learning. *Academy of Management Review*, 29(2): 222-240.

Vermunt, J. K., & Magidson, J. 2002. *Latent class cluster analysis*. In J. A. Hagenaars& A. L. McCutcheon (Eds.), Applied latent class analysis (pp. 89–106). Cambridge, MA: Cambridge University Press.

Visser, M, Faems, D., & Top, P. (2011, June). *Exploration and exploitation within SMES: connecting the ceo's cognitive style to product innovation performance*. 18th International Product Development Management Conference (IPDMC), Delft, Holland.

von den Driesch, T., da Costa, M. E. S., Flatten, T. C., &Brettel, M. 2015. How CEO experience, personality, and network affect firms' dynamic capabilities. *Eu- ropean Management Journal*, 33: 245–256.

Voss, G. B., Sirdeshmukh, D., & Voss, Z. G. 2008. The effects of slack resources and environmentalthreat on product exploration and exploitation. *Academy of Management Journal*, 51: 147-164.

Vroom, V. H., &Pahl, B. 1971. Relationship between age and risk taking among managers. *Journal of Applied Psychology*, 55(5): 399-405.

Vuori, N., Vuori, T. O., &Huy, Q. N. 2018. Emotional practices: How masking negative emotions impacts the post-acquisition integration process. *Strategic Management Journal*, 39: 859–893.

Wade, J. B., Porac, J. F., Pollock, T. G., &Graffin, S. D. 2006. The burden of celebrity: The impact of CEO certifica- tion contests on CEO pay and performance. *Academy of Management Journal*, 49: 643–660.

Wadhwa, A., Freitas, I. M. B., & Sarkar, M. B. 2017. The Paradox of Openness and Value Protection Strategies: Effect of Extramural R&D on Innovative Performance. *Organization Science*, 28(5), 873–893.

Waldman, D. A., Javidan, M., &Varella, P. 2004. Charis- matic leadership at the strategic level: A new appli- cation of upper echelons theory. *The Leadership Quarterly*, 15: 355–380.

Waldman, D. A., Ramirez, G. G., House, R. J., & Puranam, P. 2001. Does leadership matter? CEO leadershipattributes and profitability under conditions of per- ceived environmental uncertainty. *Academy of Management Journal*, 44: 134–143.

Waldman, D. A., Siegel, D. S., &Javidan, M. 2006. Com- ponents of CEO transformational leadership and cor- porate social responsibility. *Journal of Management Studies*, 43(8): 1703–1725.

Wales, W. J., Patel, P. C., & Lumpkin, G. T. 2013. In pursuit of greatness: CEO narcissism, entrepreneurial orien- tation, and firm performance variance. *Journal of Man- agement Studies*, 50: 1041–1069.

Wallace, C., & Chen, G. 2006. A multilevel integration of personality, climate, self-regulation, and performance. *Personnel Psychology*, 59(3): 529-557.

Wallace, J. C., Little, L. M., Hill, A. D., & Ridge, J. W. 2010. CEO regulatory foci, environmental dynamism, and small firm performance. *Journal of Small Business Management*, 48(4): 580-604.

Wally, S., & Baum, J. R. 1994. Personal and structural de- terminants of the pace of strategic decision making. *Academy of Management Journal*, 37: 932–956.

Walsh, J. P. 1995. Managerial and organizational cognition: Notes from a trip down memory lane. *Organization Science*, 6(3): 280-321.

Wang, G., Holmes, R. M., Oh, I. S., & Zhu, W. 2016. Do CEOs matter to firm strategic actions and firm performance? A meta-analytic investigation based on upper eche- lons theory. *Personnel Psychology*, 69: 775–862.

Wang, H., Tsui, A. S., & Xin, K. R. 2011. CEO leadership behaviors, organizational performance, and employees' attitudes. *Leadership Quarterly*, 22(1): 92-105.

Wang, J., Cheng, G. H. L., Chen, T., & Leung, K. 2019. Team creativity/innovation in culturally diverse teams: A meta-analysis. *Journal of Organizational Behavior*, 40(6): 693-708.

Wang, L., & Pratt, M. 2007. An identity-based view of ambivalence and its management in organizations. In N. M. Ashkanasy& C. L. Cooper (Eds.), *Research companions to emotion in organizations*: 589-604.Cheltenham: Edward Elgar.

Wang, J., Wang, L., Liu, R. D., & Dong, H. Z. (2017). How expected evaluation influences creativity: Regulatory focus as moderator. *Motivation and Emotion*, *41*(2), 147–157.

Wangrow, D. B., Schepker, D. J., & Barker, V. L., III 2015. Managerial discretion: An empirical review and focus on future research directions. *Journal of Manage- ment*, 41: 99–135.

Washington, M., & Zajac, E. J. 2005. Status evolution and competition: Theory and evidence. *Academy of Man- agement Journal*, 48: 282–296.

Watson, D., Clark, L. A., &Tellegen, A. 1988. Development and validation of brief measures of positive and negative affect: the PANAS scales. *Journal of Personality and Social Psychology*, 54(6): 1063-1070.

Weber, R. P. 1990. *Basic content analysis*.Newbury Park, CA: Sage.

Wei, J., Chen, Y., Zhang, Y., & Zhang, J. 2020. How does entrepreneurial self-efficacy influence innovation behavior? Exploring the mechanism of job satisfaction and Zhongyong thinking. *Frontiers in Psychology*, 11: 708.

Weick, K. E. 1988. Enacted sensemaking in crisis situations. *Journal of Management Studies*, 25: 305–317.

Weick, K. E., Sutcliffe, K. M., & Obstfeld, D. 2005. Organizing and the process of sensemaking. *Organization Science*, 16(4): 409-421.

Weiner, N., & Mahoney, T. A. 1981. A model of corporate performance as a function of environmental, organi- zational, and leadership influences. *Academy of Management Journal*, 24: 453–470.

Weingart, L. R., Todorova, G., & Cronin, M. A. 2008. Representational gaps, team integration and team creativity. *Academy of Management Proceedings*, 2008(1): 1-6.

Weng, D. H., & Lin, Z. 2014. Beyond CEO tenure: The effect of CEO newness on strategic changes. *Journal of Management Studies*, 40(7): 2009-2032.

Wernerfelt, B. 1984. A resource-based view of the firm. *Strategic Management Journal*, 5(2): 171-180.

Westphal, J. D., & Fredrickson, J. W. 2001. Who directs strategic change? Director experience, the selection of new CEOs, and change in corporate strategy. *Strategic Management Journal*, 22(12): 1113-1137.

Westphal, J. D., & Zajac, E. J. 1995. Who shall govern? CEO/ board power, demographic similarity, and new di- rector selection. *Administrative Science Quarterly*, 40: 60–83.

Wheelwright, S. C., & Clark, K. B. 1992. *Revolutionizing product development: Quantum leaps in speed, efficiency, and quality*. New York, NY: Free Press.

Whorf, B. L., Carroll, J. B., & Chase, S. 1956. Language, thought and reality, selected writings of Benjamin Lee Whorf. Edited. In J. B. Carroll (Eds.), *Foreword by Stuart Chase*. New York, NY: Mass.

Wiersema, M. F., &Bantel, K. A. 1992. Top management team demography and corporate strategic change. *Academy of Management Journal*, 35(1): 91-121.

Wiersema, M. F., &Bantel, K. A. 1992. Top management team demography and corporate strategic change. *Academy of Management Journal*, 35: 91–121.

Withers, M. C., Drnevich, P. L., & Marino, L. 2011. Doing more with less: The disordinal implications of firm age for leveraging capabilities for innovation activity. *Journal of Small Business Management*, 49(4): 515-536.

Woltman, H., Feldstain, A., MacKay, J. C., &Rocchi, M. 2012. An introduction to hierarchical linear modeling. *Tuto- rials in Quantitative Methods for Psychology*, 8: 52–69.

Woodrum, E. 1984. "Mainstreaming" content analysis in social science: Methodological advantages, obstacles, and solutions. *Social Science Research*, 13(1): 1-19.

Wooldridge, J. 2002. Inverse probability weighted M-estimators for sample selection, attrition, and stratification. *Portuguese Economic Journal*, 1(2): 117-139.

Wowak, A. J., & Hambrick, D. C. 2010. A model of person- pay interaction: How executives vary in their re- sponses to compensation arrangements. *Strategic Management Journal*, 31: 803–821.

Wowak, A. J., & Hambrick, D. C. 2010. A model of person-pay interaction: How executives vary in their responses to compensation arrangements. *Strategic Management Journal*, 31(8):

803-821.

Wright, P., Kroll, M., &Elenkov, D. 2002. Acquisition returns, increase in firm size, and chief executive officer compensation: The moderating role of monitoring. *Academy of Management Journal*, 45(3): 599-608.

Wu, C., Mcmullen, J. S., Neubert, M. J., & Yi, X. 2008. The influence of leader regulatory focus on employee creativity. *Journal of Business Venturing*, 23(5): 587-602.

Wu, S., Levitas, E., &Priem, R. L. 2005. CEO tenure and company invention under differing levels of techno- logical dynamism. *Academy of Management Jour- nal*, 48: 859–873.

Yadav, M. S., Prabhu, J. C., & Chandy, R. K. 2007. Managing the future: CEO attention and innovation outcomes. *Journal of Marketing*, 71: 84-101.

Yang, F., Huang, X., & Wu, L. 2019. Experiencing meaningfulness climate in teams: How spiritual leadership enhances team effectiveness when facing uncertain tasks. *Human Resource Management*, 58(2): 155-168.

Yao, X., Yang, Q., Dong, N., & Wang, L. 2010. Moderating effect of Zhong Yong on the relationship between creativity and innovation behaviour. *Asian Journal of Social Psychology*, 13(1): 53-57.

Yim, S. 2013. The acquisitiveness of youth: CEO age and acquisition behavior. *Journal of Financial Economics*, 108: 250-273.

Yim, S. 2014. The acquisitiveness of youth: CEO age and acquisition behavior. *Journal of Financial Econom- ics*, 108: 250–273.

Yin, R. K. 2014. *Case study research: Design and methods (5th ed.)*. Thousand Oaks, CA: Sage Publications.

Yukl, G. 2002. *Leadership in organizations* (5nd ed.). Upper Saddle River, NJ: Prentice Hall.

Zahra, S. A. 2005. Entrepreneurial risk taking in family firms. *Family Business Review*, 18(1): 23-40.

Zajac, E. J., & Westphal, J. D. 1995. Accounting for the explanations of CEO compensation: Substance and symbolism. *Administrative Science Quarterly*, 40: 283–308.

Zajac, E. J., Kraatz, M. S., &Bresser, R. K. 2000. Modeling the dynamics of strategic fit: A normative approach to strategic change. *Strategic Management Journal*, 21(4): 429-453.

Zhang, A., Waldman, D. A., Han, Y. L., & Li, X. B. 2015. Paradoxical leader behaviors in people management: Antecedents and consequences. *Academy of Management Journal*, 58(2): 538-566.

Zhang, H., Ou, A. Y., Tsui, A. S., & Wang, H. 2017. CEO humility, narcissism and firm innovation: A paradox perspective on CEO traits Leadership Quarterly. *The Leadership Quarterly*, 28(5): 585-604.

Zhang, H., Ou, A. Y., Tsui, A. S., & Wang, H. 2017. CEO humility, narcissism and firm innovation: a paradox perspective on CEO traits. *The Leadership Quarterly*, 28(5): 585–604.

Zhang, W., Sun, S. L., Jiang, Y., & Zhang, W. 2019. Openness to experience and team creativity: Effects of knowledge sharing and transformational leadership. *Creativity Research Journal*, 31(1): 62-73.

Zhang, Y, & Rajagopalan, N. 2010. Once an outsider, always an outsider? CEO origin, strategic change, and firm performance. *Strategic Management Journal*, 31: 334–346.

Zhang, Y., & Qu, H. 2016. The impact of CEO succession with gender change on firm performance and succes- sor early departure: Evidence from China's publicly listed companies in 1997–2010. *Academy of Man- agement Journal*, 59: 1845–1868.

Zhang, Y., Waldman, D. A., Han, Y. L., & Li, X. B. 2015. Paradoxical leader behaviors in people management: Antecedents and consequences. *Academy of Management Journal*, 58(2): 538-566.

Zhang, Y., Waldman, D. A., Han, Y. L., & Li, X. B. 2015. Paradoxical leader behaviors in people management: Antecedents and consequences. *Academy of Man- agement Journal*, 58: 538–566.

Zhang, Z., Waldman, D. A., & Wang, Z. 2012. A multilevel investigation of leader-member exchange, informal leader emergence, and individual and team performance. *Personnel Psychology*, 65(1): 49-78.

Zheng, W., Kark, R., & Meister, A. L. 2018. Paradox versus dilemma mindset: A theory of how women leaders navigate the tensions between agency and communion. *The Leadership Quarterly*, 29(5): 584-596.

Zhou, J., &Hoever, I. J. 2014. Research on workplace creativity: A review and redirection. *Annual Review of Organizational Psychology and Organizational Behavior*, 1: 333-359.

Zhou, Z., Zhang, H., Li, M., Sun, C., & Luo, H. 2021. The effects of Zhongyong thinking priming on creative problem-solving. *The Journal of Creative Behavior*, 55(1): 145-153.

Zhu, D. H., & Chen, G. 2015. CEO narcissism and the impact of prior board experience on corporate strat- egy. *Administrative Science Quarterly*, 60: 31–65.

附 录

附录一为作者获黄金兰教授等人（黄金兰，Chung, C. K., Hui, N., 林以正，谢亦泰，2012）授权使用中文繁体版LIWC而签订的"中文版LIWC词典使用同意书"。

附录二为本书第五章使用的测量促进型调节焦点和防御型调节焦点量表的具体测量内容。

附录三为本书第五章使用的测量"大五"人格量表的具体内容。

附录四为本书第五章使用的测量核心自我评价的量表的具体内容。

附录五为本书第五章使用的测量正面情绪和负面情绪量表的具体内容。

附录六为本书第八章所论述的中庸思维的测量量表的具体内容。

一、中文版LIWC词典使用同意书

「中文版語文探索與字詞計算字典」（以下簡稱中文LIWC字典）之發展主要參考英文LIWC2007字典，以及「中研院」詞庫小組之相關資料，並獲授權。基於中研院相關詞庫之授權僅限學術及非商業目的之使用，因此本字典也延續該授權範圍，限制本字典之使用必須僅供學術及非商業目的使用。

擬使用本字典之使用人必須先填寫使用同意書並簽名寄回。本小組在收到同意書之後，會將字典檔以電子郵件方式寄交使用人。請使用人詳細閱讀使用同意書，並確實遵守相關條款。

　　簽名使用同意書並掃描後請E-mail至：

　　黃金蘭clhuang@mail.ntust.edu.tw

「中文版語文探索與字詞計算字典檔」使用同意書

本人在使用「中文版語文探索與字詞計算字典檔」的過程中，同意下列條款：

　　一、本「中文版語文探索與字詞計算字典檔」（以下簡稱中文LIWC字典）之使用僅限於學術研究以及非營利目的。

　　二、不得將本字典檔之部份或全部內容移轉給第三人。

　　三、因使用本字典及產出內容從事學術研究而獲致成果時，應於本人所發表的論文或其他公開文件中申明誌謝中央研究院詞庫小組及中文LIWC字典小組。

　　四、如本人對此字典有所改進或擴充，願意無條件回饋中文LIWC小組，以共同促進中文LIWC之發展。

　　六、如有侵犯此字典或其相關內容著作權或智慧財產權之行為，應自行負擔法律責任。

立同意書人＿＿＿＿(簽名)

　　姓名：郎艺

　　單位：北京大学

　　職稱：在读博士生

　　電子郵件：Kate200815019@163.com

二、调节焦点测量量表

(Lockwood, Jordan, & Kunda, 2002)

1. 总的来说,我专注于防止负面的事情在我生活中发生。
2. 我担心我未能尽到我的责任和义务。
3. 我经常想象我将如何实现我的愿望和抱负。
4. 我经常设想未来成为什么样的人是最令我担心的。
5. 我经常设想未来成为什么样的人是最理想的。
6. 我通常专注于未来自己希望所取得的成功。
7. 我常常担心我会达不到我的工作目标。
8. 我经常思考我将如何在工作中取得成功。
9. 我经常想象一些令我害怕的糟糕的事情发生在我身上。
10. 我经常思考如何避免我生活中的失败。
11. 我倾向以避免损失为目标,多于以实现获益为目标。
12. 我当下的主要目标是实现我在工作上的抱负。
13. 我当下的主要目标是避免工作上的失败。
14. 我认为自己是一个努力达到"理想自我"的人——实现自己的理想、愿望和抱负。
15. 我认为自己是一个努力成为我所"应该成为"的人——履行自己的责任和义务。
16. 一般而言,我专注于在生活中取得积极的结果。
17. 我会经常想象我所期待的那些好事情发生在我身上。

18.总体而言，我更倾向于以取得成功为目标多于以防止失败为目标。

三、"大五"人格测量量表

(Swann Jr, Rentfrow, & Gosling, 2003)

1.外向的，热切的

2.善批判，好争论的

3.可靠的，自律强的，自我约束的

4.紧张型的，容易烦恼的

5.接受新经验，复杂型的

6.保守，好静的

7.有同情心的，温暖的

8.缺乏组织的，粗心大意的

9.平静的，情绪稳定的

10.一成不变的，缺乏创造性

四、核心自我评价测量量表

(Judge, Erez, Bono, & Thoresen, 2003)

1.我对自己取得应得的成功十分自信。

2.有时我感到沮丧。

3.基本上我的尝试都能取得成功。

4.有时当我失败的时候我会感到自己毫无价值。

5.我总能成功地完成任务。

6.有时我感到自己不能掌控自己的工作。

7.整体上,我对自己较为满意。

8.我对自己的竞争力充满怀疑。

9.我能够决定自己人生中会发生的事情。

10.我感到自己不能掌控职业生涯中的成败。

11.我能够处理大多数我遇到的问题。

12.有时周围的事情在我看来黯淡而没有希望。

五、正面情绪和负面情绪测量量表

(PANAS; Watson, Clark, & Tellegen, 1988)

1.感兴趣的

2.急躁的

3.苦恼的

4.思维敏捷

5.兴奋的

6.惭愧的

7.心烦的

8.受鼓舞的

9.有力的

10.紧张的

11.内疚的

12.坚定的

13.害怕的

14.专心的

15.敌对的

16.战战兢兢的

17.热情的

18.积极的

19.自豪的

20.担心的

六、中庸思维测量量表

（吴佳辉、林以正，2005）

和谐性：

1.我通常会以委婉的方式表达具有冲突的意见

2.我在决定意见时，通常会考量整体氛围的和谐性

3.意见决定时，我会试着以和谐的方式让少数人接受多数人的意见

4.做决定时，我通常会为了顾及整体的和谐，而调整自己的表达方式

整合性：

5.我期待在讨论的过程中，可以获得具有共识的结论

6.我会试着在自己与他人的意见中，找到一个平衡点

7.我会试着将自己的意见融入到他人的想法中

8.我会试着在意见争执的场合中，找出让大家都能接受的意见

9.我会在考虑他人的意见后，调整我原来的想法

多面性：

10.我习惯从多方面的角度来思考同一件事情

11.在意见表决时，我会听取所有的意见

12.在意见讨论时，我会兼顾相互争执的意见

13.做决定时，我会考量各种可能的状况